LA
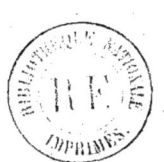
PORCELAINE DE CHINE

Il a été tiré 10 exemplaires, texte et planches sur papier du Japon (n°s 1 à 10).
    50   —   texte sur papier Whatman, planches sur papier du Japon (n°s 11 à 60).
    50   —   texte et planches sur papier de Hollande (n°s 61 à 110).

LA
PORCELAINE DE CHINE

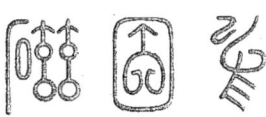

ORIGINES. — FABRICATION, DÉCORS ET MARQUES
LA PORCELAINE DE CHINE EN EUROPE. — CLASSEMENT CHRONOLOGIQUE
IMITATIONS, CONTREFAÇONS

PAR

O. DU SARTEL

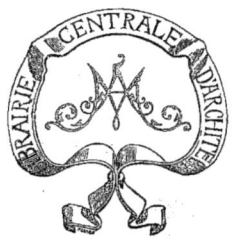

PARIS

Vᴱ A. MOREL & Cⁱᴱ, ÉDITEURS

13, RUE BONAPARTE

—

M DCCC LXXXI

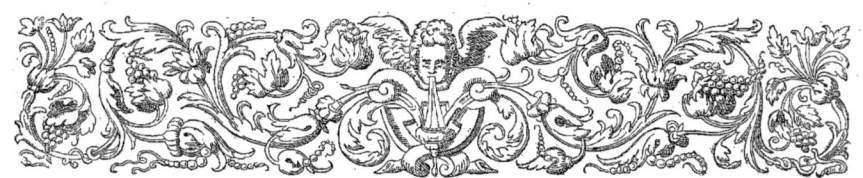

AU LECTEUR

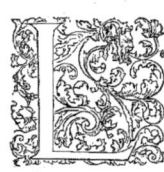'AMOUR *des belles choses n'est pas né d'hier; de tout temps les productions artistiques ont eu leurs admirateurs, qui ont aimé à s'entourer d'objets rares ou charmants. Mais cette satisfaction de l'esprit et des yeux resta longtemps l'apanage exclusif d'un petit nombre de privilégiés. Aujourd'hui, les progrès du luxe, ceux surtout d'une éducation plus largement répandue, ont fait pénétrer dans toutes les classes le vif sentiment de ces jouissances. La demeure du modeste amateur aussi bien que le salon du riche s'ouvre avec un empressement respectueux devant les chefs-d'œuvre de la peinture et de la statuaire. A côté de ces manifestations souveraines du génie humain, leur faisant pour ainsi dire cortège, des objets d'art d'un ordre moindre peut-être, mais non moins intéressants, chargent les meubles et remplissent des vitrines. Ce ne sont partout qu'émaux de Limoges, ivoires du moyen âge, ciselures de la Renaissance, verreries et faïences; ce sont enfin des porcelaines, qui viennent jeter sur ces ensembles le reflet chatoyant de leurs éclatantes couleurs.*

Quant à nous, admirateur sincère et passionné des porcelaines de l'extrême Orient, nous avons débuté par en réunir quelques spécimens que nous rangions amoureusement autour de nous, sans ordre, inconscient de leur mérite réel. Nous nous contentions du bonheur de les posséder et de les voir; mais bientôt, sous l'influence de l'esprit particulier à notre temps, qui veut à la fois jouir et savoir, le mystère de leur origine, celui de leur fabrication, celui de leur âge, ont surexcité notre curiosité.

Le génie de notre siècle! Est-ce lui seulement qui nous a jeté petit à petit dans les arcanes de cette étude? Oui certes, pour une grosse part; mais, il faut bien le dire et faire ici notre confession, qui est en même temps celle de beaucoup de nos confrères en

a

curiosités, lorsque nous commençâmes à nous éprendre de ces fragiles chefs-d'œuvre d'un art exotique, nous n'avions pas le goût bien sûr, nous ramassions un peu au hasard, un peu à la hâte, toutes sortes de pièces dont nous nous étions engoué à première vue ; elles nous plaisaient, nous n'en demandions pas davantage.

Or, s'il est vrai que notre siècle est celui de la science, il est aussi celui de la fraude, et celle-ci, avouons-le, nous a valu d'amers déboires.

Il y a pour l'amateur une heure désagréable entre toutes, c'est celle où pour la première fois il s'aperçoit qu'il a été trompé, où il constate la présence, au milieu de ses trouvailles, de quelque intrus d'origine ou de valeur suspecte ; c'est l'heure où il doit faire, tout doucement, sans bruit, sans en rien dire à personne, disparaître telle pièce dont il avait la veille encore fait remarquer la beauté à tout venant, célébré bien haut l'authenticité, ... avoué le prix. Cette fatale découverte le sort tout à coup de cet état d'innocence heureuse et de béatitude où il s'épanouissait, persuadé que dans le meilleur des mondes toutes les potiches sont véritables et sans défaut.

La peur du frelaté empoisonne dès lors ses jouissances ; il est hanté du spectre importun de la défiance, qu'il voit apparaître ricanant au beau milieu de ses vitrines, gambader parmi les pagodes et les Bouddhas, se poser sans façon sur le ventre du plus authentique Pou-Taï, ou se cacher malicieusement dans la panse rebondie de quelque vase noir payé son poids d'or. L'amateur passe alors par la période du scepticisme et de l'ironie méphistophélique, il arrive à nier tout. C'est là le moment critique de son existence de collectionneur ; s'il n'a pas le feu sacré, il succombe, son goût meurt ; découragé, il se défait peu à peu de ses idoles d'autrefois, et, s'il en conserve quelques-unes, ce sont des vases qui font bien sur une console avec un bouquet de roses.

Mais, s'il a été véritablement mordu par la passion, il résiste et réagit, il se souvient que tout plaisir durable veut être accompagné d'une étude sérieuse, il se dit que ceux-là seulement sont trompés qui veulent bien l'être, et, cherchant aussitôt à s'éclairer, il interroge, il compare, il travaille, et se fait peu à peu un critérium qui le soustrait à jamais aux mécomptes des débuts de la carrière. Ce n'est pas tout, car cette étude elle-même devient pour lui une passion nouvelle, et celle-ci lui vaut des plaisirs qu'il n'eût point soupçonnés s'il s'en fût tenu à la pieuse contemplation de ce qu'il appelait sa collection.

Les sciences qu'il faut consulter pour pénétrer les secrets de la fabrication lui fournissent des satisfactions imprévues ; l'histoire, qu'il doit fouiller aussi pour lui demander des faits et des dates, jette sur ces charmants objets l'intérêt puissant que l'homme ressent toujours à retrouver en toutes choses la trace des générations disparues, et sur ses potiches enfin, tout un coin de l'Orient soulève pour lui ses voiles. Ces dessins dont la bizarrerie plaisait seulement à l'œil étonné prennent un sens, et il se trouve que ces magots et ces

AU LECTEUR

poussahs sont des témoins retrouvés de philosophies et de mythologies inconnues dont ils racontent les anomalies et les étrangetés.

De cette étude, lecteur, sont résultées quelques notes, jetées d'abord au hasard à mesure qu'une investigation heureuse nous faisait découvrir une donnée du problème; puis ces notes ont grossi, elles se sont coordonnées, et un beau jour elles sont devenues ce livre. Il n'y a point eu préméditation, ce qui nous doit servir, s'il y a lieu, de circonstance atténuante : d'ailleurs, nous ne sommes point seul coupable, nous avons eu des complices. De toute part les encouragements nous sont venus. Les sinologues ne se sont point lassés d'interpréter pour nous les inscriptions et les marques que nous trouvions sur les porcelaines, de traduire et compulser les textes des ouvrages chinois de nos bibliothèques, et les céramistes ont bien voulu, dans plus d'une occasion, travailler avec nous à l'éclaircissement de doutes qui nous étaient communs.

Que tous trouvent ici le remerciement sincère d'un amateur qui se met sous leur égide pour se présenter au public, dont il espère ainsi mieux mériter la sympathie.

Le public! Celui qui lira ce livre, celui à qui il est plus spécialement destiné, n'y a-t-il pas aussi collaboré? Parmi ceux qui trouvent la plus délicate de leurs jouissances à s'entourer de ces petits chefs-d'œuvre, combien ont gracieusement mis leur collection à notre disposition pour en étudier à loisir les richesses, et pour en faire même reproduire quelques-unes par la gravure! combien nous ont apporté le concours plus précieux encore de leurs connaissances! Après avoir ainsi puisé de toutes parts, nous sommes encore loin d'avoir dit le dernier mot : le champ est trop vaste pour que nous puissions nous flatter de l'avoir exploré tout entier. Que d'autres viennent après nous, de nouvelles découvertes leur sont certainement réservées. Nous ne leur demanderons qu'un indulgent souvenir pour un prédécesseur qui aura peut-être contribué à leur déblayer un peu le terrain : nous attendons d'eux le monument définitif élevé à cette science de la céramique orientale, satisfait, quant à nous, si nos modestes causeries peuvent servir à leur faire entrevoir quelques horizons nouveaux.

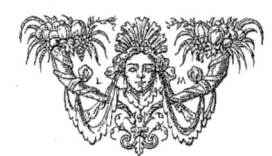

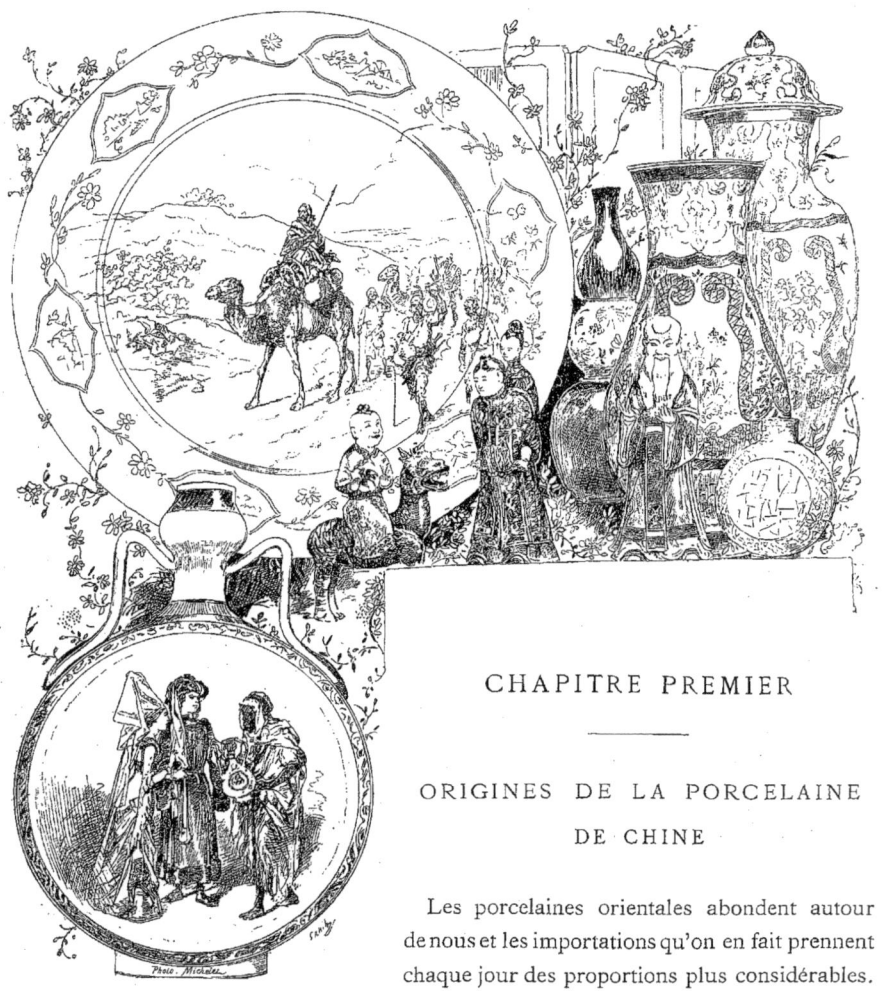

CHAPITRE PREMIER

ORIGINES DE LA PORCELAINE DE CHINE

Les porcelaines orientales abondent autour de nous et les importations qu'on en fait prennent chaque jour des proportions plus considérables. On les voit partout exposées et vendues à vil prix dans les bazars, d'où elles se répandent dans nos intérieurs, y menaçant d'exclusion les produits de nos fabriques.

L'amateur s'attriste de cet engouement irréfléchi pour ces produits modernes, japonais ou chinois, aux contours disgracieux et lourds, surchargés de décors maladroitement imités de l'ancien. Son goût plus épuré s'irrite de ces colorations d'un bleu sans éclat, d'un jaune sale ou d'un rose violacé, qui donnent à l'ensemble un ton blafard et terne, peu propre à racheter le manque absolu de grâce et d'originalité dans la forme.

Le pouvoir impérieux de la mode peut dissimuler cette absence de charme aux yeux de ceux qui se laissent entraîner par la vogue, et les porcelaines orientales de fabrication récente trouveront peut-être longtemps encore des acheteurs, à défaut d'admirateurs véritables; mais elles choquent le sens artistique de quiconque s'est épris du génie des Orientaux et de leur fertile imagination, savante à unir la grâce à la bizarrerie des formes, l'harmonie à la multiplicité des couleurs éclatantes.

L'infériorité des porcelaines de Chine modernes comparées aux anciennes apparut dans toute sa navrante et incontestable réalité à l'Exposition universelle de 1878. Les Chinois eux-mêmes, par la voix des mandataires chargés de les représenter et, au besoin, de les défendre à cette grande solennité industrielle, durent le reconnaître publiquement. Le catalogue officiel de la section chinoise avoue sans détours ni regrets que la fabrication de la porcelaine en Chine est en pleine décadence. Il l'explique et l'excuse par un simple intérêt commercial : « La porcelaine antique, dit ce catalogue, dépasse de beaucoup en finesse et en beauté les productions actuelles, faites rapidement pour répondre aux demandes toujours croissantes; le secret de couleurs fort renommées est aujourd'hui perdu, et si certains vases des XVIe et XVIIe siècles se payaient jusqu'à 25,000 francs, *les plus beaux vases modernes* sont maintenant à la portée de presque toutes les bourses, et la porcelaine commune se trouve dans les familles pauvres. »

Un pareil aveu ne pouvant que fortifier les amateurs dans leur résolution d'exclure de leur cabinet les porcelaines modernes, nous laisserons celles-ci de côté pour ne nous occuper que des produits d'une fabrication au moins antérieure à la fin du règne de l'empereur Kien-Long (1796), c'est-à-dire de ceux que recherchent les collectionneurs et qu'ils se contentent, pour la plupart, de grouper en un seul et même tout, sous la dénomination de porcelaines anciennes.

Cette pièce, dit-on, est moderne, telle autre est ancienne. Si à ces assertions on joint la description sommaire de la forme et du décor, on croit en avoir dit tout autant qu'il en faut. Il peut arriver encore que, la pièce ne présentant que des caractères douteux d'ancienneté, on n'ose se prononcer. On dit alors qu'elle n'est pas très ancienne, mais qu'on lui reconnaît une certaine date. Il ne faut pas sourire trop fort de ce que peut avoir de sommaire une science chronologique réduite à une aussi simple expression. Il eût été difficile à ceux qui ont cherché dans les auteurs d'y trouver des indications sur l'âge des différentes porcelaines fabriquées en Chine depuis les temps les plus reculés jusqu'à la fin du siècle dernier, de sorte que le malheureux amateur, laissé à dessein dans cette obscurité, se réfugie dans cette large et diffuse classification de Modernes et Anciennes, qui possède au moins l'incontestable mérite de n'avoir compromis personne et de laisser le champ libre à toutes les conjectures.

Mais si, à côté de ces esprits heureux que satisfait l'ombre de l'à peu près, d'autres se rencontraient qui, plus mathématiques et tout aussi peu judicieux, exigeassent sur ces questions de dates et d'époques une solution absolue, nous déclinerions toute compétence, et nous attendrions pour leur répondre qu'on ait apporté au problème des données précises. Plus modestes que ceux-ci, plus ambitieux que les premiers, peu satisfaits de l'obscurité complète, ne prétendant pas à la pleine lumière, que nous ne pouvons atteindre, nous nous contenterons d'un demi-jour, jusqu'à ce que des recherches nouvelles, auxquelles il se peut que les nôtres servent de premiers jalons, mènent à une clarté plus grande.

A tout amateur que cette étude intéresse quelques questions simples se posent tout d'abord, sur lesquelles nous voulons, dans ce chapitre, dire notre pensée.

Quand est née l'industrie de la Porcelaine, et quelle a été la marche de ses progrès ? D'où vient-elle ? A-t-elle vu le jour simultanément ou à des époques diverses, mais d'une manière indépendante, sur plusieurs points de l'Orient, ou bien le mot de porcelaine chinoise est-il, au contraire, une vérité en ce sens que la source première et unique de cet art soit réellement le pays mystérieux des mandarins et des pagodes ? Enfin, quand la partie occidentale du monde à laquelle nous appartenons en a-t-elle eu connaissance ?

Il est souvent arrivé que, recherchant l'origine douteuse d'un art, d'une science ou d'un produit quelconque, l'historien ait pu trouver des indications précieuses dans les mots eux-mêmes qui désignaient les choses. Il est arrivé que l'apparition de ces mots dans la langue à une époque déterminée ait servi, pour ainsi dire, d'acte de naissance. C'est ainsi que la linguistique, fouillée dans ses profondeurs et favorisée par d'heureuses rencontres, a pu jeter quelque jour sur les migrations obscures et les fusions oubliées des peuples primitifs, par l'heure où elle a vu se mélanger les idiomes et des racines nouvelles venir se mêler à de plus anciennes. Or nous croyons précisément rencontrer ici dans une remarque de cette nature la solution d'un des problèmes qui nous occupent. Cette solution, contraire en apparence à celle donnée jusqu'à présent, nous paraît cependant assez solidement étayée pour que nous croyions devoir la développer ici, et la maintenir malgré l'opinion de nos devanciers.

Le plus savant parmi ceux-là, M. Stanislas Julien, admet comme parfaitement certain que l'art céramique existait en Chine 2255 ans avant J.-C., mais il pense que jusque vers le commencement de notre ère on ne fabriqua que des Pi-khi, vases de poterie, et que sous les Han seulement on commença à produire de la porcelaine dans le pays de Sin-ping. « On peut donc, dit-il, d'accord avec les auteurs chinois, placer l'invention de la porcelaine entre 185 avant J.-C. et 87 de notre ère. Néanmoins, pendant un grand nombre d'années, ajoute-t-il, les progrès furent lents et insensibles. »

Les auteurs chinois parlent encore de cette fabrication comme existant à l'époque des Tsin (265-419 après J.-C.), mais ils ne citent aucun ouvrier distingué et ne décrivent aucune pièce. L'un de ceux qu'a traduits Stanislas Julien dans son examen des anciennes porcelaines dit seulement que les porcelaines étaient d'une couleur jaune, brune, noire ou bleue; puis, citant le livre sur le thé, il rapporte que les jaunes étaient fort médiocres, que la couleur brune ne convient pas à l'usage du thé, que celles d'un noir jaune donnaient à cette liqueur une apparence noire, enfin que la couleur bleue lui convenait mieux à cause de la teinte verte qu'elle lui communiquait.

Il ne peut être ici question ni de tasses ni de bols pour le thé, décorés en bleu sous couverte, mais bien évidemment de pièces cérames sans aucune transparence, recouvertes en dedans comme en dehors d'un vernis ou d'un émail brillant, jaune, noir, brun ou bleu, qui donnait au liquide contenu la teinte résultant de sa coloration propre combinée avec celle de l'intérieur du vase.

A l'époque de la dynastie des Souy (581-618), un progrès réel semble avoir été fait, car, en parlant des porcelaines fabriquées au pays des Youeï-Tcheou, le même auteur nous dit qu'*elles ressemblent tantôt au jade, tantôt à la glace*. Cette comparaison fait apparaître pour la première fois l'idée de la transparence due à un mélange plus vitrifiable ou à une cuisson plus complète, mais on ne fait encore qu'entrevoir la couleur blanche et les qualités constitutives de la porcelaine proprement dite. Le doute cesse enfin lorsqu'il décrit les produits de Ta-i qu'on fabriquait sous les Tang (618-907), lesquels *étaient de couleur blanche, gracieux de forme, solides en même temps que minces et rendant un son clair*. Jusqu'à cette époque, nous apprend-on aussi, les porcelaines étaient en grande vogue sous le nom de Thao, 陶; mais dès les dernières années des Tang, elles commencèrent à recevoir celui de Yao, 窯.

Faut-il attribuer au hasard cette remarquable coïncidence d'un changement de nom avec l'apparition des produits de Ta-i, ou n'est-il pas plus rationnel de penser qu'étant tout à fait différents de ceux connus jusqu'alors, il fallut un mot nouveau pour éviter la confusion avec ceux de l'antique industrie, qu'on appelait Thao?

Il paraîtrait donc que les sinologues ont à tort donné au mot ancien Thao la signification de porcelaine, qui n'appartient réellement qu'à Yao, et que ce mot ancien désignait aussi bien les Pi-khi que les produits supérieurs d'une période de transition, produits qui n'étaient point encore la porcelaine blanche, transparente, dure et sonore qu'on fabriqua à Ta-i sous les Tang (618-907). D'autre part, et comme pour nous convaincre davantage encore que ce fut bien sous cette dynastie qu'on inventa la porcelaine à pâte dure et *blanche*, la seule qu'on puisse décorer de couleurs transparentes posées sous couvertes, c'est à cette même époque que les auteurs chinois fixent implicitement l'invention de ce mode de décoration.

ORIGINES

Lorsque, nous apprennent-ils, *Tsien-Lièou régnait* (907 de J.-C.), *il ordonna de fabriquer de la porcelaine à Youeï-Tcheou pour l'usage du palais; elle était uniquement destinée au souverain, et on l'appela* Pi-sê-yao, *porcelaine de couleur cachée; elle était pure et brillante,* ce que nous traduisons par porcelaine pure et blanche à couleur transparente posée sous une couverte vitreuse et brillante, seule interprétation qu'on puisse donner à cette singulière désignation, que les chroniqueurs chinois trouvent eux-mêmes assez étrange pour lui chercher une explication quelconque : *Le nom de* Pi-sê-yao *fut donné à ces porcelaines,* nous disent-ils, *parce que, l'empereur s'en étant réservé l'usage exclusif dans son palais, les particuliers, ne pouvant ni en posséder ni les voir, les avaient pour cette raison désignées par Pi-sê-yao* (porcelaine de couleur cachée).

Mais, cette explication toute légendaire étant en contradiction avec un fait historiquement établi, l'un d'eux déclare que ce devait être simplement le nom d'une sorte particulière de porcelaine. Car, dit-il, *si on n'avait pu la fabriquer que dans certaines localités et pour l'usage exclusif de l'empereur, comment Kien, roi de Chou, aurait-il pu s'en procurer pour en offrir à l'empereur Tchouang-liang* (923-926)?

L'histoire rapporte en effet que Kien, roi de Chou, envoya des présents à l'empereur « Tchouang-liang en signe de reconnaissance; l'envoi était accompagné d'une lettre énumérant tous les objets qui devaient être offerts en son nom. Il y est fait mention de tasses à angles dorés, ayant l'éclat de celles appelées précieuses, et d'autres porcelaines appelées Pi-sê-yao (de couleurs cachées), ayant le son des porcelaines bleues ».

Comme cet écrivain chinois, nous pensons que Pi-sê-yao désignait une sorte de porcelaine fort estimée au moment de son apparition, et qu'il ne faut chercher d'autre explication à cette qualification de couleur cachée que celle de couleur recouverte, cachée sous l'émail extérieur, c'est-à-dire décorée de peinture sous couverte; dès lors la porcelaine n'est plus désignée que par le mot Yao, qui lui appartient en propre, ainsi que l'auteur chinois traduit par Stanislas Julien l'affirme suffisamment lui-même lorsque, dans son examen des porcelaines les plus estimées de la manufacture impériale de King-te-Tchin, il cite celles qu'on appelait Ou-kong-yao, fabriquées par Ou-kong, qui vivait sous le règne de Chin-Tsong (Wan-li, 1573-1620). *Tous les vases qui sortaient,* dit-il, *de ses mains étaient d'une beauté parfaite; les amateurs de toutes les parties de l'empire se les disputaient et en offraient un prix énorme; aussi,* ajoute-t-il, *chercha-t-on à les imiter dans les fabriques particulières, entre autres dans celle de I-Hing, province de Kiang-nan, dont les ouvriers fabriquaient spécialement des vases du genre Ou avec une terre sablonneuse ou ferrugineuse de couleur brune, de sorte que ces vases, n'étant point en porcelaine Yao, reçurent le nom de Tse-cha-ou (littéralement* porcelaine en sable brun). *Je ferai observer,* dit encore l'auteur chinois, que *les vases Ou du district de I-Hing, bien qu'appartenant à la céramique, n'étaient point de la même espèce que les vases de porcelaine.*

Nous devons cependant dire qu'à côté du mot Yao, il en est un autre, Tse, le même que nous venons de voir appliquer aux porcelaines en sable brun et dont les Chinois se servent depuis longtemps dans le langage courant pour désigner les porcelaines communes et par extension les Yao elles-mêmes. Mais le mot Tse pas plus que celui Yao n'étaient connus en Chine du temps de la dynastie des Tang (618-907), c'est-à-dire avant l'apparition des vases de Ta-i, et ici ce sont les caractères des écritures successivement usitées au Céleste Empire qui nous en donnent la preuve.

Ce ne fut, en effet, que sous les Song, vers le commencement du Xe siècle, que les caractères Kiay-Chou furent régulièrement et définitivement adoptés; or les dictionnaires chinois qui donnent les caractères correspondant à ceux-ci en Siao-tchouan, Ta-tchouan et autres, en remontant depuis 900 jusqu'à l'écriture figurative des premiers temps, indiquent bien les différentes et anciennes manières d'écrire le mot Thao, tandis que pour les deux mots qui nous occupent, Yao et Tse, on ne trouve qu'un caractère Siao-tchouan, que les lettrés chinois déclarent composé après coup, parce que, disent-ils, la porcelaine n'était pas connue lorsqu'on se servait encore des caractères tchouan.

Ce caractère, composé apocryphe, dirons-nous, mais officiel et admis par les Chinois, est celui que nous avons employé en tête de cet ouvrage, Tchong-Kouei-Tse (Porcelaine du royaume du Milieu), écrit en Siao-tchouan et qu'on écrirait 磁 國 中 en caractères ordinaires Kiay-Chou.

De ces remarques et de ces citations, tirées pour la plupart du livre même de Stanislas Julien, nous conclurons donc, en nous résumant, que c'est à la fin du IXe siècle de l'ère chrétienne qu'il faut placer l'invention en Chine de la porcelaine proprement dite, kaolinique et transparente, et vers 900 la découverte, au pays des Youeï, de la décoration en bleu sous couverte, dont l'application entraîne avec elle l'idée d'une fabrication complète par des procédés très probablement bien différents de ceux employés plus tard, mais qui donnaient cependant des produits similaires à ceux que les Chinois ont continué à faire jusqu'à nos jours.

Le savant auteur et sinologue auquel on doit à peu près tout ce que l'on sait de l'histoire de la céramique chinoise ne nous en voudrait pas d'avoir reporté à huit ou neuf cents ans plus tard qu'il ne l'a fait l'époque de l'invention de la porcelaine. Ce désaccord n'est d'ailleurs qu'apparent, puisque nous ne voulons parler que des porcelaines proprement dites, telles qu'elles figurent aujourd'hui dans nos collections, en laissant de côté les produits d'un art primitif dont l'origine a peut-être préoccupé M. Stanislas Julien. Nous opposera-t-on que d'autres sinologues font remonter l'invention de la porcelaine à une époque qui se perd dans la nuit des temps? Avec Stanislas Julien, nous répéterons que ceux-là n'ont été ni les premiers ni les derniers à parler à la légère sur ce sujet et à confondre sous un même nom des produits différents. N'avons-nous pas vu, en Europe, les faïenciers delftois, français et italiens s'intituler fabricants de porcelaine, quoiqu'ils connussent déjà celle de l'extrême Orient, et nos écrivains eux-mêmes se servir indifféremment jusqu'à la fin du siècle dernier des mots faïence, majolique et porcelaine?

Cette confusion, jointe au merveilleux qui s'attachait à tout ce qui venait de ces lointains pays, entraîna les savants les plus distingués à admettre que la porcelaine, telle qu'on la leur apportait de Chine, y existait depuis plus de deux mille ans avant J.-C.; cet entraînement fut si grand, les esprits étaient si bien disposés, que de la meilleure foi du monde on en trouva partout la preuve.

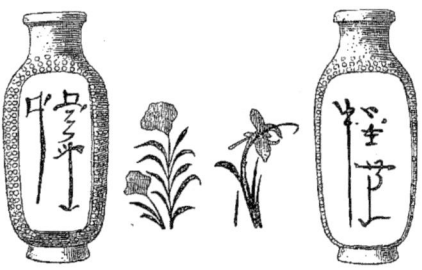

Fig. 1. — Petites bouteilles aplaties (tabatières chinoises) en porcelaine, à surface chagrinée et émaillée vert clair, ayant en réserves deux médaillons opposés sur lesquels sont tracées en noir d'un côté une inscription en vieux caractères Li, de l'autre une fleur sur sa tige. (Musée de Sèvres et Collection P. Gasnault à Paris.)

Témoin cette petite bouteille en porcelaine de Chine que M. Rosellini [1] trouva, dit-on, dans un tombeau égyptien datant des Pharaons et que nul n'avait ouvert avant lui. Après cette découverte, rien ne manquant plus, il fut décidé que l'invention de la porcelaine en Chine ne pouvait être postérieure à 1800 avant J.-C. Malheureusement la petite bouteille qui avait fait tant de bruit dans le monde savant n'était point unique; on en vit apparaître de semblables, portant, comme elle, une inscription dont les caractères furent reconnus par Stanislas Julien pour ceux de l'écriture Li, inventée sous l'empereur Youen-ti (48-33 avant J.-C.), et ces inscriptions elles-mêmes n'étaient autres que des fragments de poésies chinoises dont les auteurs vivaient sous les Tang, pendant la période Khaï-Youen (713-714 de notre ère). Enfin en 1845 plusieurs de ces mêmes petites bouteilles furent trouvées en Chine, entre autres dans une fabrique d'où elles étaient peut-être toutes sorties en un temps des plus modernes, comme semblerait l'indiquer leur forme de simples

---

[1]. Rosellini, égyptologue italien et collaborateur de Champollion-Figeac.

tabatières chinoises à surface chagrinée rappelant les porcelaines connues sous le nom de porcelaines Mandarins de la fin du siècle dernier.

Un second exemple plus récent mais non moins curieux de la crédulité de certains esprits fut la prétendue découverte faite en Irlande, puis dans le Cornouailles, de sceaux chinois en porcelaine blanche, tous absolument pareils et semblant sortis du même moule. Ils se composent d'un petit cube de 25 millimètres, gravé en creux sur l'une des faces, et portant en guise de bouton, sur la face opposée, un petit lion assis. Ces cachets, trouvés tantôt à la surface du sol, tantôt dans des marais bourbeux, où, affirmait-on, ils avaient dû séjourner plusieurs siècles, attirèrent l'attention et donnèrent lieu à beaucoup de dissertations[1]. Les descriptions qu'on en fit se multiplièrent, et, selon le tour d'esprit de chacun, le bouton fut censé un singe ou un animal fantastique à figure grimaçante, moitié chien, moitié singe. Les inscriptions, soumises à de savants mandarins, furent reconnues comme composées en vieux caractères et ayant des significations diverses : soit le nom d'une personne, soit une devise ; l'une d'elles signifiait *se mettre à la place d'autrui*[2].

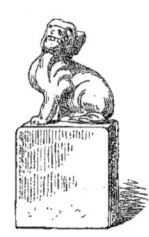

L'inscription de celui de ces cachets dont nous donnons la représentation en grandeur naturelle porte les mots : *Tien-sen-ngo-tsai*, « Que le Ciel me donne le talent[3] ».

M. Fortune mit fin aux dissertations lorsqu'il apprit au monde savant que, durant son voyage en Chine (1855-1856), il avait trouvé quatre ou cinq de ces mêmes cachets « fort rares peut-être, mais d'une antiquité certainement contestable ». La raison de leur présence dans certains marais d'Irlande reste sans doute à expliquer, mais pour nous, peu enclins à tout ce qui de près ou de loin touche au merveilleux, nous croyons reconnaître dans celui dont nous donnons la reproduction exacte une porcelaine dure, parfaitement blanche, à

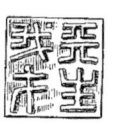
Fig. 2. — Col. O. du S.

couverte abondante et vitreuse, rappelant les blancs de Chine de l'époque Kien-Long, ou Kia-King (1796-1821), et dans le petit animal assis sur la face supérieure et formant bouton, non un singe ou un demi-singe, mais bien le traditionnel chien de Fô qu'on retrouve sur les couvercles des vases de toutes les époques.

Nous ajouterons que les inscriptions de ces cachets, tant par les caractères employés que par leur disposition et les devises elles-mêmes, ressemblent à s'y méprendre aux marques que l'on trouve sous le pied de certains vases des périodes

---

1. Traduction de l'ouvrage de M. J. Marryat.
2. *Notice sur les cachets chinois trouvés en Irlande*, par Edmond Getty (Londres, 1850).
3. Traduit par le premier secrétaire de l'ambassade chinoise à Paris. 1879.

Kia-King et Hien-Fong (1796-1850), ce qui permet de supposer qu'ils formaient la collection employée par un fabricant pour marquer les pièces sortant de ses ateliers.

Après avoir cherché de la sorte, avec une certaine naïveté, des données chronologiques des marais du Cornouailles aux rives du Nil, on ne crut heureusement pas devoir aller fouiller les tombeaux des Aztèques au Mexique, ni ceux des Incas au Pérou, pour en rapporter quelques petits morceaux d'argile cuite qui pussent de nouveau jeter le trouble dans les esprits. Après les Égyptologues, les Américanistes s'en seraient mêlés, et nous n'en serions plus sortis.

De même qu'on avait voulu reculer jusque dans un lointain fantastique la naissance de l'enfant, on chercha à étendre démesurément son berceau dans l'espace, et on nous apprit qu'il était venu au monde à la fois en Chine, en Corée, au Japon et jusqu'en Perse. Nous avons trouvé intéressant d'étudier ce qu'il peut y avoir de vrai dans l'ubiquité d'origine de cet art aimable, et, n'ayant rien vu qui la démontre, rien non plus qui puisse l'expliquer, nous croyons devoir restituer aux artistes Chinois ce qui leur appartient certainement en propre, l'invention exclusive et la pratique primitive de la porcelaine, telle que nous la collectionnons aujourd'hui avec admiration.

Pour le Japon d'abord, un rapide examen nous découvrira l'erreur dans laquelle sont tombés certains auteurs qui ont cru pouvoir affirmer qu'on y fabriquait de la porcelaine dès le commencement de l'ère chrétienne. Ils ont, encore ici, confondu sous cette même dénomination de porcelaines tous les produits céramiques anciens, parce que le vieux mot Yaki était indifféremment appliqué au Japon à toutes sortes de poteries, absolument comme de nos jours on se sert du mot Séto-mono pour désigner tous les objets, vases ou vaisselle, en faïence et en porcelaine, fabriqués à Séto [1].

Il n'est pas douteux que l'art céramique remonte au Japon à une haute antiquité, mais, si l'on en croyait le docteur Hoffmann, on y aurait fabriqué la porcelaine avant même l'ère chrétienne : « Nous n'écrirons pas, dit-il, l'histoire du développement de cette industrie japonaise, il suffira d'établir ce fait historique donné par les chroniqueurs japonais, qu'en l'an 27 avant J.-C. la suite d'un prince Sin-ra vint de Corée s'établir au Japon et fonda la première corporation de fabricants de *porcelaines*. Cette branche d'industrie, tout en se répandant dans plusieurs provinces, ne se perfectionna guère ; la porcelaine chinoise, dont les importations augmentaient avec le commerce des deux pays, surpassait toujours en beauté celle du Japon, jusqu'à ce qu'en 1211 un fabricant japonais, Katosiro-Ouye-

---

[1]. Selon M. Hepburn, il faut traduire *mono* par objets, articles, et Séto, nom d'une localité, centre de l'industrie céramique, située près d'Owari, qui donna son nom à tous les articles qu'on y fabriquait ; de sorte que Seto-mono, articles de Séto, signifie : porcelaine, poterie, et par extension toute la vaisselle. (*Japonese and English Dictionary*. Schang-Haï, 1872.)

Mon, alla en Chine apprendre à fond tous les secrets de l'art, de sorte qu'à son retour il confectionna des objets extrêmement estimés [1].

Le docteur Hoffmann s'est très certainement servi à tort du mot porcelaine pour désigner les produits céramiques fabriqués au Japon depuis 27 ans avant J.-C. jusqu'en 1211; et de ce qu'on pouvait les comparer à ceux importés non de Chine, mais plus probablement de la Corée, on est forcément conduit à se demander si les uns et les autres n'étaient pas de simples poteries ou des grès cérames.

La Commission impériale japonaise à l'Exposition universelle de 1878 s'est chargée de résoudre officiellement la question : « L'origine de la céramique au Japon, dit-elle, remonte à la plus haute antiquité; on en fait mention dans les livres historiques publiés six cent soixante ans environ avant J.-C. A cette même époque, on en fabriquait dans la province de Yamato; les rares spécimens de ces poteries parvenus jusqu'à nous sont faits à la main et de deux couleurs, rouge et noir. En l'an 27 avant J.-C., des Coréens venus dans la province d'Omy fabriquèrent des poteries plus dures que celles existant jusqu'alors; quatre cents ans plus tard, l'histoire apprend que des fabriques de poteries s'étaient successivement établies dans cinq provinces différentes, et qu'en 720 on inventa le tour. A partir de ce moment, l'art de la céramique semble prendre son essor et se perfectionne rapidement. On employa les moyens connus des Chinois et des Coréens, et de grandes fabriques furent construites dans les provinces de Hizen et d'Owari; mais ce ne fut qu'en 1510 qu'on fabriqua de la porcelaine proprement dite. L'histoire rapporte en effet que vers cette époque Gorodayu-Shonsui se rendit en Chine, où il apprit à faire la porcelaine et à construire les fours; qu'à son retour il s'établit à Arita, province de Hizen, et fut le premier fabricant qu'il y ait eu au Japon. Il est l'inventeur du produit appelé Somet-Suke, nom donné à une porcelaine à fond blanc orné de dessins peints sous la glaçure. »

Puis la commission japonaise nous apprend que, « vers la fin de 1590, le Taikô Hideyoshi ayant fait une expédition en Corée, Taku, l'un de ses généraux, ramena un Coréen du nom de Risampei, qu'il établit dans son territoire pour qu'il y fabriquât de la porcelaine. Celui-ci chercha, d'abord inutilement, les matières nécessaires à la fabrication, et ce ne fut que plus tard qu'il réussit à trouver de la silice dans la montagne d'Idzumiyama[2], près d'Arita; c'est à partir de ce moment, qu'on peut fixer à 1600 environ, que cet homme fit des porcelaines fines et sans défauts.

« Les résultats obtenus par Risampei engagèrent un grand nombre d'ouvriers à venir s'établir à Arita, qui devint le centre principal de la fabrication de la porcelaine, d'abord blanche ou décorée seulement de peintures bleues sous couverte, car ce ne fut que beau-

---

1. Mémoires sur les principales fabriques de porcelaine du Japon.
2. Mont-aux-Sources, situé près d'Arita, où se trouve en abondance la roche kaolinique.

coup plus tard encore, vers 1645, qu'un Japonais, Higashi-Jima-Tokuyemon, apprit, sous les inspirations d'un Chinois résidant à Nagasaki, l'art de décorer et colorier les porcelaines, sur lesquelles il ne parvint qu'après une longue série d'expériences à fixer les poudres d'or et d'argent, complétant ainsi la décoration des porcelaines d'Arita (Hizen). Il se rendit alors avec ses produits à Nagasaki, où il les vendit à des marchands chinois qui les emportèrent ; cette première exportation eut lieu en 1646.

« Dès lors, ajoute la commission impériale japonaise, ce fabricant entretint des relations commerciales suivies avec les négociants chinois. Beaucoup d'ouvriers apprirent le métier de décorateur, et cette industrie devint des plus florissantes. Mais bientôt les ouvriers mirent moins de soins dans l'exécution des pièces, et cette négligence amena un ralentissement dans les exportations.

« Enfin, dit encore la commission japonaise, vers 1720, le gouverneur de Nagasaki fonda une manufacture de porcelaines à Amakusa, dans l'unique but d'en exporter les produits ; afin d'y réunir les meilleures conditions de succès, il engagea les plus habiles ouvriers et décorateurs, auxquels un décret interdisait de quitter Amakusa. »

De pareilles mesures auraient dû conduire à des résultats nouveaux, et cependant on ne signale aucun progrès réalisé, aucune découverte ayant augmenté le nombre des couleurs connues depuis longtemps. Il semble donc que les procédés de fabrication comme les ressources des décorateurs japonais se soient de tout temps renfermés dans les mêmes limites dues aux travaux de Higashi-Jima en 1645, ce qui expliquerait l'extrême pauvreté de la partie céramique à l'Exposition rétrospective du Japon de 1878, où la commission impériale ne nous a montré, comme porcelaines anciennes, que quelques types, d'ailleurs peu remarquables, des produits si connus de Hizen, dont les compagnies hollandaises apportèrent de si grandes quantités de 1650 à la fin du XVIIIe siècle.

Ces porcelaines de Hizen, vases ou vaisselles, sous le pied desquelles, à défaut presque absolu de marques authentiques, on retrouve les attaches des étais que les fabricants japonais avaient coutume d'y placer pour les soutenir pendant la cuisson, et qu'ils brisaient ensuite à la sortie du four, sont toujours de formes lourdes, sans élégance, faites d'une pâte épaisse, peu transparente, n'ayant qu'une blancheur douteuse sous une glaçure grise ou légèrement teintée d'un bleu verdâtre ; leurs décorations se composent de dessins en bleu noirâtre sous couverte, ou de peintures polychromes dont le rouge de fer et l'or fixé au feu de moufle et combinés avec le même bleu posé sur cru à l'avance font tous les frais. Ce n'est en effet que très exceptionnellement que les peintres ont ajouté du noir, et plus rarement encore quelques touches de jaune terne et de vert pâle émaillés. Les sujets ne sont guère plus variés que les couleurs : des bambous, des pins ou de grandes fleurs, pivoines et chrysanthèmes, s'élançant hardiment d'un rocher; des animaux symboliques, des oiseaux, des papillons, ou quelques personnages qu'on croirait suspendus dans les airs; enfin des fonds partiels s'entre-croisant capricieusement, tout cela entremêlé parfois d'armoiries japonaises. Des reliefs grossiers et des réticulés rudimentaires complètent la nomenclature des éléments décoratifs de ces porcelaines de Hizen. Elles étaient encore ce qu'on fabriquait de mieux au Japon en 1799, lorsque Kimoura-Ko-Kyo écrivait[1] : « Quelque nombreuses que soient les différentes porcelaines[2] qu'on rencontre dans les diverses provinces, elles sont loin d'égaler les produits d'Imari, dans la province de Hizen. »

D'autre part, l'étude spéciale de la céramique japonaise qui fait l'objet du magnifique ouvrage que MM. G. A. Audsley et James L. Bowes viennent de publier à Paris ne mentionne également comme porcelaine ancienne du Japon que celle de Hizen, en ne la faisant remonter que vers le milieu du XVIIe siècle. Les types dont elle donne la description et la plus remarquable reproduction par la chromolithographie appartiennent presque tous au musée de Dresde, et ne s'écartent ni par les formes, ni par les décors, des caractères généraux que nous venons d'indiquer.

Il paraît donc parfaitement établi que la fabrication de la porcelaine proprement dite, kaolinique et transparente, ne date au Japon que du commencement du XVIIe siècle, et les seuls produits anciens qu'on s'accorde généralement à lui attribuer sont ceux connus sous le nom de Hizen, qu'ils aient été fabriqués à Imari, Owari, Amakusa ou Nagasaki. On s'expliquera difficilement que, sans preuves aucunes, certains céramistes aient regardé comme japonaises toutes espèces de porcelaines anciennes, y compris les fines coquilles d'œuf, dont les décors, d'une extrême délicatesse de dessin, ont été exécutés avec les couleurs et émaux comprenant dans leur ensemble toutes les ressources de la palette chinoise de la seconde moitié du XVIIIe siècle.

Comment admettre, en effet, que les auteurs japonais, comme les commissions impériales aux diverses Expositions universelles, aient omis de mentionner l'emploi au Japon, en un temps quelconque, des belles couleurs émaillées de la famille rose? Ne serait-il pas plus surprenant encore qu'on ne puisse en retrouver quelques réminiscences dans les produits actuels, alors que l'examen le plus superficiel des porcelaines de Chine permet de suivre, par des comparaisons successives, les diverses modifications qui menèrent insensiblement les peintres chinois du décor de la période Khany-Hy, 1662-1723, à celui des fines

---

1. Ouvrage publié à Ohasaka en 1799 et dont le docteur Hoffmann a traduit l'article *Imari-Yaki* (Porcelaines d'Imari).
2. L'auteur japonais, en écrivant Yaki, entendait produits céramiques de toutes sortes; le docteur Hoffmann a fait erreur en traduisant par porcelaines.

porcelaines coquille d'œuf du règne de Yong-Tching, 1723-1736? Les émaux toujours circonscrits de ces dernières, posés à la façon des cloisonnés au milieu desquels le rose domine, conduisent tout naturellement au genre Kien-Long, 1736-1796, qui lui-même sert de type et de modèle à la décoration des vases qu'on fabrique aujourd'hui en Chine.

Nous disions tout à l'heure que le bleu cobalt posé sous couverte était l'un des éléments principaux et presque obligés de toutes les peintures des anciennes porcelaines de Hizen; aussi n'est-ce que très exceptionnellement qu'on rencontre des pièces décorées uniquement d'émaux de demi-grand feu posés sur la glaçure.

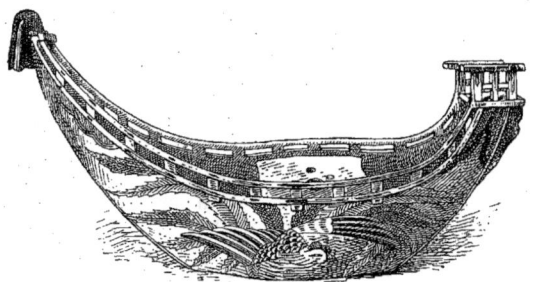

Fig. 3. — Pièce en porcelaine de Hizen décorée uniquement d'émaux.
Coll. O. du S.

L'un des rares exemples que nous puissions citer est une sorte de jonque (fig. 3), de 38 centimètres de longueur, décorée sur chacun des côtés d'un ho-ho (Fonghoang des Chinois), les ailes et la queue largement éployées et occupant toute la surface. L'oiseau sacré, dessiné au trait noir, a été ensuite émaillé en jaune, les ailes en violet terne et les plumes de la queue alternativement en vert, en violet et en jaune; le reste du décor est exécuté avec les mêmes émaux, avec parties noires, rouge de fer brunâtre et même du bleu également émaillé.

Nous en aurions fini avec le Japon, si parmi les porcelaines de l'extrême Orient importées en Europe vers la fin du XVIIe siècle il ne s'en était trouvé d'une espèce particulière, qu'on tenait alors pour japonaises et qui furent depuis attribuées à un autre pays.

Ces porcelaines, remarquables par le beau blanc d'ivoire de la pâte, toujours sobrement décorées de peintures exécutées avec un ensemble de couleurs qui, à l'exclusion absolu du bleu sous couverte, est identique à celui qu'on retrouve sur les beaux produits de Hizen, ont été diversement jugées par les céramistes dont elles ont attiré l'attention. A en croire certains d'entre eux, elles seraient presque aussi anciennes que les premières qui apparurent en Chine, et, tandis que quelques-uns les attribuent encore au Japon, d'autres pensent qu'elles sont dues à l'art céramique coréen, quoiqu'ils ne reconnaissent à celui-ci aucune autre production de même nature. Il résulterait nécessairement de cette manière de voir que les fabricants de ce pays se seraient limités à cette seule et unique espèce, fabriquée on ne sait où, à une époque inconnue, et exportée on ne sait ni par qui ni comment.

Si l'on a cru pouvoir les attribuer à la Corée, royaume tributaire de l'Empire du Milieu, c'est sans doute parce qu'il a semblé naturel de penser que cette grande péninsule, qui du nord-est de la Chine s'avance parallèlement jusqu'au sud de l'archipel japonais, avait été le chemin forcément suivi par les sciences et les arts pour passer du Céleste Empire au Japon, comme elle avait été, au VIe siècle, celui parcouru par les disciples de Bouddha qui commencèrent par y propager leur religion avant de pousser plus à l'est. Que la Corée ait été, pour bien des choses, comme le trait d'union entre les deux grands pays, qu'elle ait pu y gagner quelque civilisation, cela est possible; mais il ne paraît pas qu'elle ait su arrêter au passage et pratiquer le secret de fabriquer et d'orner la porcelaine, puisque même les produits de cette nature qu'on veut lui attribuer, à part la présence du kaolin dans la pâte, n'ont absolument rien qui rappelle ceux du Céleste Empire. A plus forte raison semblera-t-il impossible qu'elle les ait créés de son chef, et ici encore les Chinois restent les inventeurs et les maîtres.

En effet, de l'histoire de la porcelaine au Japon il résulte, au contraire, que les Coréens n'étaient pas plus avancés que les Japonais, et que jusqu'à la fin du XVIe siècle ils ne produisaient que des poteries plus ou moins grossières, à décors rudimentaires, semblables à toutes celles qu'un savant collectionneur japonais exposa à Paris en 1878 et parmi lesquelles ne figurait aucune pièce de porcelaine proprement dite. En dehors de ce qu'ont écrit les partisans de l'art coréen, la seule indication que nous ayons rencontrée, tendant à faire croire qu'il a été fabriqué de la porcelaine en Corée, se trouve dans un ouvrage chinois (traduit par Stanislas Julien) dans lequel l'auteur, passant en revue les porcelaines étrangères à son pays, cite des tasses en forme de courges et des jarres en forme de lions, venant de Corée. Mais, d'une part, ceci serait infirmé par ce que M. Billiquin a trouvé sur le même sujet dans d'autres ouvrages chinois, et, en second lieu, il pourrait bien se faire encore qu'il n'y eût là qu'une fausse interprétation du mot « porcelaine », semblable à celle que commettent l'auteur ou son traducteur en parlant des vases en cuivre émaillé des Arabes, qu'il appelle porcelaines à incrustations, comme il le fait aussi pour celles de Fo-lang (France), nommées en Chine Kouei-Kou-Yao (Porcelaine du royaume des démons), qu'il s'agisse de faïence, d'émaux de Limoges ou de porcelaine proprement dite.

L'opinion la plus sûre nous paraît celle de M. A. W. Franks, connaisseur émérite [1]

---

1. *Catalogue of a collection of oriental porcelain and pottery* (2e édition, Londres, 1878).

qui, après avoir cherché à élucider la question, termine en disant : « Si les Coréens avaient été capables de faire de la porcelaine de belle qualité, il serait singulier que nous ne connaissions avec certitude aucun produit de cette nature, et que dans l'histoire de la porcelaine au Japon il ne soit pas parlé des Coréens comme ayant eu une plus grande influence sur la fabrication japonaise. »

Cette variété, qui a donné lieu à tant de controverses, est aujourd'hui assez rare. Elle ne se rencontre ordinairement que par pièces dépareillées et de peu d'importance, souvent garnies de montures anciennes, dont quelques-unes, en argent doré, témoignent du cas qu'on en faisait au siècle dernier. Ce fut celle que nos faïenciers imitèrent d'abord, et après eux les fabriques de porcelaine de France, d'Angleterre, et tout spécialement de Saxe, où l'on parvint à les copier avec une telle perfection qu'il faut parfois être connaisseur habile pour ne pas s'y méprendre.

Ces porcelaines, soi-disant coréennes, ont été des premières apportées du Japon par les Hollandais, mais les arrivages semblent en avoir cessé dès la fin du XVIIe siècle, de sorte qu'elles étaient particulièrement recherchées des curieux d'autrefois, dans les cabinets desquels elles tenaient une place importante sous la désignation d'*ancienne première qualité coloriée du Japon*. Voici ce qu'en disait Julliot dans son catalogue raisonné des porcelaines orientales faisant partie du cabinet de M. Randon de Boisset, dont la vente eut lieu en 1777 : « Feu M. Randon de Boisset, dit-il, doué d'un goût délicat et sévère, avait recueilli des morceaux capitaux en différentes espèces, et tout singulièrement en ancienne porcelaine du Japon, nommée *première qualité coloriée*, pour laquelle, en véritable connaisseur, il avait une grande prédilection. Cette porcelaine, dont la composition est entièrement perdue, a toujours captivé l'attention des amateurs par le beau grenu fin du beau blanc de sa pâte, le flou séduisant de son rouge mat, le velouté de ses douces et vives couleurs vertes et bleu céleste foncé : tel est le véritable mérite reconnu de cette porcelaine ; aussi tous les cabinets supérieurs en ont-ils été et en sont-ils composés, ce qui seul fait son éloge. »

Les spécimens de cette espèce ont été décrits d'une façon si précise dans les catalogues des collections du siècle dernier que nous avons pu reconnaître quelques-uns de ceux qui sont parvenus jusqu'à nous.

Nous citerons d'abord un grand vase (fig. 4), aujourd'hui dépourvu de son couvercle et de sa monture, dont la paire est ainsi décrite par Julliot :

Deux vases ronds en porcelaine première qualité coloriée du Japon, à trois cartouches fond blanc de deux pagodes (personnages), l'une portant parasol, entre lesquelles est un arbuste avec oiseau et fleurs ; ces cartouches sont encadrés de bandes en broderies de petits feuillages bleu céleste, tant sur le pourtour que sur le couvercle ; ils portent 28 pouces de haut avec leur monture.

N° 208. Catalogue de la vente de M. Randon de Boisset, 1777.

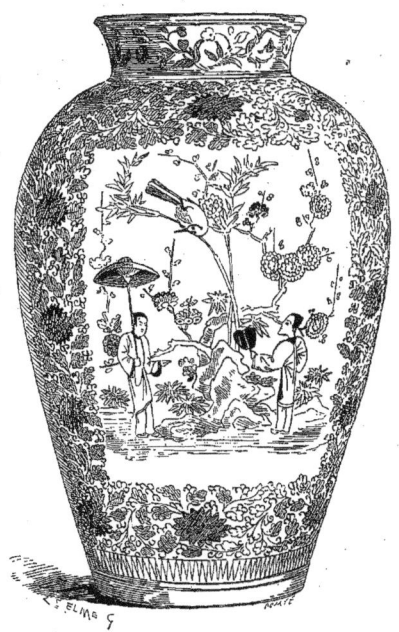

Fig. 4. — Vase ancienne première qualité coloriée du Japon (H. 0m70).
(Appartenant à M. A. Halphen, à Paris).

Puis deux figurines et un bol (pl. I, fig. *a, b, c,* de la coll. O. du S.).

Deux très belles pagodes, femmes, d'ancienne qualité coloriée du Japon, richement habillées, et de 14 pouces de hauteur.

N° 242. Catalogue de la vente de M. le vicomte de Fonspertuis, 1747, par P. Remy.

Deux jattes de toute beauté, à dix pans, à deux pagodes et deux lions en dedans, deux pagodes en dehors avec gerbes de fleurs. Diamètre : 8 pouces 6 lignes.

N° 526. Catalogue de la vente de M. Randon de Boisset, 1777, par Julliot.

Enfin une potiche (pl. I, fig. *d,* de la coll. O. du S.), dont nous retrouvons la paire dans le cabinet de M. le vicomte de Fonspertuis, d'où elle passe chez M. de Jullienne, puis chez M. Randon de Boisset, et finalement chez Mme la duchesse de Mazarin.

Voici la description qu'en faisait Julliot, légèrement modifiée par Le Brun au n° 35 du catalogue de la vente des curiosités de la duchesse en 1781.

Deux urnes en ancienne première qualité du Japon, à six pans, dont trois à bouquets à hautes tiges, les autres à cigogne, oiseaux, et pagode (femme) sur l'un des pans ; le haut de ces urnes à feuillages et cartouches d'oiseaux à plumage rouge sur trois angles ; les couvercles fond rouge à dessins verts, également à cartouches d'oiseaux sur trois angles ; garnies de montures en bronze doré d'or mat. Hauteur : 13 pouces.

(*Deux potiches semblables figurent aujourd'hui au Louvre, Coll. de Marie-Antoinette.*).

ORIGINES

Pour compléter cette description, nous devons ajouter que les oiseaux à plumage rouge et dont la queue est largement éployée en forme de kikou représentent ici le hoho, oiseau de bon augure des Japonais en même temps que le blason des mikados.

A côté de cette potiche nous en avons représenté une seconde de même forme, dont les faces sont alternativement à fond blanc ornées de buissons fleuris, et à fond rouge avec rinceaux réservés et émaillés en bleu céleste. (Pl. I, fig. e, appartenant à M. Bernoville.)

On reconnaîtra facilement cette espèce particulière de porcelaine du Japon à la pâte fine d'un blanc mat d'ivoire, recouverte d'une glaçure mince, non vitreuse. Les vases et potiches sont le plus souvent à pans et couvercle surbaissé, les bols et les vasques ont les bords rabattus en dehors avec bourrelet saillant, les bouteilles sont à faces multiples et angles coupés; en un mot, presque toutes les formes sont à vives arêtes, excluant ainsi le façonnage au tour. On remarquera enfin que les pieds des pièces terminées avec soin ont été pour la plupart usés à la meule.

Quant aux décorations, elles se composent de graminées, de bambous, de fleurs affectant parfois des dispositions symétriques ornementales, mais dans lesquelles on reconnaîtra cependant l'iris, le chrysanthème, l'œillet et la pivoine; on trouvera aussi, mais exceptionnellement, des oiseaux, des animaux symboliques, et plus rarement encore des personnages. Les bordures sont étroites et le plus généralement composées de grecques ou de zigzags en dent de loup.

Les sujets, dessinés au trait noir ou rouge, sont coloriés de teintes plates peu éclatantes, d'un ensemble des plus heureux, de douce et calme harmonie. Les couleurs employées sont peu nombreuses. C'est d'abord le rouge de fer bien glacé et d'un ton riche, qui domine presque toujours; puis, à l'état d'émaux formant relief sur la couverte, le vert pâle un peu bleuâtre, le bleu céleste, le jaune pâle et le noir; enfin l'or, plus épais, plus solide que sur les autres types de porcelaines anciennes de l'extrême Orient.

Ces éléments de décoration, desquels, on le voit, le bleu sous couverte est complètement exclu, sont légèrement disséminés sur la surface des vases, comme pour en laisser admirer la blancheur de la pâte. Quelquefois seulement on rencontre des fonds partiels en beau rouge de fer, avec semis de fleurettes et rinceaux réservés en blanc, ou émaillés de vert ou bleu pâles.

Après avoir décrit avec soin ce type spécial et charmant, dont nous reproduisons (pl. I) des spécimens choisis, nous ne pouvons quitter ce sujet sans insister de nouveau sur notre incrédulité absolue à l'égard de leur origine coréenne.

Pourquoi donc, demanderons-nous, si cette origine est admissible, pourquoi retrouvons-nous fréquemment intercalés dans la décoration de ces pièces des armoiries de princes japonais, et même le kiri-mon impérial? Pourquoi les personnages y figurent-ils revêtus de la longue robe japonaise? Pourquoi M. Jacquemart lui-même, notre adversaire en ceci, croit-il reconnaître dans un certain nombre de figures de femmes, aux pieds nus et aux cheveux pendants, des portraits d'impératrices japonaises, dans le costume officiel des audiences que le mikado daignait leur accorder.

A cet argument tiré des sujets eux-mêmes, M. Jacquemart en oppose un autre qui, selon lui, en est l'exact contrepoids. Il a trouvé dans les décors de certaines pièces des réminiscences plus ou moins accentuées de l'art chinois et même des Nien-hao [1] sous le pied de quelques-unes d'entre elles.

Cela fait qu'ayant des raisons séparées et équivalentes d'attribuer ces vases aux Chinois et aux Japonais, M. Jacquemart les adjuge à un troisième père qu'il crée de toutes pièces pour le favoriser de cette aubaine, et voilà l'art coréen dûment établi, spécifié et, qui plus est, doté. D'autres, qui nous paraissent avoir jugé avec une fantaisie moins généreuse peut-être, mais avec une rigueur certainement plus logique, ont pensé que la présence infiniment plus fréquente d'attributs japonais, de costumes et de sujets de ce pays, sur les pièces de cette nature, démontrait leur fabrication dans l'un des établissements de la province de Hizen. Tandis que, si ces porcelaines avaient été fabriquées en Corée, tantôt pour le Japon et tantôt pour la Chine, on s'expliquerait difficilement qu'on n'en retrouve point d'ornées des sujets légendaires et hiératiques chinois, si prisés par les habitants du Céleste Empire.

Quant aux Nien-hao, dans notre hypothèse, leur présence ne constitue ni plus ni moins qu'un nouveau chapitre d'une histoire commerciale déjà bien connue. L'Europe n'a point inventé la contrefaçon, et le Japon pas plus qu'elle. Quand celui-ci a voulu livrer au commerce, comme de provenance chinoise, des produits fabriqués chez lui, il a imité les marques chinoises, sans pouvoir cependant se garer, dans ces inscriptions mensongères, de fautes grossières, d'erreurs calligraphiques et d'anachronismes palpables, qui ont mis l'amateur en défiance contre ces étiquettes de mauvais aloi. Le Japon, d'ailleurs, fut de tout temps coutumier du fait, et cela sur toutes sortes de pièces que nul ne songe à lui contester.

Pour n'en donner qu'un exemple entre mille, nous citerons une coupe basse en porcelaine de Hizen, ornée de peintures dont les éléments comprennent, outre le bleu sous couverte, le rouge de fer et l'or, le même émail vert bleuâtre clair qu'on retrouve dans tous les décors de l'espèce attribuée si gracieusement à la Corée. Cette coupe ou plutôt ce compotier a été reproduit (pl. V, fig. H) dans la *Céramique japonaise* de MM. G. A. Audsley et James L. Bowes, qui en donnent ainsi la description :

---

[1]. Sorte d'inscription usitée en Chine pour indiquer la date de fabrication (Marques, ch. II).

« Sorte de soucoupe, de la variété dite vieux kikou, très richement peinte. Parmi les fleurs et sujets géométriques on a jeté çà et là sept kikous, et l'on a disposé au centre une guirlande de moumi. Magnifique pièce et d'origine peu commune. Diamètre : 0ᵐ225. »

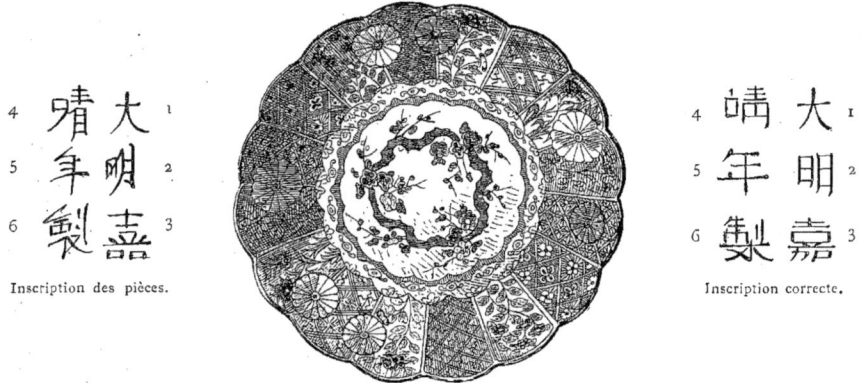

Inscription des pièces.   Inscription correcte.

Fig. 5. — Coll. O. du S.

Les deux exemplaires que nous possédons portent sous le pied, au milieu d'un double cercle, une inscription en caractères chinois tracés en bleu sous couverte, dans lesquels un peu d'habitude et beaucoup de bonne volonté permettront sans doute de reconnaître les mots :

TA-MING   TSING-KIA   NIEN-TCHI
1 2   3 4   5 6

Fabriquée pendant le règne Kia-tsing, de la grande dynastie des Ming (1522-1567).

Mais que de fautes et d'inhabiletés calligraphiques ne remarque-t-on pas dans l'inscription originale, en la comparant à celle, correctement écrite, que nous plaçons en regard !

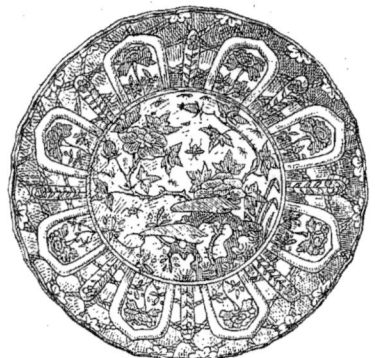

Fig. 6. — Coll. O. du S.

De plus, ce nien-hao Kia-tsing (1522-1573) n'est-il pas un anachronisme au premier chef, et par conséquent une preuve de plus du grossier mensonge que constitue cette marque ?

S'il fallait donner d'autres exemples, nous citerions encore une assiette (fig. 6) dont la pâte rappelle précisément cette ancienne première qualité du Japon, ornée d'un décor bleu sous couverte imité du chinois, et sous laquelle se trouve inscrit : Ta-ming-Tch'ing-hoa-Nientchi, « fabriquée pendant la période Tch'ing-hoa de la grande dynastie des Ming » (1465-1488) : Nien-tchi est écrit 製 年 au lieu de 製 年 ; et enfin une autre assiette dont le décor bleu sous couverte a été exécuté au Japon d'après une gravure représentant le siège que Rotterdam soutint vaillamment, en 1572, contre les Espagnols. Sa marque, plus mal écrite encore, indique le même Nien-hao Tch'ing-hoa (1465-1488). (Cette marque a été reproduite dans le recueil de M. J. G. T. Graesse.) De ces Nien-hao mensongers, évidemment de source japonaise, qu'on pourrait multiplier à l'infini et qui ne se rencontrent point sur des porcelaines décorées de peintures en émaux de la famille verte ou rose, faudrait-il conclure incidemment que peintres et fabricants du Hizen ne contrefaisaient les marques chinoises que sur les porcelaines de types spéciaux à leur pays, ou plutôt que, n'en produisant pas d'autres, ainsi que nous espérons l'avoir suffisamment démontré, ils ne pouvaient les inscrire que sur celles-là.

Résumant cette trop longue digression au sujet des porcelaines dites de Corée, nous dirons qu'aucun fait historiquement établi ne prouvant leur provenance coréenne, nous nous rangeons avec la plus entière conviction du côté de ceux qui ne reconnaissent d'autres produits céramiques attribuables à ce pays que des grès ou des poteries grossièrement émaillés; nous ajouterons que les porcelaines du genre spécial dont on l'a gratifié sont japonaises, et très probablement dues aux conditions particulières et momentanées du travail et des matières premières employées dans l'une des premières fabriques établies dans la province de Hizen, à une époque qu'on peut fixer avec quelque certitude vers 1650.

Cette restitution faite à l'art japonais nous laisse encore bien loin de ceux qui, entraînés par l'esprit de novation et par une imagination trop généreuse, lui ont attribué toutes sortes de porcelaines chinoises, et plus facilement encore toutes celles à décors imités du Japon et faites en Chine.

Plus réservé qu'eux, et d'accord en ceci avec les curieux d'autrefois, nous ne lui reconnaissons que cette première ancienne qualité, puis toutes celles dites de Hizen, décorées bleu sous couverte ou en peintures polychromes, enfin des pièces plastiques dépourvues de peintures, désignées par blanc du Japon, et peut-être quelques céladons, quoique nous n'en ayons point vu qui lui fussent sûrement attribuables, en même temps que certainement anciens.

Pour pousser jusqu'au bout la juste revendication que nous croyons devoir faire au profit de la céramique chinoise et lui restituer tout ce qui lui appartient, devons-nous, allant de l'est vers l'ouest, nous imposer la tâche, aussi ardue qu'elle serait oiseuse, d'établir historiquement que jusqu'à la fin du siècle dernier les Siamois, pas plus que les

Birmans et les Indiens, n'ont fabriqué de porcelaines ? Celles qu'on a pu voir chez les seigneurs ou chez les prêtres de ces contrées, y étaient venues de Chine en échange des nids d'hirondelles, si recherchés des gourmets du Céleste Empire, ou des cornes de buffles et des dents d'éléphants, que les habiles sculpteurs de Canton fouillaient avec

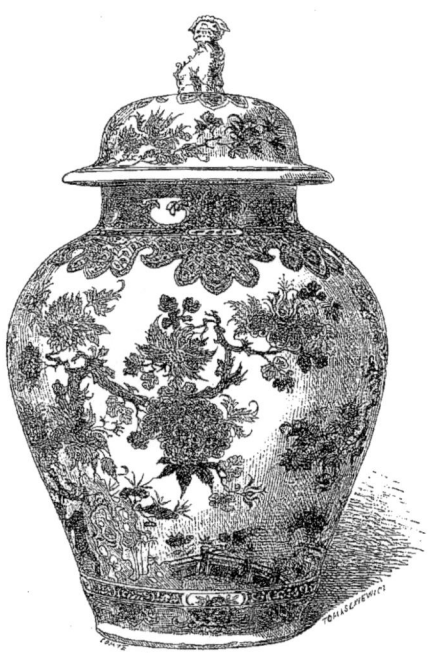

Fig. 7. — Potiche chinoise, imitation du genre japonais de Hizen.

Elle est décorée de bordures bleues à lambrequins fond rouge avec rinceaux réservés blanc et or, au milieu desquels se trouvent des emblèmes chinois. La panse est occupée par des buissons fleuris, dont les troncs robustes, peints en noir mat et rehaussés d'or, s'élancent de rochers beau bleu de différents tons ; les fleurs, gracieusement dessinées et de formes ornementales, sont peintes en rouge et or. — Le couvercle est surmonté d'un chien de Fô, en biscuit (fabrication de la fin de la IVe époque). Hauteur : 0m50. — Coll. O. du S.

autant d'art que de patience. Les porcelaines rapportées de Mandelay ou du Cambodge, ornées de symboles bouddhiques, soit l'éléphant blanc, soit Bouddha lui-même sous la forme d'une sirène, ne constituent rien moins qu'une preuve de plus de la souplesse du génie commercial des Chinois. C'est donc à tort qu'on prétendrait que le bol figure 8 a été décoré par un peintre birman qui y aurait par hasard inscrit une marque en caractères tartares mantchoux. Celui de la figure 9, à dessins siamois ou cambodgiens, ne date pas non plus du commencement de l'ère chrétienne, parce qu'il faudrait en ce cas admettre que les Chinois n'ont point été, vers le commencement du XVIIIᵉ siècle, les premiers et véritables inventeurs des émaux de la famille rose et du parti qu'on pouvait en tirer en les mélangeant avec l'acide blanc stannifère ou arsénieux, dont ils n'ont découvert le secret de préparation que plus tard encore.

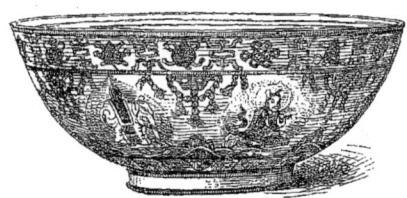

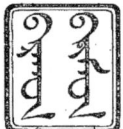

Fig. 8. — Bol du XVIIIᵉ siècle.

Fond blanc, décoré en émaux de la famille rose, de symboles bouddhiques et de bordures composées du caractères Fô (Bonheur) alternant avec des attributs chinois et portant la marque. (Diamètre : 0ᵐ16.) Col. du marquis d'Hervey de Saint-Denys, à Paris.

Si nous avons passé légèrement sur ce qui a pu être dit des porcelaines chinoises trouvées en Cochinchine, nous ne pouvons nous dispenser de parler plus longuement de celles que voyageurs ou trafiquants nous ont apportées de l'Iran, parmi les belles et curieuses poteries émaillées qu'on fabriquait anciennement dans ce pays.

Pour ces porcelaines comme pour tant d'autres, on a jugé d'après les apparences extérieures et décidé que, telle étant la décoration, telle devait être la provenance; de sorte que, comme elles étaient pour la plupart ornées de peintures admirablement imitées du genre décoratif spécial à l'art persan, comme quelques-unes portaient en outre des inscriptions et des talismans, on a conclu sans la moindre hésitation qu'elles avaient été fabriquées en Perse; puis, trouvant que ces décorations étaient tantôt bleues sous émail, tantôt réunissaient les émaux de l'une ou l'autre des palettes verte ou rose des peintres chinois, ou bien encore étaient ornées de couvertes

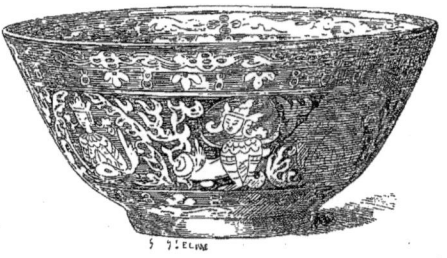

Fig. 9. — Bol décoré en plein de deux bordures haut et bas, alternant fond vert et fond rouge de fer d'un ton brun, rehaussées de dessins en blanc et rose violacé. Le reste fond noir émaillé, ayant en réserve huit figures bouddhiques colorées des mêmes émaux et de jaune mélangé de blanc. L'intérieur vert avec bordure et médaillon central (époque Yong-tching, 1723-1736).
Diamètre : 0ᵐ18. — Col. O. du S.

colorées, on fit pour elles une classification semblable à celle qu'on avait enfantée pour la Chine et le Japon, et l'empire des schahs fut gratifié à son tour d'une histoire complète de la fabrication et de la décoration de la porcelaine dure.

N'avait on réellement pas reconnu l'identité absolue de ces porcelaines apportées de la Perse avec celles de l'extrême Orient, pâte et couvertes de même composition, façonnage et cuisson obtenus par des procédés absolument semblables, peintures enfin exécutées avec les mêmes couleurs et les mêmes émaux, produisant les mêmes effets de coloris, de relief et d'irisation? S'était-on trompé ou n'avait-on qu'entrevu la vérité? Il n'en fallut pas moins chercher une explication à ce fait inexplicable.

On admit pour cela que les Chinois avaient été les initiateurs, mais que, bientôt égalés sinon surpassés par les potiers persans, ils en étaient devenus à leur tour les imitateurs. Pour les écrivains qui acceptèrent cette thèse, il devint tout naturel de rencontrer sur des pièces incontestablement exécutées en Chine des ornementations et des inscriptions persanes et, réciproquement, des sujets, des marques et des Nien-hao chinois sur les porcelaines qu'ils attribuaient à la Perse. Grâce à ce principe de similitude et de parallélisme des deux fabrications, on ne chercha même plus à distinguer. Pièces de toutes formes, plats, potiches, aiguières ou bouteilles de kaliouns[1] ornées de couvertes colorées, rehaussées de relief et d'or ou à glaçure blanche, richement décorées de peintures en émaux des familles verte et rose des périodes Wan-li à Yong-Tching (1573 à 1736), goulab-pash[2] de tous genres, surahés[3] décorés bleu sous couverte de sujets chinois ou

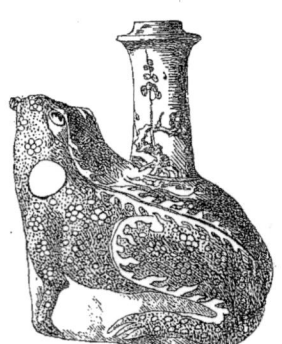
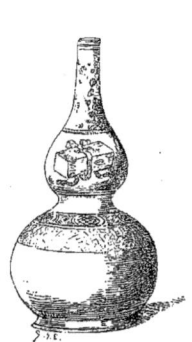
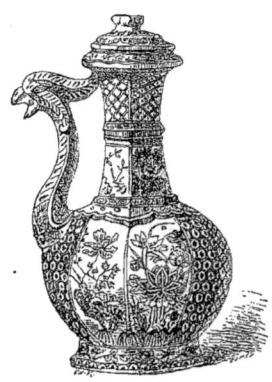

Fig. 10. — Bouteille de kalioun affectant la forme d'une grenouille et décorée bleu sous couverte (IVe époque).
Hauteur : 0m20.

Fig. 11. — Goulab-pash décoré bleu sous couverte et au-dessous d'une bande blanche finement craquelée d'une couverte colorée feuille morte (IVe époque).
Hauteur : 0m16.
Collection O. du S.

Fig. 12. — Buire sans anse richement décorée sur couverte de peinture en émaux de la famille verte (IVe époque).
Hauteur : 0m25.

tartares mantchoux, avec fonds partiels à bâtons rompus, tout cela, affirmait-on, était l'œuvre des Persans, passés maîtres du premier coup.

---

1. Carafe de pipe à eau.
2. Aspersoirs, sortes de flacons à col long et étroit destinés à contenir des parfums, appelés en persan *goulab-pash*, littéralement : qui répand l'eau de senteur.
3. Carafe pour l'eau et le vin.

N'en déplaise aux potiers de l'Iran, il nous paraît impossible que, quel que fût le génie de leurs devanciers, ceux-ci aient pu, sur de simples indications transmises par des voyageurs, trouver et reconnaître chez eux les éléments constitutifs de la pâte et des émaux, puis appliquer des méthodes et des procédés de fabrication auxquels les inventeurs eux-mêmes n'étaient arrivés que par l'empirisme, procédés qui n'avaient par conséquent rien d'exactement défini et dont la réussite dépendait du tour de main et de l'habileté des ouvriers.

Ceux qui donnaient si facilement ce brevet d'incroyable capacité aux potiers persans des temps passés avaient-ils donc oublié qu'il fallut à toute l'Europe moderne un siècle de recherches et de labeurs pour arriver, d'étape en étape, à faire non pas une porcelaine en tout semblable à celle de l'extrême Orient, comme celle qu'on aurait faite en Perse, mais un produit similaire toujours parfaitement reconnaissable pour les spécialistes?

Disons-le donc en toute certitude, les porcelaines dures trouvées en Perse sont, sans exception, de fabrication chinoise ou japonaise; elles y ont été introduites par les mêmes mains qui en transportaient jusque chez les Turcs et les Arabes. C'est d'ailleurs l'avis des Persans eux-mêmes, qui n'élèvent à ce sujet aucune revendication et s'étonnent fort qu'on leur attribue ce que depuis des siècles ils désignent par le mot Tchini, c'est-à-dire *venant de Chine*. Quant aux ornementations rentrant dans les données de l'art décoratif en Perse, ainsi qu'aux formes spéciales à ce pays, tout cela s'explique par l'envoi en Chine de dessins et de modèles en métal ou faïence pour servir à l'exécution des commandes que faisaient les grands seigneurs de l'Iran; aussi trouve-t-on sur des porcelaines dont la provenance chinoise est incontestée un nom persan et le mot Fermaïche, c'est-à-dire par ordre, écrits en caractères arabes, absolument comme sur les poteries fabriquées en Perse.

Il n'y aurait pas d'excuse possible à l'erreur que nous venons de signaler, si parmi les faïences persanes on n'en rencontrait quelques-unes ayant l'apparence de véritables porcelaines. M. A. Salvetat signale le fait dans ses *Leçons de Céramique*. « Quelques poteries fabriquées en Perse et parfois des plus communes, dit-il, prennent l'apparence des pâtes de porcelaine lorsque pendant la cuisson elles ont été chauffées au point de développer une certaine translucidité, par le ramollissement des frittes qui les composent. » Il donne à cette sorte de faïence le nom de *porcelaine de Perse;* mais, en dehors du caractère commun de translucidité qui constitue pour M. Salvetat l'ordre des porcelaines, il n'existe aucun rapprochement possible entre ces poteries et les porcelaines chinoises essentiellement kaoliniques, dures et sonores. Les pièces translucides persanes sont faites d'une pâte frittée extrêmement tendre, non seulement rayable par l'acier, mais pouvant littéralement se couper au couteau; elles sont recouvertes d'un engobe, sorte d'émail silico-alcalin très fusible, légèrement teinté en bleu, posé en couche épaisse qui leur donne l'aspect extérieur de la porcelaine.

Les peintures monochromes ou polychromes qui les décorent s'incorporent facilement, à cause de son extrême fusibilité, avec cet émail qui, même au petit feu de cuisson des couleurs, arrive presque toujours à un état de fluidité tel qu'il s'écoule sur la partie inférieure des vases, entraînant avec lui les matières colorantes de façon à altérer la netteté des traits et à déterminer le plus souvent de nombreuses bavures. Quant aux dessins, ils sont ou persans proprement dits, ou entremêlés de dessins chinois assez maladroitement imités par les peintres de l'Iran, qui semblent avoir indifféremment marqué leurs faïences d'inscriptions chinoises ou persanes toujours à peu près illisibles.

Pl. XVII, fig. *f*. Nous avons placé avec intention près de pièces chinoises ou japonaises fabriquées pour les contrées de l'Asie occidentale, et décorées bleu sous couverte, une grande bouteille (surahé) en faïence translucide persane, ornée elle-même d'un sujet chinois en bleu cobalt et portant sous le pied une sorte de talisman en guise de marque.

Cette pièce, comme toutes les poteries translucides ou autres fabriquées en Perse, ayant été cuite simplement posée dans le four sur un lit de gros sable quartzeux, l'émail en se vitrifiant a coulé jusqu'à la partie inférieure de la bague du pied, où un peu de ce sable est resté soudé. Cette particularité se rencontrant également sur un grand nombre de porcelaines chinoises ou japonaises, on a conclu que celles-ci étaient de fabrication persane, parce que, a-t-on affirmé, en Chine, toutes les porcelaines étaient mises au four enfermées dans des gazettes ou posées sur des plateaux. Il est en effet hors de doute que cette méthode fut celle le plus généralement usitée en extrême Orient, mais non sans qu'il y ait eu de nombreuses exceptions, dont on retrouve la preuve sur une quantité de types plus ou moins anciens, depuis ceux à pied de fer jusqu'à ceux dits de la Compagnie des Indes, dont certaines pièces portent les traces indéniables du lit de sable sur lequel elles posaient pendant la cuisson.

Si nous nous sommes laissé aller au delà de ce qu'il eût été strictement nécessaire de dire au sujet de la Perse, nous voulons espérer que notre lecteur trouvera comme nous qu'il y avait quelque justice à défendre ces pauvres Chinois, auxquels on a pris avec d'autant moins de scrupules, semble-t-il, qu'on les savait plus riches. Au train dont allaient les choses, on les eût bientôt dépouillés tout à fait, ne leur laissant que la gloire d'avoir été les fabricants les plus anciens et les plus connus, mais non les plus habiles.

Nous croyons pouvoir nous arrêter là, sans qu'il soit besoin de repartir en guerre contre Millin, qui, sans raison ni preuves, affirme que l'art de fabriquer la porcelaine est originaire d'Égypte, d'où il passa en Asie et de là en Chine. Nous n'entamerons pas davantage la question des vases murrhins, dans lesquels on voudrait voir des porcelaines antiques fabriquées chez les Parthes. Pour détruire ainsi tout ce que l'on sait sur ce sujet, pour infirmer tous les témoignages, tous les documents que nous avons recherchés et produits, il faudrait autre chose qu'un passage obscur de Properce, ou l'opinion dubitative de M. de Laborde, hésitant, à l'exemple d'un voyageur du moyen âge, à croire qu'antérieurement au XVIe siècle *tant et si grandes pièces de pourcelaine* aient traversé l'Asie pour arriver jusqu'au Caire. Il le faudrait, quand même un écrivain scientifique et précis de l'antiquité latine, Pline le Jeune, n'aurait pas dit, un siècle après Properce, que les murrhins étaient faits d'une sorte d'agate orientale qui se tournait en tasse et autre sorte de vaisselle.

La porcelaine de Chine n'a pas dès le début pris tout d'un coup son vol à travers le monde, comme il arrive de nos jours quand une industrie enfante quelque création nouvelle que l'enthousiasme public adopte et propage en un clin d'œil aux quatre points de l'horizon. Ainsi qu'il devait arriver à cette époque reculée, cet art resta le secret de quelques-uns, jusqu'à ce que, en 907 de l'ère chrétienne, l'empereur Tien-Lieou eût ordonné de fabriquer pour son usage des *Pi-sê-yao,* les fameuses porcelaines à couleurs cachées dont nous avons parlé plus haut. A partir de ce moment, les grands seigneurs et les hauts mandarins, les princes feudataires de l'empire, émerveillés de ce qu'ils voyaient dans leurs voyages à la cour, s'efforcèrent de former dans leurs domaines des artistes et des ouvriers.

Mais, malgré leur empressement, les moyens dont ils disposaient alors ne se prêtaient point à cette soudaineté de diffusion que tout facilite aujourd'hui. Plusieurs générations se succédèrent avant que la passion jalouse des seigneurs, après eux celle des fonctionnaires moins importants, puis enfin celle des riches propriétaires eux-mêmes, pût être suffisamment satisfaite pour permettre aux fabricants de pratiquer librement leur industrie, et aux porcelaines d'entrer pour ainsi dire dans le domaine public.

Il fallut près de trois siècles pour que les manufactures se multipliassent et pour que leurs produits se répandissent peu à peu dans les mains de tous. Alors seulement la porcelaine put devenir matière d'échange avec les trafiquants occidentaux qui venaient chercher à Cayton les précieuses poteries fabriquées à Tinguy pour les porter chez les autres peuples de l'Asie.

A quel moment s'est ensuite produit de l'Orient vers l'Europe le premier courant d'exportation? C'est encore à une remarque de linguistique que nous allons le demander, en étudiant ce qu'est ce mot de *porcelaine*, d'où il vient, quelle est sa signification primitive et à quelle époque cette signification s'est insensiblement modifiée. Nous arriverons de la sorte à constater l'heure où pour la première fois, sous les yeux enchantés de nos ancêtres, apparurent ces fragiles merveilles où la main de l'homme leur parut avoir égalé la nature elle-même, qui donne à la nacre marine un peu de la transparence irisée des flots de la mer.

En effet, contrairement à l'assertion du père d'Entrecolles, qui affirme que le nom de porcelaine fut donné par les Portugais aux vases chinois importés par eux en Europe en 1508, M. Brongnard et M. de Laborde nous apprennent que ce nom aurait été tout naturellement appliqué aux poteries transparentes de l'extrême Orient, à cause de leur similitude d'apparence extérieure avec les coquilles à surface lisse qui l'avaient primitivement porté. « Les anciens, dit M. de Laborde, ayant trouvé ou cherché une ressemblance entre ce qu'ils appelaient porca et certaines coquilles, donnèrent à celles-là le nom de porcella. Le moyen âge accepta cette analogie en appelant porcelaine une famille entière de ces coquilles, et aussi les ouvrages qui étaient faits de nacre de perle, et, par métonymie, la nacre seule tirée de la coquille.

« A partir du XIVe siècle, les gardes des joyaux, décrivent en grand nombre dans les inventaires, et les experts mentionnent et estiment dans leurs rapports, des vases, des ustensiles de table, des tableaux de dévotion et des joyaux *faits de pourcelaine*. Cette expression, à travers quelques variantes sans importance, reste la même et s'applique aux mêmes choses jusqu'au XVIe siècle; de ce moment, elle se bifurque pour conserver d'une part sa vieille signification, et s'étendre de l'autre à des vases et ustensiles d'importation étrangère qui offraient la même blancheur nacrée. C'était la poterie émaillée de la Chine qui s'emparait de ce nom auquel elle n'avait droit que par une analogie de teinte et de grain. »

Nous partageons l'opinion de M. de Laborde sur l'origine du mot porcelaine, et, dans l'ordre restreint d'idées où il se place, c'est-à-dire au point de vue des catalogues des trésors royaux et princiers, nous admettrons un instant qu'il ait eu raison de placer au XVIe siècle la dérivation de ce mot pour exprimer un produit nouveau. Il nous importe peu, pour le moment, que ces trésors n'aient contenu qu'à cette époque des vases de Chine de différentes espèces. Cela mériterait une discussion approfondie, si nous n'avions d'autre part des preuves certaines que, bien antérieurement à cette date, la bifurcation de sens du vieux mot latin-français s'était déjà produite, et que dès la fin du XIIIe siècle les porcelaines de Chine arrivaient sur les côtes méditerranéennes du continent africain.

Nous mettons ici sous les yeux du lecteur les preuves chronologiques de cette assertion; il y verra la transition certaine de la signification primitive du mot à sa double application, en même temps que la constatation des débuts de l'exportation chinoise vers nos contrées.

Nous emprunterons la première à Soleyman, qui visita la Chine vers le milieu du IX⁰ siècle. « Il y a dans ce pays, dit-il, une argile très fine avec laquelle on fait des vases qui ont la transparence du verre ; l'eau se voit à travers¹. »

Vient ensuite un manuscrit arabe de la Bibliothèque Nationale qui traite de la vie et des exploits de Saladin ; on y voit que cet émir fit présent, en 1171, de quarante pièces de porcelaines à Nurredin.

De là nous passons sans transition certaine au livre de Marco Polo², dans lequel, parlant des habitants de Carajan, l'auteur dit : « Ils ont monnoie en tel maniere con je voz dirai, car ils espendent porcelaine blance, celle qe se trovent en la mer et qe se mettent au ceul des chienz, et vailent les quatre vingt porcelaines un saic d'argent qe sunt deux venésians gros. »

Puis, au sujet des habitants d'un autre pays soumis également au grand Khan : « Ils ont, dit-il, tant or qe je voz di q'il donent un saic d'or por six d'arjent, et encor en ceste provence s'espendent les porcelaines qe je voz contai de soure por monoie, et voz di qe en celle provence ne se treuvent celles porcelaines, mes hi viennent de Yudie. »

Marco Polo dit encore que chez les habitants de Zardandan, « l'or monoie est or et encor hi se espendent les porcelaines ».

Enfin dans la description qu'il fait du royaume de Fuchin (Fo-Kien), après avoir raconté ce qu'il a vu à Cayton (Thsioun-Théou), siège gouvernemental de la province de Fo-Kien de 1277 à 1281 (aujourd'hui Canton), « et sachiez, dit-il, que près de ceste cité de Cayton a une autre cité, qe a nom Tinguy³, là où l'on fait moult d'escuelles et de porcelaines qui sont moult belles, et en nul autre port on en fait fors que en cestuy, et d'iluec se portent parmi le monde, et hi ni a assez et grand marchiés, si grant qe bien en aurest por un venisian gros trois escuelles si belles qe mious ne les sussent nul deviser ».

Et aussi, parlant de l'île de Sardan, près Java, il dit : « De ceste reigne vont toutes les pourcelaines qui s'espendent en toutes provences. »

Autant il est hors de doute que les premières citations n'ont rapport qu'à des coquilles marines, que le conteur appelle « porcelaine », autant il est certain que dans les dernières il

---

1. Traduction de M. Reinaud, p. 34.
2. Rédigé sous sa dictée, en 1298, par Justinien de Pise, dont : « Coppie baillée dudit sire Marc. Pol, au segneur de Cepoy, quand il alla en Venise pour Monseigneur de Valois et pour Madame l'Empéréris sa fame, l'an de l'incarnacion de nostre Segneur Jhésus-Crist, mil trois cent et sept, au mois d'aoust. »
Charles de Valois, marié à Catherine de Courthenay, impératrice titulaire de Constantinople, ayant eu l'intention de faire valoir les droits qui venaient de lui être transmis par sa femme, envoya son confident Thiébault de Cépoy visiter et étudier les contrées d'Orient dont il rêvait la conquête. Le sire de Cépoy se rendit d'abord à Venise, où il était déjà en 1305.
3. Tin-houa. Selon la géographie impériale, chef-lieu de canton de la province de Fo-kien, où on fabriquait anciennement des vases de porcelaine blanche (Pé-tse-khi). Quand la blancheur en était pure, sans taches, ils étaient très recherchés.

se sert du même mot pour désigner les vases de porcelaine proprement dite, dont il affirme l'origine chinoise.

Puis vient la relation d'un voyageur arabe, Ibn-Batoutah, qui écrivait en 1310 : « On ne fabrique pas en Chine la porcelaine, si ce n'est dans les villes de Zeitoun (Thsiouan-Tcheou) et Sin-Calan (Canton); elle est faite au moyen d'une terre tirée des montagnes qui se trouvent dans ces districts. Cette terre prend feu comme du charbon, les potiers y ajoutent une certaine pierre qui se trouve dans le pays, ils la font brûler pendant trois jours, puis versent l'eau par-dessus, et le tout devient poussière, ou une terre qu'ils font fermenter. Celle qui a fermenté pendant un mois entier donne la meilleure porcelaine ; celle qui n'a fermenté que pendant dix jours en donne une de qualité inférieure. La porcelaine en Chine vaut le même prix que la poterie chez nous, ou même encore moins; c'est l'espèce la plus belle de toutes les poteries. On l'exporte dans l'Inde et dans les autres contrées, d'où jusque dans la nôtre, le Maghreb », c'est-à-dire le couchant, nom que donnent les Arabes à toute la partie nord de l'Afrique se trouvant à l'ouest de l'Égypte.

De toutes ces citations résulte donc une certitude sur l'époque à laquelle l'existence de la porcelaine chinoise fut révélée à l'Europe, puis la présomption des mieux fondées que les premiers échantillons qui y furent apportés avaient été tirés des pays d'Orient, soit à la suite des croisés, soit, avec plus de probabilité, introduits par les Vénitiens, dont les relations commerciales avec les peuples de l'Asie et avec les Arabes existaient déjà à la fin du XIIIe siècle. Ces rapports ayant plus tard acquis une réelle importance, Venise envoya, en 1471, Josaphat Barbaro en qualité d'ambassadeur à la cour de Téhéran. Dans les lettres qu'il adressa à son gouvernement, celui-ci fait plusieurs fois mention des porcelaines

Puis en 1487, c'est le sultan qui envoie à Lorenzo de Médicis une ambassade chargée de lui offrir des animaux et des objets précieux, parmi lesquels des vases en porcelaine [1].

Enfin, à la même époque, on trouve dans les lois maritimes de Barcelone que la porcelaine était l'un des articles importés d'Égypte.

L'Espagne et la Vénétie n'étaient point d'ailleurs les seules contrées de l'Europe qui trafiquassent en ces temps-là avec les Orientaux. Un Français célèbre, Jacques Cœur, auquel son génie commercial avait fait braver les lenteurs et les dangers de ce lointain voyage, était allé en 1432 visiter le Levant. En plusieurs endroits, et particulièrement à Damas, il s'était créé de nombreuses relations qu'il entretint ensuite pendant longtemps,

---

1. Inventaire des richesses de Clarisse de Médicis, veuve de Lorenzo de Médicis, par Pietro da Bibliena.

envoyant régulièrement dans ce pays des agents habiles chargés de traiter pour son compte avec les négociants et les grands seigneurs.

Ce fut précisément l'un de ces agents[1], nommé Jean de Village, qui, revenu de Damas vers 1440, rapporta les trois écuelles et le plat de porcelaine de Sinant (Chine) que le sultan de Babylonie envoya en présent au roi Charles VII.

L'arrivée des merveilleuses poteries de l'extrême Orient fut un événement à la cour de France, mise en grand émoi de curiosité.

Pour revenir à l'emploi du mot porcelaine dans les catalogues des trésors royaux de la France, nous croyons être encore agréable au lecteur en citant quelques exemples, non plus pour éclaircir une question que nous croyons avoir élucidée dans les lignes qui précèdent, mais à titre de documents intéressants sur les plus vieux de nos confrères en curiosité, qui par leur amour pour les coquilles avaient si bien ouvert la voie à leurs successeurs amis de la porcelaine chinoise.

Si d'ailleurs nous avons laissé plus haut à M. de Laborde le bénéfice de son opinion sur la signification exclusive du mot porcelaine dans les catalogues que nous avons compulsés après lui, c'est, le lecteur l'a senti, que nous n'avions pas besoin de le combattre pour démontrer positivement la présence dans notre vieux monde de la porcelaine de Chine avant l'époque où il en signale l'apparition. Nous avons voulu laisser la parole aux faits positifs et ne pas employer d'arguments de discussion, là où d'indiscutables citations parlent par elles-mêmes.

Mais nous pouvons dire maintenant que, puisque les produits de la Chine venaient en Europe, il ne nous paraît pas croyable que ces amateurs puissants et riches aient été si longtemps à en voir arriver quelques morceaux entre leurs mains, et nous sommes absolument convaincu qu'un certain nombre de pièces cataloguées et décrites, dans lesquelles M. de Laborde n'a vu encore que des coquilles ou des nacres, étaient bel et bien de la porcelaine proprement dite, telle que nous l'entendons aujourd'hui.

En effet, quand on nous parle de plats, d'aiguières, de pots, d'écuelles de grands modèles, le poids, les dimensions, la destination même de ces objets aux usages journaliers de la vie, nous paraissent impliquer l'impossibilité de les faire soit d'une seule coquille, soit de plusieurs morceaux assemblés entre eux par des sertissures difficilement étanches. Si, d'autre part, ces morceaux de nacre n'eussent été que des ornements enchâssés dans un métal formant le corps du vase, les experts du temps n'eussent-ils pas tout naturellement écrit : un pot d'argent de telle ou telle façon, au lieu de : un pot de porcelaine garni en argent? Et enfin pourquoi cette désignation particulière de pierre de porcelaine?

---

1. *Athenæum Français*, tome II.

ORIGINES

Nous concédons à M. de Laborde qu'un certain nombre de petites pièces peuvent parfaitement comporter la nacre ou la coquille comme matière première, et que pour celles-ci, comme pour de plus grandes, les garnitures, entre autres les anses, pouvaient être en argent, ce qui éloignait, pense-t-il, l'impossibilité absolue que le reste du morceau soit fait autrement que d'une seule coquille ou de plusieurs morceaux réunis entre eux.

Nous lui répondrons que, s'il en était ainsi, le raisonnement ne pourrait s'appliquer à des pots à eau comme on en voit figurer sur les inventaires, non pas des pots à eau microscopiques et de réductions lilliputiennes, mais de bons vrais pots à eau, destinés dans l'origine soit à verser l'onde pure sur les mains royales, soit, plus rarement peut-être, dans les hanaps princiers, pour y adoucir le fumet de nos vieux vins bourguignons ou de Gascogne.

Et l'argument de l'anse lui-même, cher à M. de Laborde, de l'anse en argent! Eh bien, permettons-nous d'user de la phrase favorite de nos ménagères qui cassent la vaisselle, et de dire qu'il lui reste dans la main, car dans toutes les descriptions un seul pot

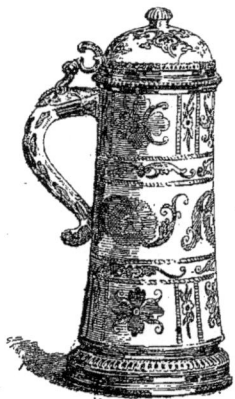

Fig. 13. — Pot à anse en porcelaine de Chine, décoré bleu sous couverte, monture ancienne, bronze doré, époque Louis XIV.

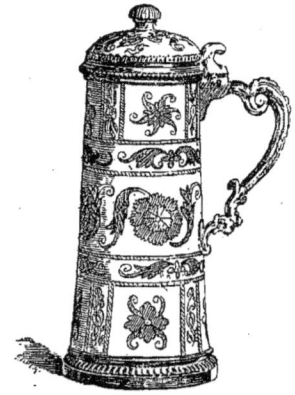

Fig. 14. — Autre pot semblable dont l'anse brisée a été remplacée par une autre en bronze doré, comme la monture ancienne, époque Louis XIV.

Appartenant à M. Beurdeley, à Paris.

à eau est indiqué comme ayant l'anse en métal. Il en résulterait donc que pour tous les autres elle était en porcelaine. Et pour celui-là même, notre éminent contradicteur aurait dû se souvenir que dans beaucoup de collections des siècles derniers, et même du nôtre, il est des pièces précieuses dont une anse ou un oreillon brisés ont été remplacés par un ornement d'or ou d'argent qui dissimule et répare le dommage. Pourquoi ne pas supposer qu'à cet exemplaire unique d'autrefois un réparateur habile a su faire le même sort, après que le valet maladroit aura peut-être été pendu haut et court à quelque mâchicoulis?

INVENTAIRES

INVENTAIRE DU DUC D'ANJOU (1360-1368).

Une escuelle d'une pierre appelée pourcellaine bordée d'argent doré et émaillée, et est le champ d'azur et y a gens qui chacent et les autres jouent à plusieurs jeux, et a sur le dit bord trois escussons de nos armes à annelez pendans, et y a III fretelz d'argent doré à perles à petitz grenetz et sur chascun fretel a une petite langue de serpent, et est le pied de ladite escuelle d'argent doré et semé de VI émaux et en chascun émail a la teste d'un apostre, et poise pierre et argent, en tout, VI marcs VI onces XII deniers.

INVENTAIRE DU DUC DE NORMANDIE (1363).

Un tableau de pourcellaine quarré, de plusieurs pièces, et au milieu l'ymage de Nostre-Dame, garny d'argent doré à ouvrage d'oultremer.

Deux plats, iiij escuelles et iiij saussieres de pourcellaine.

Un tableau de pourcellaine, où sont deux ymages armés en estant ij écus de saint Georges et deux glaives où sont en la bordure xiij perles, iiij saphirs et iiij balais, pesant iij onces d'or.

COMPTE DU TESTAMENT DE LA ROYNE JEANNE D'EVREUX (1372).

Un pot à eau de pierre de pourcelaine à un couvercle d'argent et bordée d'argent doré pesant un marc iiij onces, prisié xiiij francs d'or.

INVENTAIRE DE CHARLES V (1380).

Un tableau quarré de pourcelaine où d'un côté est l'ymage de Nostre-Dame en un esmail d'azur et plusieurs autres ymages à l'environ et de l'autre côté a une ymage de saint Pol et est environné de perles tout autour et y faillent quatre pierres.

Un tableau de pourcelaine quarré où d'un côté est l'ymage Nostre-Dame et xij apostres en tour et de l'autre costé a plusieurs ymages et à l'environ xij grosses perles, vj esmeraudes et v rubis d'Alexandre.

Uns petits tableaux quarrés de pourcelaine, enchassiez en or, où est au dos un demi ymage de Nostre-Dame.

Uns petits tableaux quarrés de pourcelaine, où est entaillié un crucifiement, Nostre-Dame et saint Jean, sans nulle garnison.

INVENTAIRE DU DUC DE BERRY (1416)

Un estuy d'argent auquel a uns tableaux de pourcelaine et au dit estuy a esmaulx des armes de France et d'Evreux.

Une aiguière de pourcelaine ouvrée, les pié, couvercle et biberon de laquelle sont d'argent doré.

Un pot de pourcelaine a une ance d'argent blanc et le demourant avec le couvercle, garni d'argent doré, et dessus le couvercle a un esmail de pelite.

Ung autre de pot *de pourcelaine avec l'ance de mesme*, garni d'argent doré, et dessus le frêtelet une rose d'argent dorée.

Deux petites escuelles de pourcelaine.

Un grand tableau de bois où il y a au milieu un ymage de Nostre-Dame de pourcelaine et plusieurs autres ymages de pourcelaine autour de la vie Nostre Seigneur et de Nostre Dame, garny d'un des côtés à l'entour d'argent doré, à l'euvre de Damas.

Une pièce de pourcelaine pour faire un porte paix en laquelle est le baptisement de Nostre-Seigneur.

PREMIER INVENTAIRE DE MARGUERITE D'AUTRICHE (1516).

Ung tableaux d'argent doré, d'ungne nonciade à deux feuillies de porselleyne, là où est l'ymaige de feu Roy don Philippe et la Reyne donne Jeanne sa fame.

SECOND INVENTAIRE DE MARGUERITE D'AUTRICHE (1524).

Ung beau grant pot de *pourcelaine bleue* à deux agneaux d'argent.

Deux autres petits pots de pourcelaine.

Six plats et escuelles et salières de pourcelayne de plusieurs sortes.

Quatre autres moiens potz de pourcelayne.

Ung pot de pourcelayne sans couvercle, bien beau, tirant sur le *gris*.

Une esguière de porcelayne sus-*gris*, garnie, le couvercle, le piez et le manche, d'argent doré bien ouvré.

Deux autres esguières d'une sorte de pourcelayne *bleue* garnies les couvercles d'argent doré.

Ung beau gobelet de porcelayne *blanche*, à couvercle, *painct à l'entour de personnaiges d'hommes et de femmes*.

INVENTAIRE DE CHARLES-QUINT (1536).

Une coupe d'argent couverte, dorée par dehors et par dedans, garnie de trente deux pourchelains à manière de camahieux, taillez de plusieurs personnaiges et d'oiseaulx et de rolletz où il y a escript: « Bien en adviengne », et sur le frétel les armes de feu M. S. Charles et de madame sa compaigne en une rosette en façon de marguerite, pesant vii marcs vii onces.

Une imaige de l'Annonciation de Nostre-Dame en pourcelaine mise en or, et à l'autre costé est esmaillé de noir sainte Marguerite.

Par ordre chronologique, nous devons citer ici ce que disait Pierre Bélon en 1553 : « Des vaisseaux de porcelaine qu'il a vus vendre en public au Caire, lesquels vases de porcelaine sont transparents et coustent bien cher au Caire, et disent mesmement qu'ilz les apportent des Indes, mais cela ne me sembla vraysemblable; car on n'en voirroit pas si

5

grande quantité ni de si grandes pièces s'il les falloit apporter de si loing. Une esguière, un pot ou un autre vaisseau, pour petite qu'elle soit, couste un ducat; si c'est quelque grand vase, il coustera davantage.

Et les voyant nommez d'une appellation moderne et cherchant leur étymologie françoise, j'ay trouvé qu'ils sont nommez du nom que tient une espèce de coquille de porcelaine. Mais l'affinité de la diction Murex correspond à Murrhina; toutefois je ne cherche l'étymologie que du nom françois en ce que nous disons vaisseaux de pourcelayne, sçachans que les Grecs nomment la mirrhe de Smirna, les vaisseaux qu'on vend pour ce aujourd'hui en nos païs, nommez de porcelaine, ne tiennent tache de la nature des anciens; et combien que les meilleurs ouvriers de l'Italie n'en font point de telz, toutefois ils vendent leurs ouvrages pour vaisseaux de porcelaine, combien qu'ils n'ont pas la matière de mesme. »

Ainsi, d'après Pierre Bélon, le nom de porcelaine était employé de son temps à désigner aussi bien certaines coquilles marines que la nacre de perle et les porcelaines orientales qu'il avait vues au Caire, tout comme on le faisait aussi des faïences italiennes.

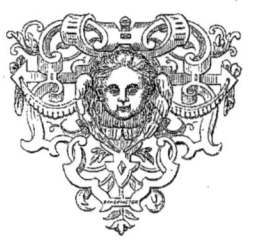

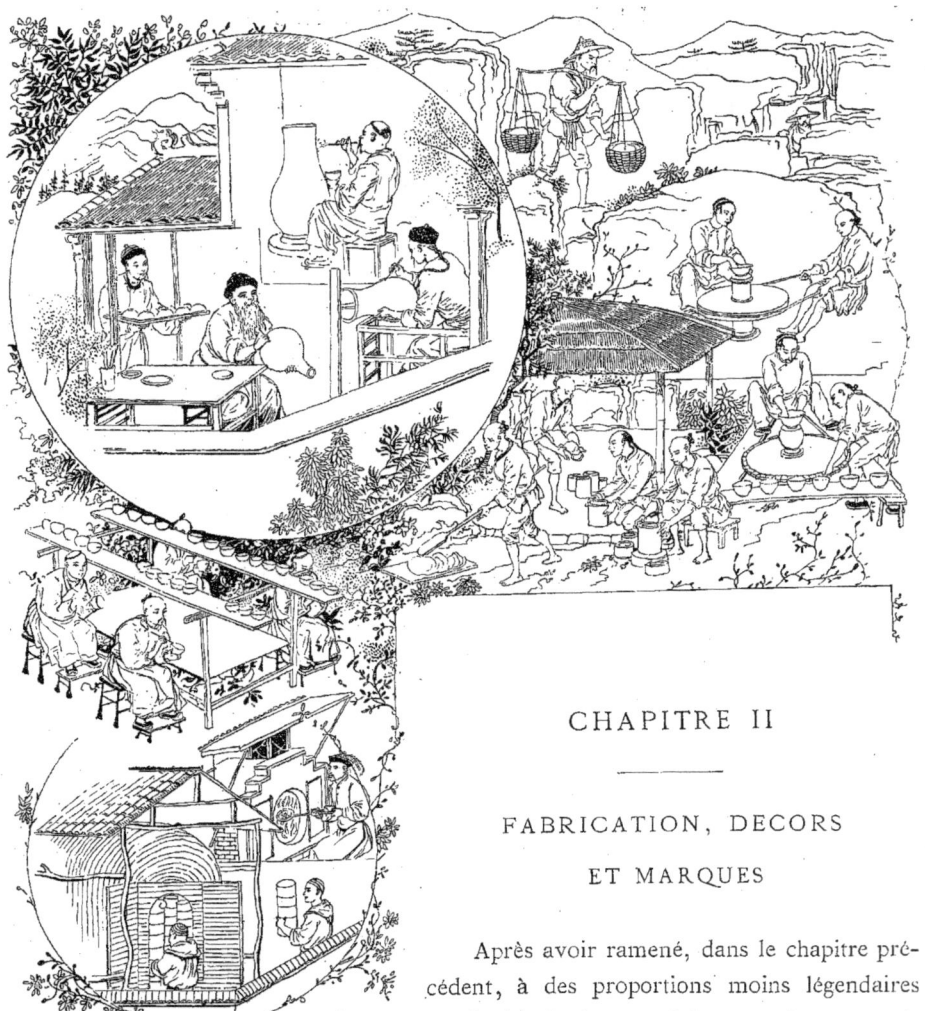

CHAPITRE II

FABRICATION, DECORS ET MARQUES

Après avoir ramené, dans le chapitre précédent, à des proportions moins légendaires l'antiquité de la porcelaine, après en avoir revendiqué pour la Chine l'invention exclusive et démontré que ni le Japon, ni la Corée, ni la Perse, ne pouvaient lui en ravir la gloire ou la partager avec elle, il nous reste à faire pénétrer le lecteur dans la connaissance intime de ses charmants produits.

Nous allons donc, dans les pages suivantes, en suivre avec lui les différents types, depuis l'heure où leurs gracieux contours se dégagent de la matière informe sous la main de l'ouvrier jusqu'à celle où le pinceau de l'artiste les revêt de leur brillante parure.

Nous essayerons ensuite de soulever quelque peu le voile qui cache à nos yeux l'esthétique de l'art chinois, et nous terminerons cette seconde partie par l'étude des marques et des légendes qu'on rencontre sur les porcelaines, afin de déterminer le plus exactement possible ce qu'elles peuvent nous révéler de l'ancienneté des vases sur lesquels elles sont inscrites.

La céramique, ou science des poteries, comprend l'étude des objets de toutes sortes fabriqués avec des terres diverses, broyées, humectées et pétries pour en composer une pâte susceptible de se solidifier sous l'action du feu, tout en conservant à peu près la forme qu'elle avait reçue lorsqu'elle était encore à l'état plastique. La surface en est, le plus souvent, enduite d'une matière appelée glaçure, qui, suivant sa composition et son mode d'application, est désignée sous le nom de vernis, émail ou couverte.

Les variétés de poterie que comprend cette formule générale sont innombrables, et la plus vaste carrière s'offrirait à celui qui voudrait les étudier toutes.

Tel n'est pas notre but. Mais ici, comme ailleurs, tout se tient, et, pour bien connaître la porcelaine de Chine, il est nécessaire de jeter un coup d'œil sur la céramique en général. Seulement alors nous serons aptes à bien saisir ce qui distingue de ceux qui l'entourent le produit dont nous voulons exclusivement nous occuper.

Les propriétés des pâtes à poterie dépendent de leur composition. La base principale de ces pâtes consiste dans les diverses argiles, qui se classent à la fois suivant le degré de plasticité et celui de leur fusibilité plus ou moins appréciable.

L'argile à porcelaine par excellence est le kaolin, ainsi désigné du nom chinois de la montagne d'où le tiraient les nombreux fabricants de King-te-Tchin, centre principal et séculaire de cette industrie au Céleste Empire.

Le kaolin est un silicate d'alumine provenant de la décomposition des roches feldspathiques ; il est presque infusible, et, s'il n'est pas toujours de couleur blanche, sa coloration du moins ne persiste presque jamais à l'action du feu.

A côté de l'argile, élément plastique de la pâte à poterie, celle-ci contient d'autres substances inertes qui en forment l'élément fusible et agglomérant.

Si l'on exposait au feu des objets façonnés uniquement avec une argile pure, quelle qu'elle fût, ils n'en deviendraient pas moins durs et résistants, mais ils conserveraient une porosité et une friabilité extrêmes, en même temps qu'ils se déformeraient presque complètement, à cause du retrait considérable subi par les molécules de la matière qui n'auraient fait que sécher en se contractant.

L'élément agglomérant dont nous avons parlé et dont la présence pare à ces inconvénients consiste en matières pulvérulentes, inertes à l'eau, mais fusibles au feu. Les principales sont le quartz, la silice, certains calcaires, la pegmatite, le feldspath, le pétrosilex et enfin les matières frittées, obtenues par une fusion superficielle de ces diverses substances, qu'on réduit ensuite en poudre fine.

Les matières employées et les proportions des mélanges entraînent des différences très grandes dans les résultats et donnent naissance à une foule de produits que M. Alexandre Brongnart distingue en trois classes de trois groupes chacune, sans qu'il y ait compris les poteries rudimentaires formées de pâtes limoneuses, argileuses, simplement séchées, délayables dans l'eau, qui ont dû précéder partout l'invention des véritables poteries durcies au feu, et dont l'origine se perd dans la nuit des temps.

Le langage courant partage les produits de la céramique en deux grandes divisions : la pâte tendre et la pâte dure. La première est fusible, ou du moins ramollissable à une température d'environ 800° et au-dessus. La seconde, au contraire, est inattaquable à 1,500°, et plus haut même. La pâte tendre est caractérisée par la présence naturelle ou l'introduction artificielle dans les matières premières de produits calcaires ou alcalins, soit à l'état de phosphates, soit à celui de marne ou de craie. Cette addition abaisse le degré de fusibilité. L'absence de ces matières dans l'argile purement siliceuse, ou même mélangée d'un grès fin à pâte relativement plastique, lui laisse, au contraire, toute sa consistance aux températures élevées et constitue la pâte dure.

Sur cette division principale d'autres distinctions viennent se greffer, relatives cette fois aux glaçures qui les recouvrent. En partant des poteries simples, briques, tuyaux, etc., qui n'en ont pas dutout, on trouve la glaçure primitive et mince sur les poteries lustrées des Étrusques, des anciens Arabes, des Persans, des peuples primitifs de l'Amérique; puis, sur les poteries vernissées inventées en Allemagne et en Italie au XIIIe siècle, une sorte de verre transparent à base de plomb, dont on a voulu faire remonter quelques spécimens aux Ier, IXe et XIIe siècles, et qui recouvre encore les vases commun dont on se sert dans nos campagnes.

Plus tard enfin, l'Italie du XVe siècle trouva, après les Maures d'Espagne, l'émail blanc proprement dit, mélange de sel de plomb et d'étain dont l'opacité dissimule la coloration de la pâte. C'est la faïence ainsi recouverte qui valut l'immortalité à Lucca della Robbia, de Florence, et à Orazio Fontana, de Pesaro. C'est dans cette catégorie qu'il faut ranger avec les *maiolicas*, et les *faenza*, les faïences de Nuremberg, les poteries de Bernard Palissy, les faïences de Nevers et de Rouen et tant d'autres, anciennes ou modernes.

Nous l'avons dit en commençant, la meilleure, la plus pure, la plus parfaite des terres à poterie, c'est le silicate blanc d'alumine, connu sous le nom de kaolin. La pâte en est fine, serrée, compacte; mélangée avec des silicates ou des carbonates alcalins, elle acquiert une sorte de translucidité. Le kaolin, inconnu en Europe jusqu'au XVIIIe siècle, constituait la supériorité de ces porcelaines de Chine, blanches, transparentes et sonores, qui, après n'avoir figuré que dans les trésors des rois et des princes, nous arrivèrent ensuite en plus grande quantité et se répandirent enfin un peu partout dès 1650.

Leurs précieuses qualités, jointes au charme de leurs décorations éclatantes et variées, rejetèrent immédiatement au second rang, dans l'estime des amateurs et des artistes, tout ce que l'Occident avait produit jusque-là en fait de poterie, de faïence ou de grès.

Les grands seigneurs les recherchèrent avec curiosité ; les potiers, les faïenciers, les savants, appliquèrent avec non moins d'ardeur leurs talents à l'étude de cette matière inconnue et à la reproduction de ce type incomparable. Cette recherche acharnée et persistante fut féconde en grands perfectionnements pour notre école céramique. Si elle n'aboutit point de suite à la découverte même qui en faisait l'objet, elle nous valut l'apparition de produits nouveaux, entre autres de la porcelaine tendre artificielle, à pâte de craie et de marne, inventée en France en 1695, après de premiers essais faits à Paris en 1664 et à Rouen en 1673, essais qui reprenaient eux-mêmes d'inutiles tentatives exécutées en 1580 à Florence, sans que jusqu'alors ni les uns ni les autres eussent donné des résultats véritablement industriels. Toutefois ce n'était encore qu'un produit imparfait, admirable progrès sur ceux qui l'avaient précédé, mais inférieur au modèle oriental qui avait surexcité les esprits, inférieur surtout par la facilité avec laquelle sa surface était rayée par les corps durs, et le peu de résistance qu'il offrait au feu.

En désespoir de cause, et pour saisir enfin ce secret irritant, réfractaire aux plus intelligentes investigations, on alla jusqu'à s'adresser aux jésuites résidant en Chine, pour recueillir auprès d'eux des données qui pussent éclairer la question. Malheureusement les lettres écrites par le R. P. d'Entrecolles, la première en 1712, la seconde en 1727, n'apportèrent que des renseignements insuffisants. Les désignations chinoises de certains éléments, les mots techniques ou les locutions d'ateliers rendaient inintelligibles les descriptions et les explications que le bon père transmettait telles que les lui avaient données les fabricants et les peintres du Céleste Empire. Ceux-ci, intéressés à ne pas livrer leurs secrets aux barbares, ne lui en avaient très probablement laissé voir que ce qu'ils avaient jugé de peu de conséquence. Peut-être même ne s'étaient-ils pas toujours fait grand scrupule d'induire en erreur l'indiscret jésuite.

On crut alors mieux faire en se procurant des matières premières de toutes les sortes en usage; mais celles envoyées se trouvèrent être des pâtes à porcelaine déjà plus ou moins complètement préparées, dont les parties composantes, réduites en poudre, mélangées entre elles, avaient subi des actions mécaniques diverses qui ne permettaient plus de reconnaître la nature de chacune d'elles.

Comme pour beaucoup de découvertes, c'est le hasard qui fut ici le révélateur, en mettant sous la main d'ouvriers habiles du kaolin et du feldspath. S'ils en usèrent dès lors avec empressement, ce n'est pas qu'ils crussent avoir trouvé la solution du problème. Ils ne se rendirent point compte que c'était précisément là cette matière inconnue vainement cherchée si longtemps dans les ateliers et les laboratoires. Ils l'employèrent parce que sa blancheur et ses qualités exceptionnelles séduisirent leur expérience de praticiens, et sans s'inquiéter de sa composition chimique ni reconnaître son analogie avec la matière des vases d'Orient. Ils se trouvèrent ainsi un beau jour avoir fait de la porcelaine de Chine sans le savoir.

Ce fut Böttger qui eut le bonheur de trouver en Saxe, en 1718, un gisement important de cette argile blanche et plastique, à l'emploi de laquelle il dut d'être le premier qui fabriqua en Europe de la porcelaine dure.

Jalouse de conserver cette découverte pour elle seule, la Saxe prit les mesures les plus sévères pour garder le secret et empêcher l'exportation de la précieuse terre à porcelaine en pays étrangers.

Le lieu du gisement était soigneusement gardé et rendu presque inaccessible. Les quantités de matières extraites étaient scrupuleusement contrôlées, et le transport jusqu'à l'usine se faisait dans des caisses scellées et sous escorte armée. Albrechtsburg, où se fabriquait la porcelaine, était une véritable forteresse dont les ponts-levis ne se baissaient que pour raison de service.

Le personnel, soumis à une surveillance et à un règlement spécial, n'était admis qu'à certaines conditions et après avoir prêté les serments les plus terribles.

Ainsi entourée d'une sorte de muraille chinoise, la découverte de Böttger put être longtemps conservée en Saxe à l'état de monopole absolu. Mais, avec le temps, les serments furent violés, les secrets divulgués, et les procédés de fabrication allèrent à Vienne et à Saint-Pétersbourg, en même temps que le kaolin y arrivait, malgré les scellés saxons.

Plus tard, en 1765, Guettard découvrit en France les kaolins d'Alençon, et trois ans après, Macquet trouva, à son tour, les incomparables gisements de Saint-Yrieix.

Pour ne rien passer sous silence de ce qui se rapporte au sujet de notre étude, nous devons exposer rapidement ici quels sont les procédés de fabrication, et montrer en même temps que ceux employés par les Chinois ne diffèrent pas sensiblement des nôtres.

Le kaolin, séparé par des lavages successifs des matières étrangères auxquelles il est presque toujours mélangé dans la nature, est à un état de finesse et de ténuité suffisant pour entrer dans la pâte. Il en est de même de la craie.

Quant aux autres éléments, ils doivent être amenés à l'état de poudre impalpable par un broyage mécanique, puis lavés à plusieurs reprises. Le mélange est alors effectué dans les proportions voulues, puis jeté dans des cuves, où le tout est brassé dans l'eau, pour en opérer l'union aussi intime que possible.

Des proportions adoptées pour ces mélanges résultent les différentes qualités de porcelaine, la température nécessaire à leur cuisson et leur apparence plus ou moins fine.

En Europe, les porcelaines ordinaires du commerce contiennent une quantité plus grande d'éléments fusibles que les qualités fines de Sèvres, de Saxe, de Vienne ou autres, tandis que les mélanges généralement adoptés en Chine sont intermédiaires entre les uns et les autres. Les livres chinois nous apprennent, d'ailleurs, que les fabricants du Céleste Empire n'ignoraient pas que, pour les porcelaines grossières, on augmente la quantité de pétrosilex, et qu'on force, au contraire, la proportion de kaolin pour les porcelaines fines.

Après la première opération du brassage, la pâte trop liquide est ramenée à un état suffisant de consistance, soit par la compression, soit par le contact de corps poreux qui absorbent l'eau en excès. Elle est reprise, pétrie et repétrie plusieurs fois, afin de la rendre absolument homogène, et abandonnée ensuite à elle-même, à l'état de repos, pendant un certain temps, avant d'être mise en œuvre.

Les Chinois connaissent bien cette particularité; ils laissent, dit-on, *pourrir* leurs pâtes pendant des années entières. Une légende qui a cours au Céleste Empire dit même que certaines porcelaines antiques, fort remarquables et fort recherchées, n'avaient été obtenues que par des pâtes conservées en fermentation pendant un siècle.

Après cette période plus ou moins longue de travail intérieur, la pâte est divisée par portions qu'on roule et pétrit de nouveau sur une table en les battant fortement pour en chasser les bulles d'air. La matière est alors prête à être employée, et la mise en œuvre commence.

S'il s'agit d'une pièce à surface de révolution, on se sert pour la modeler du tour ordinaire du potier. L'ouvrier place sur ce tour une quantité de pâte en rapport avec l'objet qu'il veut obtenir. Il la cintre d'abord en forme de lentille, puis il ébauche la pièce à la main en lui conservant un excès d'épaisseur. Après l'avoir laissée sécher lentement jusqu'à ce que la pâte se coupe au couteau sans former de copeaux ni adhérer à la lame, il la tournasse, c'est-à-dire la tourne d'après un gabarit ou profil donné.

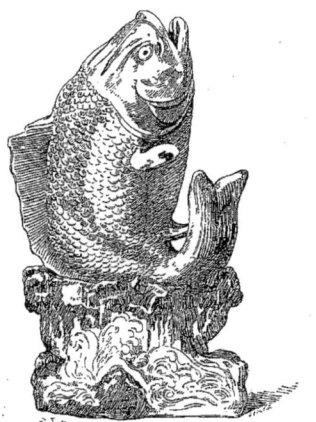

Fig. 15. — Vase moulé, affectant la forme d'une carpe échouée sur un rocher. La pièce, cuite en biscuit, a été ensuite décorée d'émaux gris et jaunâtres imitant la nature (IV° époque).
Hauteur : 0ᵐ28. — Col. O. du S.

Les objets destinés à être vus en dedans comme au dehors sont tournassés aussi à

FABRICATION, DÉCORS ET MARQUES

l'intérieur; les autres gardent dans leur partie non visible l'état brut dans lequel ils sont sorties des mains de l'ébaucheur.

Si, au contraire, la pièce à façonner ne constitue point une surface résultant d'une ligne qui tourne autour d'un axe, on se sert de moules dans lesquels on applique la pâte, qu'on y presse fortement pour qu'elle en épouse bien toutes les formes, dans les moindres détails de leurs creux et de leurs reliefs. Suivant la finesse plus ou moins grande de ces contours intérieurs, on emploie des pâtes plus ou moins malléables, plus ou moins humides par conséquent, et de là viennent les expressions de moulage en pâte sèche et de moulage en pâte molle.

Un autre procédé de moulage, à la fois des plus simples et des plus ingénieux, permet d'obtenir des pièces de toutes formes, et d'une épaisseur variant depuis celle de la plus fine coquille d'œuf jusqu'à celle que nécessitent les objets de très grande dimension. Il consiste à prendre de la pâte à l'état liquide, qu'on verse dans un moule de plâtre bien sec. Ce plâtre absorbe une partie de l'eau en excès, la couche de pâte en contact immédiat avec le plâtre se sèche en quelques instants et s'applique par là même intimement sur la surface du moule. En renversant alors celui-ci, ou en employant tout autre moyen pour faire écouler rapidement le surplus de la pâte resté liquide, on ne conserve que cette partie raffermie dont l'épaisseur dépendra de la puissance absorbante du plâtre et du temps que la pâte aura séjourné dans le moule.

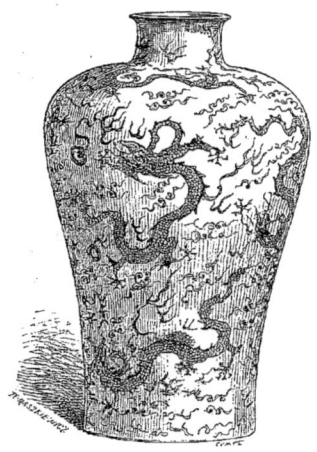

Fig. 16. — Vase coquille d'œuf décoré, bleu sous couverte, de dragons impériaux à cinq griffes et entourés de flamme.
(Fin du règne Kien-long.)
Hauteur : 0^{m}22. — Poids : 400 grammes.
Col. du vice-amiral B. Jaurès.

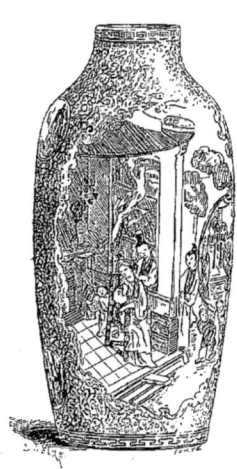

Fig. 17. — Vase ovoïde, coquille d'œuf, décoré d'un fond de rinceaux en or mat, avec réserve de sujets familiers (dits Mandarins), peints en couleurs de la famille rose.
(Fin du règne Kien-long.)
Hauteur : 0^{m}27° ½. — Poids : 480 grammes.
Col. O. du S.

Cette méthode, qu'on désigne sous le nom de coulage, ne paraît pas avoir été connue des Chinois. Il n'en faut que davantage admirer l'extrême habileté de leurs ouvriers, qui sont arrivés à fabriquer des pièces d'une dimension que nos procédés mécaniques nous permettent seuls d'atteindre, tandis que, d'autre part, sortaient de leurs mains ces vases, ces bols, ces assiettes en porcelaine dite coquille d'œuf, d'une si merveilleuse finesse qu'un souffle semblerait devoir les briser.

Nous citerons ici deux vases de cette espèce (fig. 16 et fig. 17) dont la forme exclut la possibilité d'un tournassage complet à l'intérieur, et qui sont cependant tellement minces qu'ils pèsent à peine le tiers du poids ordinaire de pièces relativement fines et de mêmes dimensions.

On se demande comment on a pu les façonner et les manier sans les rompre, lorsqu'avant la cuisson la pâte avait encore l'extrême friabilité d'une terre simplement séchée.

Les parties accessoires saillantes des vases, anses, becs ou appliques ornementales, sont moulées et terminées à part, puis fixées sur les pièces avec de la barbotine, c'est-à-dire avec de la pâte délayée à laquelle on ajoute parfois un peu de gomme. C'est du reste le même moyen que l'on emploie pour réunir entre elles les parties de certains vases qui, en raison de leur forme et de leur grandeur exceptionnelle, ont dû être façonnés en plusieurs morceaux.

Les objets terminés, revus avec soin pour y corriger les petites bavures ou autres imperfections qui s'y rencontrent presque toujours, sont alors replacés sur le tour, mais cette fois en sens inverse, pour en terminer le pied et tournasser la bague qui forme la partie inférieure. On laisse ensuite sécher lentement et méthodiquement les pièces de manière à prévenir les fentes et les gerçures que pourrait déterminer une dessiccation trop rapide.

L'opération qui vient ensuite, et qui précède la cuisson, est la mise en couverte. Elle consiste à enduire les pièces d'une couche fusible presque transparente après vitrification et qui donne à leur surface le poli et le brillant. On n'aurait point à la pratiquer si l'on voulait seulement obtenir des objets en biscuit, c'est-à-dire blancs, mats et non vernisses.

Le procédé des Chinois se distingue ici du nôtre. Ils ont de tout temps composé leur couverte de cendre de fougère, de pétrosilex, de chaux et d'une proportion considérable d'oxyde de plomb. Ces éléments, broyés, tamisés et délayés dans l'eau en un liquide laiteux, sont appliqués immédiatement sur les pièces, soit par projection, soit au moyen du pinceau, ou par l'immersion de la pièce même dans le bain ainsi composé.

En Europe, la glaçure, faite tantôt d'un mélange de pâte de craie et de sable, tantôt de pegmatite pure frittée et additionnée d'un peu de kaolin, n'est mise en place qu'après que les pièces ont été soumises à une première cuisson préparatoire, insuffisante pour amener un commencement de vitrification des éléments fusibles de la pâte, mais qui la durcit cependant assez pour la rendre indélayable dans l'eau. Il en résulte que les objets, même les plus minces, sont mis à l'abri des déformations que pourrait amener, en les ramollissant, l'immersion dans la couverte. Cette cuisson, appelée dégourdi, a la propriété précieuse de rendre la pâte extrêmement absorbante. Une plus grande quantité de couverte se fixant dès lors sur la surface, la glaçure en devient plus brillante et plus épaisse.

Les Japonais semblent avoir suivi tout d'abord le procédé de leurs voisins, qui entraîne le manque de transparence et d'épaisseur de la couverte. Toutes ou presque toutes leurs anciennes porcelaines ont en effet ce caractère.

A partir du XVIIIe siècle, au contraire, leurs produits portent une glaçure abondante et vitreuse. On en doit conclure qu'ils commencèrent alors à pratiquer le dégourdi, qu'on retrouve, du reste, parfaitement décrit dans l'ouvrage sur la fabrication de la porcelaine publié au Japon en 1799, et traduit par le Dr Hoffmann.

La cuisson est une opération délicate, malgré sa simplicité apparente, et qui comporte une foule de précautions minutieuses. Une des plus indispensables, dans nos fabriques européennes, consiste à enlever avec soin la couverte qui a pu se déposer sous les pièces, aux points qui devront être en contact avec la sole du four ou les supports; autrement, en effet, la fusion de la glaçure déterminerait une adhérence qui empêcherait de retirer les pièces et exposerait à les briser.

Ceci paraît moins nécessaire en Chine, parce que c'est seulement après la mise en couverte qu'on y termine le pied des pièces, dont l'intérieur est ensuite négligemment enduit de glaçure posée fort irrégulièrement. Trop rare, la couverte ne pénètre point jusque dans l'angle intérieur du pourtour de la bague, où l'on remarque alors des solutions de continuité; trop abondante, elle y forme des gouttelettes vitreuses. Presque toujours le pied des pièces, et particulièrement celui des vases, est dénué de couverte à une hauteur de plusieurs millimètres, aussi bien intérieurement qu'extérieurement. Enfin il n'est pas rare de rencontrer des vases de premier ordre, magnifiquement décorés, dont le dessous est resté en biscuit.

Cette négligence trouve d'ailleurs son explication dans l'usage, presque général en Chine, de placer les porcelaines, et spécialement les vases d'une certaine dimension, sur des pieds en bois de fer ou en laque, d'un travail plus ou moins riche, et dans lesquels ils entrent de plusieurs millimètres.

Disons enfin que lorsque les pièces doivent recevoir sous le pied une marque bleue ou gravée, ces marques sont dessinées sur pâte crue avant de mettre la couverte; il en est de même pour celles résultant de l'impression d'un cachet qu'on applique après avoir légèrement ramolli l'endroit qu'elles doivent occuper. Au four, les pièces sont rangées sur un lit de gros sable quartzeux, remplacé le plus souvent par des plateaux en terre réfractaire cuits à l'avance, ou plus généralement encore par des étuis ou gazettes de même nature, dans lesquels les pièces sont enfermées pour les préserver des cendres et de la fumée et permettre en même temps de remplir tout l'espace intérieur du four en plaçant ces gazettes les unes sur les autres. Le four est alors muré, et on allume le feu qu'on conduit de façon à ce que le degré de chaleur nécessaire à la cuisson complète soit graduellement et lentement atteint.

La température nécessaire dépend, on le comprend, de la fusibilité des pâtes et des couvertes. A Sèvres, où la pâte dure est très kaolinique, elle dépasse 1,800°; en Chine, elle est de 1,500° à 1,600°, et pour les produits ordinaires de nos fabriques européennes, de 1,300° à 1,400°.

La cuisson nécessite environ trente à trente-six heures; il importe d'arriver jusqu'au degré voulu et de ne pas le dépasser, ce dont on s'assure en retirant avec des pinces, par des ouvertures spécialement ménagées à cet effet, des petits morceaux de pâte déposés à l'avance dans le four. Une fois le degré nécessaire obtenu, on arrête le feu et on ferme soigneusement toutes les ouvertures, afin de laisser le refroidissement s'opérer lentement et de lui-même. Il faut alors quatre ou cinq jours avant d'ouvrir le four pour en retirer les pièces, qu'on retrouve soit en *blanc,* soit en *biscuit,* suivant qu'elles auront été cuites avec ou sans glaçure.

En cet état déjà, la porcelaine est, sans contredit, la plus admirable de toutes les poteries. Sa transparence, sa blancheur, le magnifique glacé de sa couverte, lui font une place prépondérante parmi les autres produits de l'art céramique, quelque parés de riches couleurs que puissent être ceux-ci. A part cependant les objets de qualité inférieure ou d'un usage domestique, et quelques pièces d'une finesse exceptionnelle dont une décoration quelconque ne pourrait que voiler la beauté, bien peu de porcelaines sont laissées dans leur simplicité première.

Et cela s'explique aisément. Quel champ plus propre, en effet, à tenter le pinceau de l'artiste que ces surfaces polies et brillantes, où les jeux de la lumière se déploient en reflets imprévus, et qui semblent appeler, pour en faire valoir les plus fines nuances, les couleurs chatoyantes et joyeuses?

L'art chinois, obéissant à cette muette invitation, a créé le côté artistique de la porcelaine, celui qui ravit le simple amateur, en même temps qu'il fournit une réponse au chercheur plus sérieux qui lui demande quelque indice sur l'origine, l'âge et l'histoire de ces produits charmants.

FABRICATION, DÉCORS ET MARQUES

Il y a deux manières d'appliquer sur la porcelaine les décorations colorées, qui en varient et en rehaussent si heureusement l'aspect. Chacun de ces procédés entraîne, dans les couleurs dont on use, des différences qui les ont fait classer d'une manière générale en couleurs de grand feu et couleurs de petit feu.

En effet, si cette application est faite avant la cuisson des pièces, les matières colorantes employées doivent être de nature à résister à la chaleur même que cette cuisson nécessite. Si, au contraire, le travail du peintre ne s'effectue que sur des objets déjà sortis du four en biscuit ou en blanc, les couleurs doivent pouvoir se fixer sur les surfaces sous l'action de la température relativement peu élevée que les pièces pourront à nouveau supporter sans danger.

Dans ce dernier cas, et pour obtenir ce résultat, on mélange les couleurs avec un flux vitreux, appelé fondant, qui, se vitrifiant au feu de moufle en même temps que les couleurs se développent, les fait adhérer fortement à la couverte. Elles sont dites alors de demi-grand feu ou de petit feu, suivant leur degré de fusibilité.

Les seules matières colorantes qui se développent et résistent aux températures élevées sont quelques oxydes métalliques, en nombre fort restreint, mais dont les composés ont permis d'obtenir à peu près toutes les teintes de la peinture à l'huile.

Le bioxyde de cuivre donne les verts et les verts bleuâtres, jusqu'au bleu turquoise, les sous-oxydes de ce même métal donnent, suivant la température, des tons allant du gris brun foncé au rouge presque éclatant. L'oxyde de cobalt donne les bleus, l'oxyde d'antimoine les jaunes, l'oxyde de fer les bruns et les rouges vermillon, l'oxyde de manganèse le violet ou le noir, suivant son état de pureté. Les blancs sont obtenus par l'acide arsénique ou l'acide stannique, enfin la gamme allant du rose au carmin foncé par le chlorure d'or, et une seconde gamme de verts par l'oxyde de chrome.

Le mélange direct de la matière colorante à la pâte (nous ne parlons évidemment ici que de la décoration aux couleurs de grand feu) ne donne point en général de bons résultats, parce que la couverte n'est jamais assez incolore, ni assez transparente, ni assez uniformément répandue sur les surfaces pour éteindre partout d'une manière égale la coloration communiquée à la pâte.

Il en est autrement quand c'est avec la couverte même qu'on mélange la matière colorante. Celle-ci se développe d'une manière spéciale pendant la cuisson, et donne ces magnifiques fonds unis, d'une intensité et d'un éclat parfois si surprenants, tels que les gros bleus de roi, qui parmi tant d'autres sont l'une des gloires de la manufacture de Sèvres.

Les Chinois ont tout particulièrement excellé dans ce genre de décoration, très estimé chez eux. Non seulement ils sont parvenus à composer sûrement un grand nombre de couvertes coloriées, mais ils ont su en varier l'aspect à l'infini par des mélanges et des procédés de cuisson qui amènent des résultats aussi étranges qu'inattendus. Peut-être ces résultats n'ont-ils pas toujours été combinés et voulus à l'avance et n'ont-ils été souvent que d'heureux accidents. Quoi qu'il en soit, ils nous ont valu les effets les plus séduisants et les plus recherchés. Quoi de plus charmant que ces couvertes jaspées, mouchetées et chatoyantes comme le pelage de la panthère, ces flambés aux vives teintes chaudement contrastantes, qui ne choquent cependant point l'œil, parce qu'elles procèdent par une succession de tons décroissants conduisant sans effort le regard de l'une à l'autre; ou bien encore toutes ces imitations simulant à s'y méprendre la patine du bronze avec ses taches vert-de-grisées, la surface rugueuse du cuir ou les veines et les transparences du marbre? Quoi enfin de plus gracieux que ces fins décors ton sur ton, d'une douceur extrême, déterminés par les couvertes uniformément colorées d'un vert tendre appelé céladon accumulées en couche plus intense dans les creux de dessins gravés ou ciselés à l'avance sur la pâte crue? Puis encore ces couvertes coloriées sur lesquelles, avant cuisson, le décorateur est venu, de son pinceau chargé de pâte, dessiner des fleurs ou des sujets formant relief et se détachant en blanc?

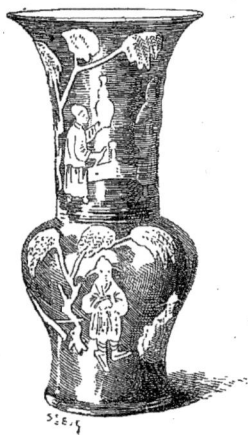

Fig. 18. — Vase cornet, décoré de sujets en pâte blanche posés sur couverte brune feuille morte (IVᵉ époque).
Hauteur : 0ᵐ35. — Col. O. du S.

Il est enfin une série nombreuse de couvertes colorées dont la singularité est la conséquence du curieux procédé employé par les Chinois pour les appliquer sur les vases, procédé auquel elles doivent leur nom de *soufflées*. A l'extrémité d'un tube de bambou, un morceau de gaze est fixé, qu'on enduit de couverte préparée, soit avec un pinceau, soit en le trempant dans un bain de cette matière; le tube étant alors convenablement dirigé, on souffle fortement par l'autre extrémité : la matière liquide retenue sur l'étoffe, est entraînée par le courant, pulvérisée et projetée sur la pièce en gouttelettes infiniment petites, dont on couvre toute la surface en procédant de proche en proche et par couches successives, jusqu'à ce que la teinte obtenue soit parfaitement uniforme. Lorsqu'au lieu d'une seule et même préparation, on emploie l'une après l'autre des couvertes de teintes ou de colorations différentes, on compose des couvertes pointillées ton sur ton ou de diverses couleurs; ou bien encore, selon que cette matière préparée est plus épaisse et contient une plus grande proportion de kaolin, la glaçure, même après cuisson, conserve l'apparence chagrinée de la peau d'orange, que les Chinois appellent Thu-pi.

Il n'est pas douteux que ce même procédé a été souvent employé en Chine pour l'ap-

FABRICATION, DÉCORS ET MARQUES

plication des couvertes blanches ordinaires, principalement sur les vases de grandes dimensions ; mais en Europe on n'en fait usage que pour réparer des accidents, ou combler les lacunes qui se produisent quelquefois lors de la mise en couverte par les méthodes plus simples et plus expéditives que nous avons indiquées.

C'est encore dans cette catégorie des décorations de grand feu qu'il faut ranger tous ces vases à couvertes vitreuses et profondes, d'un blanc tantôt douteux, tantôt nuancé de vert, de bleu ou de brun, et dont la composition est telle qu'au refroidissement elles se fendillent en tous sens de façon à former une sorte de réseau plus ou moins serré que l'ouvrier fait apparaître distinctement en plongeant les pièces convenablement réchauffées dans un liquide coloré qui pénètre dans les fissures et s'y fixe.

Ces vases, à couvertes dites craquelées, sont généralement d'un aspect sévère, encore assombri par des appendices ou des reliefs faits d'une pâte férugineuse presque noire et non vernissée.

Comme s'ils eussent voulu démontrer que les couvertes craquelées n'étaient point

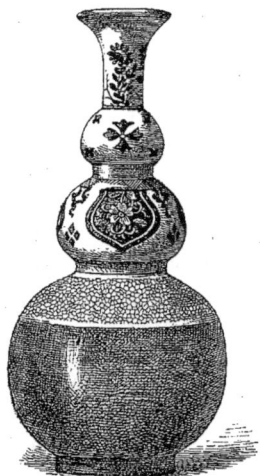

Fig. 19. — Bouteille dont le col porte deux renflements sphériques et se termine en s'évasant largement à l'orifice, la panse décorée d'une couverte feuille morte foncée est surmontée d'un anneau blanc craquelé. Le reste de la pièce est orné en bleu sous émail.

(Fabrication de la fin de la IIIe époque.)

Hauteur : 0^m27. — Col. O. du S.

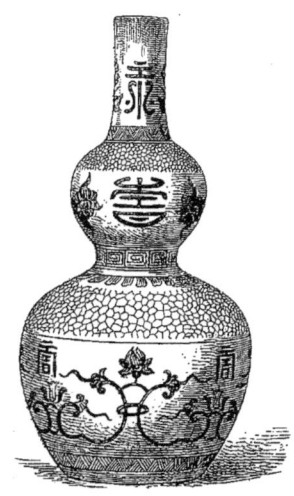

Fig. 20. — Bouteille en forme de gourde, ornée en bleu sous couverte de dessins, parmi lesquels se trouvent répétés les caractères Fô et Cheou (Bonheur, Longévité). A la partie supérieure de la panse et du renflement règne une zone craquelée. — La pièce est marquée : Ta-Ming-tch'ing-hoa-Nien-tchi, 1465-1488, mais ne date que de la IVe époque.

Hauteur : 0^m25. — Col. O. du S.

le résultat d'un hasard de fabrication et qu'ils pouvaient les produire à leur gré ; les Chinois les ont parfois alternées sur un même vase avec les glaçures unies, blanches ou colorées appliquées par les procédés ordinaires.

Nous venons de voir que l'emploi des couvertes colorées n'entraîne pas forcément l'unité de ton pour toute la surface des vases; il arrive cependant que, redoutant la monotonie d'une coloration ou d'un aspect trop uniforme, on ménage sur les pièces des espaces qu'on décore de sujets avec des couleurs de grand feu et qu'on recouvre ensuite de glaçure ordinaire; on obtient ainsi des cartouches ou réserves se détachant sur la coloration générale du vase. D'autres fois ces espaces sont laissés en blanc pour être plus tard décorés de peintures au feu de moufle.

Les Chinois donnent à leurs réserves des formes aussi variées que bizarres, tantôt géométriques ou affectant le contour découpé d'une feuille, d'une fleur ou d'un fruit, tantôt figurant la silhouette d'un animal ou d'un personnage.

Le procédé qu'ils emploient pour cela est des plus simples. Ils découpent un morceau de papier suivant la forme voulue, le collent sur la pièce crue avant de poser la couverte colorée et le retirent ensuite pour enduire l'espace resté libre de glaçure blanche. Il en résulte que, sur un grand nombre de pièces, on retrouve dans les contours des réserves les mêmes angles, les mêmes imperfections que celles que produisent sur un découpage les coups de ciseaux mal donnés et qui n'ont pas suivi avec une rigoureuse exactitude le pourtour du dessin.

Malgré leur beauté et leur mérite, les couvertes colorées dont nous avons parlé jusqu'à présent ne sont en réalité que des résultats industriels dus à certains procédés de fabrication ou à des préparations chimiques remarquables. Avec la décoration peinte proprement dite, c'est-à-dire celle dont le pinceau fait tous les frais, nous allons entrer dans le véritable domaine de l'art. Nous allons voir se déployer le génie décoratif et le talent personnel des peintres, en même temps que va se manifester le goût propre à chaque époque.

De toutes les décorations de grand feu, la plus simple et la plus expéditive est certainement la peinture exécutée sur cru avant de mettre en couverte, et à laquelle celle-ci donne une douceur particulière, tout en la protégeant de son vernis inaltérable. Aussi a-t-elle été pratiquée en Chine dès les premiers temps de la fabrication. Malheureusement il n'y a que peu de couleurs, d'un emploi commode pour le peintre, qui résistent au feu de cuisson de la porcelaine et puissent donner des résultats certains, surtout pour une peinture polychrome. Il a fallu à la manufacture de Sèvres des recherches sans nombre et un travail acharné pour arriver à produire en ce genre les admirables pièces qui sont sorties de ses ateliers.

Pour leurs peintures sur cru, les Orientaux se sont bornés à l'emploi de deux couleurs, le bleu cobalt et le rouge de cuivre; encore cette dernière n'est-elle qu'une exception parce qu'elle ne donne pas toujours les résultats qu'on en attend et que, selon qu'elle se sera plus ou moins bien développée, on la retrouvera ayant produit un beau rouge pourpre ou des teintes moins heureuses décroissant par degrés jusqu'au brun grisâtre.

C'est que le protoxyde ou l'oxydule de cuivre, auxquels elle est due, sont tout particulièrement altérables au contact des courants oxydants qu'on peut difficilement éviter dans les fours de cuisson; on réussit cependant quelquefois à les en garantir en les mélangeant d'abord à une certaine quantité de couverte, puis, lorsqu'après leur application sur le vase, celui-ci a été uniformément muni de sa glaçure, on revient, d'une seconde et légère couche, en augmenter l'épaisseur aux endroits où on les a posés. Les conséquences protectrices de cette accumulation de couverte n'avaient point échappé aux yeux observateurs des fabricants chinois, aussi la plupart des peintures en rouge de cuivre de leurs anciens vases forment-elles sur les surfaces de légères boursouflures facilement appréciables au toucher.

Disons encore, au sujet de cette couleur de grand feu tirée du cuivre, qu'il n'y a que peu de temps qu'elle figure parmi celles employées en Europe.

L'extrême habileté des artistes chinois ne ressort pas seulement du parti qu'ils ont su tirer d'une palette de grand feu aussi pauvre que la leur, en variant à l'infini les tons et les aspects de leur bleu.

Il est commode et expéditif, avons-nous dit, de décorer la porcelaine de peintures sur cru, mais c'est à la condition de n'avoir point de grandes prétentions à la variété et au fini de l'ouvrage. Un bariolage banal, un décor courant exécuté à la grosse dans un atelier, y trouvent leur compte; mais rien n'est plus difficile, au contraire, que d'exceller dans ce genre, si simple en apparence. En vertu de ce grand pouvoir absorbant que possède la pâte crue simplement séchée ou dégourdie, l'artiste est tenu à une extrême légèreté de pinceau. Il doit rendre son idée du premier coup, la retouche est impossible; le moindre arrêt de la main occasionne l'épaississement démesuré du trait, tout retour en arrière devient une tache ineffaçable. La réussite est donc au prix d'une longue pratique et d'une certitude de main extraordinaire, en même temps que d'un vrai talent plein de décision et de fermeté, qualités d'autant plus nécessaires que le décalque est inconnu ou dédaigné dans les ateliers chinois. Chaque sujet, fût-il répété plusieurs fois, est donc bien une œuvre personnelle, douée d'un caractère original, qui compense d'ailleurs largement les défauts de symétrie et de régularité absolue.

Les meilleurs artistes chinois se sont adonnés à ce genre de décors en camaïeu bleu sous couverte, qui fut de tout temps le plus estimé au Céleste Empire; aussi en rencontre-t-on des exemples d'une grande perfection et d'une délicatesse surprenante sur quelques-uns des plus beaux échantillons de porcelaine fine que nous possédions en Europe.

L'application sur cru des fonds bleus ne leur a pas offert des difficultés moins grandes, dont leur patiente adresse a su heureusement triompher, soit que, superposant de proche en proche de petites touches, il aient obtenu ces teintes plates, dites agatisées, d'un effet si merveilleux, soit que sur les fonds unis le peintre, revenant de sa plus fine pointe de pinceau, ait jeté comme un réseau irrégulier, simulant le granit ou le cailloutis, au milieu duquel se détachent en réserve un semis de fleurs de pêcher ou d'aubépine, et quelquefois des cartouches ornés eux-mêmes de peinture en camaïeu bleu. Il est arrivé aussi que le procédé du soufflage a été emprunté pour obtenir, par une suite de couches superposées, des fonds souvent légèrement jaspés bleu sur bleu par une dernière insufflation, plus ou moins espacée, avec un bleu plus foncé qui leur donne l'apparence de la lazulite, ce qui leur a valu au siècle dernier le nom de fonds lapis que nous leur conserverons. Cette variété, difficile à produire avec une intensité régulière sur les grands vases, est particulièrement estimée en Chine, et fort justement recherchée en Europe, surtout lorsque le décorateur y a réservé ces cartouches dont nous venons de parler, ornés eux-mêmes de dessins en camaïeu bleus de grand feu ou de peintures sur couverte, exécutées avec les couleurs de la palette verte.

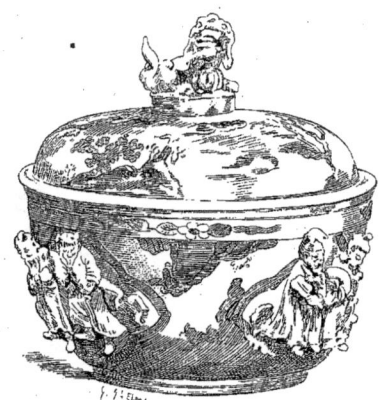

Fig. 21. — Grande jatte, avec couvercle surmonté d'un chien de Fô.
Ell est décorée bleu sous couverte, et porte en haut relief sur son pourtour des personnages en biscuit représentant les huit Pa-chen, groupés deux par deux (fin de la IIIe époque). Hauteur : 0ᵐ17.
Col. Morren, de Bruxelles.

Il faut, bien entendu, regarder comme rentrant dans les décorations de grand feu celles qui, en dehors de la couleur, résultent des reliefs obtenus par le moulage, les appliques ornementales rapportées sur les pièces, la sculpture, la gravure sur cru faite à la

FABRICATION, DÉCORS ET MARQUES 51

pointe ou au burin, dont le fini peut être poussé jusqu'à la ciselure; puis encore le découpage à jour, appelé réticulé. Les Chinois ont su tirer de ce dernier genre un parti ingénieux en employant, pour la mise sous couverte de certaines de ces pièces ainsi percées à jour, une glaçure un peu plus épaisse que de coutume et légèrement kaolinique. Cette glaçure remplit les vides, et quand les pièces sont cuites, si on les place entre l'œil et la lumière, les dessins découpés dans la pâte apparaissent distinctement en raison de la transparence de la couverte. Ce genre de décor est désigné sous le nom de grain de riz.

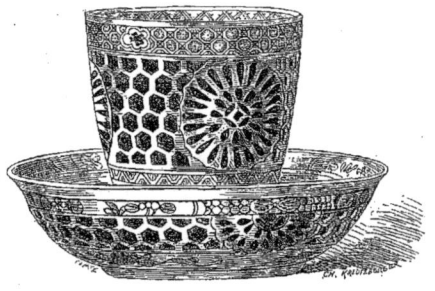

Fig. 22. — Tasse ornée de dessins bleus sous couverte et revêtue d'une seconde enveloppe réticulée décorée en émaux de la famille rose (V⁰ époque). — Col. O. du S.

En terminant ce rapide aperçu des divers moyens de décorer la porcelaine au grand feu, nous ferons remarquer que ces procédés, déjà si nombreux, se prêtent à une infinité

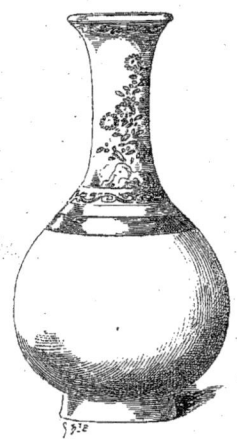

Fig. 23. — Bouteille décorée d'une couverte bleu empois sur la panse, et sur le col de bordures et fleurettes bleues sous glaçure blanche ordinaire; les deux parties du décor sont séparées par une zone brun foncé. Marqué n° 95, une feuille (V⁰ époque). Hauteur : 0ᵐ22.
Col. O. du S.

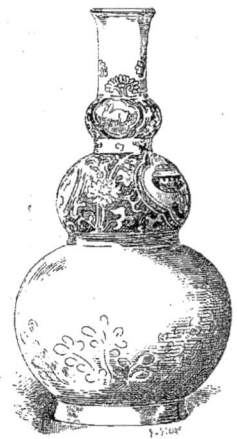

Fig. 24. — Bouteille dont la panse ornée d'un dessin gravé sur cru a été recouverte d'une glaçure feuille morte; le col à double renflement est décoré de peintures bleues sous couverte blanche ordinaire. Dans un médaillon du décor se trouve la marque n° 85, un lapin (III⁰ époque). Hauteur : 0ᵐ23.
Col. Testart, à Paris.

de combinaisons n'ayant de limites que le caprice des décorateurs. Les curieux qui recherchent ces types ont donc devant eux un vaste champ qui leur ménage surprise sur surprise, car nous sommes encore loin de connaître toutes les variétés de décorations de grand feu qui ont été pratiquées en Chine.

Souhaitons-leur, par exemple, de voir un jour leurs patientes recherches couronnées par l'inestimable trouvaille d'une de ces pièces, quasi fabuleuses, décorées de peintures bleues intercalées entre deux couches de pâte, et dont parlent d'anciens voyageurs. C'étaient, dit-on, des coupes ou bols extrêmement minces, peints à l'intérieur, avec une épaisse couleur bleue, de poissons ou de fleurs aquatiques; le dessin terminé, on enduisait le dedans du vase d'une couche de pâte presque liquide qu'on recouvrait ensuite de glaçure. La pièce, ainsi renforcée et bien sèche, était remise au tour et la face extérieure usée presque jusqu'à la couleur, après quoi on posait la couverte. La peinture n'était donc visible que par transparence. Les Chinois appelaient cette porcelaine Kia-tsing (azur mis en presse), et prétendaient que la décoration apparaissait quand le vase était rempli d'un liquide.

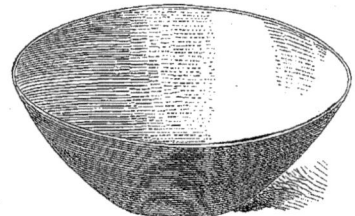 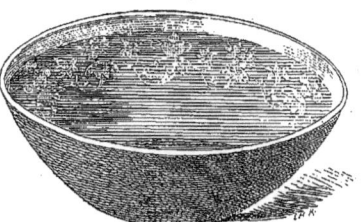

Fig. 25. — Bol en fine porcelaine d'un blanc pur dont le décor en grain de riz apparaît plus visiblement lorsqu'il est rempli d'un liquide légèrement coloré. — Diamètre : 0m13. — Col. O. du S.

Le P. d'Entrecolles, l'un de ceux qui signalent cette singulière fabrication, dit n'en avoir jamais vu de spécimens; de notre côté, nous ne pensons pas qu'il en soit jamais venu en Europe; mais il ne nous semble pas impossible que les Chinois en aient fait à une certaine époque, puisque nous retrouvons quelque chose d'analogue dans certaines coupes en porcelaine fine d'un blanc pur, décorées pâte sur pâte, sans cependant qu'il y ait relief appréciable, et dont l'intérieur du dessin a été découpé en grain de riz. Ce décor, à peine visible, même en transparence, s'accentue d'une façon particulière lorsque ces coupes sont remplies de thé ou d'un liquide légèrement coloré.

Nous avons indiqué les soins et les précautions minutieuses qu'il faut prendre pour mener à bonne fin l'opération de la cuisson, et cependant que de déceptions encore et de pertes réelles quand, après le refroidissement, on retire du four les pièces qu'on y avait enfermées, parfaites alors de formes, bien enduites d'un émail égal, ornées des glaçures les plus riches ou décorées de dessins expression charmante de l'habileté et de la fantaisie de l'artiste! Combien de fois n'arrive-t-il pas que le fabricant ne retrouve que des objets déformés, fendus, gercés, dont la couverte est insuffisamment vitrifiée, ou trop fluide au contraire, a coulé sur le pied des pièces, laissant tout à fait à nu la partie supérieure! Combien de fois encore s'est-elle ressuée, c'est-à-dire a-t-elle été absorbée par la pâte! D'autres fois, ce sont les couleurs qui ne se sont point suffisamment développées ou qu'un feu trop vif, joint à des courants d'air réducteurs, a ramenées à l'état métallique. Mille autres accidents enfin sont à craindre, menaçant de mort l'œuvre de tant de patience, de travail et de sollicitude.

C'est l'artiste, le peintre surtout, qui souffre de ces déceptions. C'est lui qui a mis dans cet ouvrage fragile le plus de sa pensée, de sa personnalité, le plus de lui-même en un mot; et, lors même que la pièce s'est bien tenue au feu, échappant par bonheur à tant de causes de destruction, le trait spirituel et fin dont il avait vivement enlevé la silhouette de ses personnages est devenu lourd, baveux, indistinct. La peinture s'est pour ainsi dire anéantie en disparaissant dans la pâte; ou bien ce sont les teintes diverses qu'il avait savamment combinées, et qu'a détruites cette effrayante température.

Un problème se posait donc ici, résolu par la découverte des couleurs préparées avec un fondant vitreux, qui les fixe sur la glaçure à une température très inférieure à celle du four à porcelaine.

Le peintre est dès lors assuré de ce qu'il fait : assuré que la pièce où il aura dépensé son talent ne se ramollira plus, ne se déformera pas, qu'elle ne sera point gâtée par la perte d'un appendice détaché pendant la cuisson.

Ces couleurs spéciales, dites au feu de moufle, ne se comportent point toutes de la même manière. Les températures nécessaires à leur développement diffèrent : les unes se brûlent là où les autres commencent à peine à se développer. On eut donc à chercher pour chacune d'elles des préparations spéciales qui permissent de les employer simultanément, sinon toutes ensemble, au moins par groupes en contenant chacun la plus grande quantité possible.

Ces recherches ont abouti à la création de deux palettes de couleurs pour feu de moufle : l'une, dite de demi-grand feu, qui cuit à une température relativement élevée; l'autre, appelée de petit feu, dont les couleurs plus tendres sont fusibles à une chaleur inférieure.

En Europe, on se sert de l'une et de l'autre; mais, tandis que la première ne permet pas de pousser l'ornementation au delà d'une peinture décorative, la palette de petit feu offre aux peintres les ressources nécessaires à l'exécution de véritables tableaux.

Il n'en fut point de même en Chine, où les peintres ne semblent pas s'être préoccupés de la préparation des couleurs de petit feu, dont ils n'ont fait usage qu'exceptionnellement et seulement vers la fin du siècle dernier; jusque-là ils s'étaient bornés à l'emploi d'une palette de demi-grand feu, composée d'un petit nombre de couleurs spéciales, ne se combinant pas entre elles et suffisant à peine à quelques effets généraux. Ces couleurs, toujours brillantes et parfaitement fondues, presque toutes transparentes, sont posées sur la surface des vases en épaisseur assez grande pour y faire relief.

Ce qui précède explique la nature particulière des peintures qu'on rencontre sur les porcelaines orientales et qui rentrent toutes dans le genre purement décoratif. Les figures, fleurs, animaux et objets quelconques, plus ou moins vaguement imités, dont un trait rouge ou noir arrête le contour, ne sont ni modelés ni ombrés. La teinte est plate sans dégradation ; tout au plus le peintre est-il revenu quelquefois la renforcer par endroits d'une surcharge de ton ou la relever de traits noirs ou or. Ces couleurs comprennent à peu près toutes celles que nous avons énumérées plus haut.

Ce sont les teintes du rose au carmin, obtenues par le chlorure d'or; les bleus, tirés de l'oxyde de cobalt; les verts, de l'oxyde de cuivre; les jaunes, de l'oxyde d'antimoine; le violet, du manganèse; le blanc, de l'acide arsénique ou de l'acide stannique; certains noirs, formés du mélange ou de la superposition de plusieurs de ces oxydes; le vermillon ou rouge de fer, et le noir, de l'oxyde de manganèse impur. Ces deux dernières ne se présentent point sous le même aspect que les autres : elles sont moins brillantes que les premières et n'ont jamais d'épaisseur appréciable.

« Quand on considère, dit M. Salvetat, l'épaisseur des couleurs glacées de la Chine et, malgré cela, leur peu d'intensité dans bien des cas, on est conduit à admettre qu'elles ne contiennent qu'une bien petite proportion de principes colorants, tenus en dissolution dans le fondant, composé de silice, d'oxyde de plomb, dans des proportions variables, et d'une quantité plus ou moins grande d'alcalis, de sorte qu'elles ont bien plus d'analogie avec les matières vitrifiées connues sous le nom d'émaux qu'avec toute autre substance, et que, par cette raison, on doit les ranger dans la catégorie des couleurs de demi-grand feu. »

Suivant cette opinion du savant céramiste, nous désignerons donc par peintures émaillées celles exécutées en Chine sur pièces en blanc, et par le nom d'émaux les couleurs dont les peintres de l'extrême Orient se sont exclusivement servis jusqu'à la fin du siècle dernier, époque à laquelle on vit apparaître les porcelaines dites à mandarins et de la Compagnie des Indes, dont la pâte grossière, verdâtre, sans transparence, fut décorée tantôt en Chine, tantôt en Europe, de peintures sans caractère, exécutées avec des couleurs se rapprochant parfois de celles de petit feu.

Une particularité remarquable de quelques-uns des émaux chinois ou japonais, c'est de présenter à leur surface une irisation plus ou moins prononcée. Tels sont les verts, les gris violacés, certains tons jaunes ou bruns, et les noirs. Ce phénomène, presque constant dans les peintures anciennes, se rencontre même sur des couvertes blanches ordinaires des époques Tch'ing-hoa à Wan-li (1465-1573).

Faut-il y voir un effet produit à la longue par les influences atmosphériques, ou attribuable, au contraire, à l'action d'éléments spéciaux mélangés à la composition ? Les deux hypothèses sont plausibles. La première s'appuierait sur des faits qu'on peut constater tous les jours. Quant à la seconde, nous ne voyons très certainement qu'une légende dans les récits des auteurs chinois nous parlant gravement d'os humains comme entrant dans la fabrication de la porcelaine; mais cette légende nous rappelle, en même temps, que le phosphate de chaux provenant de la calcination des os de mouton donne au verre l'apparence opaline et irisée, et nous nous demandons dès lors si ce n'est pas précisément la même matière qui contribue, pour sa part, aux effets analogues remarqués sur les émaux dont nous parlons.

S'il en est ainsi, il faudrait attribuer aux effluences du phosphate de chaux, pénétrant la couverte dans un certain rayon autour du sujet peint à l'émail, l'espèce d'auréole irisée qui entoure ces peintures dans presque toutes les pièces anciennes ainsi décorées.

Une troisième hypothèse serait celle de la cuisson des émaux à une température trop élevée, qui peut dans certains cas produire l'irisation. Mais le fait est trop général sur les porcelaines chinoises pour en chercher la cause dans un accident; et si ces irisations ne sont point dues au phosphate de chaux, c'est à la présence du plomb dans les émaux et même dans les couvertes qu'il faut l'attribuer.

Malgré sa pauvreté relative, la palette des émaux chinois ne s'est point trouvée, dès les premiers jours, aussi complète; elle ne posséda longtemps, du XVe jusque vers le XVIe siècle, que le bleu, le rouge de fer, les verts, les lilas ternes et les jaunes bruns. Les peintures de ces époques durent donc présenter une grande uniformité de tons; le bleu cobalt, mal préparé, ne se développait qu'imparfaitement et restait noirâtre; le rouge, d'intensité toujours à peu près égale, n'offrait pas de grandes ressources; aussi, sans négliger ces couleurs, les artistes d'alors réservèrent-ils leurs prédilections pour le vert, dont les nuances plus variées et plus vives se prêtaient d'ailleurs mieux à la représentation des objets de la nature, de sorte que dans les peintures de ces époques c'est le vert qui prédomine.

Au XVIIe siècle, l'invention des couleurs nouvelles modifia cette uniformité. Les éternelles fleurs rouge vermillon, jaune brun ou violacé, des périodes précédentes, s'entourèrent de l'œillet et de la rose aux teintes carminées ou de fleurettes d'un jaune vif et brillant. Par malheur, ces nouveaux émaux, judicieusement employés d'abord à varier l'aspect des compositions, en devinrent peu à peu la base principale. Il arriva même que l'un d'eux finit par conquérir la prédominance absolue.

Les peintres, entraînés par les magnifiques effets que leur donnaient les teintes carminées tirées du chlorure d'or, se mirent à tout voir en rose, les fleurs, les maisons, les meubles, les animaux même, et l'uniformité rose succéda triomphalement à l'uniformité verte d'autrefois.

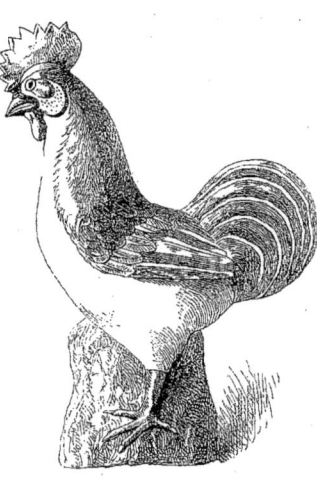

Fig. 26. — Coq décoré sur biscuit avec les émaux de la famille rose. La crête est rouge de fer, le dos jaune, les ailes colorées de bleu, de vert et de jaune; la queue est noire, et la gorge ainsi que tout le ventre sont émaillés rose (V⁰ époque).
Hauteur : 0ᵐ34. — Col. O. du S.

Ces colorations dominantes dans des œuvres d'époques différentes ont conduit M. Jacquemart à les classer en deux groupes, qu'il a appelés décors de la famille verte et décors de la famille rose.

Nous conserverons ces dénominations, qui font image et sont d'ailleurs définitivement admises. Nous ferons cependant remarquer qu'après la découverte des émaux de la famille rose, tous les peintres chinois n'en firent pas également le plus déplorable abus, et que si un grand nombre d'entre eux se vouèrent pour ainsi dire au rose, beaucoup d'autres, continuateurs des traditions anciennes, restèrent fidèles au culte du vert. Il en résulte que, si l'on peut attribuer sans crainte les peintures de la famille rose aux temps postérieurs à la seconde moitié du règne de l'empereur Kang-hy (1700 environ), ce serait tomber dans une erreur profonde que de reporter à des époques plus anciennes *toutes* les porcelaines à décors de la famille verte, fussent-elles de la plus grande pureté de style.

Les Chinois ne se sont pas bornés à employer leurs émaux à l'exécution de peintures, et bien avant d'avoir découvert la manière de peindre sur porcelaine cuite en blanc, ils savaient déjà en composer une espèce particulière de fonds colorés qu'ils appliquaient sur biscuit, et qui constitue un genre à part de décoration fort remarquable et justement recherché.

Le secret de composition et d'application de certains de ces émaux paraît s'être perdu en Chine depuis près d'un siècle, et M. Salvetat ne leur trouvait point d'analogues parmi les couleurs connues à Sèvres en 1856. Ils participent à la fois du demi-grand feu, en ce sens qu'ils sont posés sur biscuit, et du grand feu, en ce qu'ils ne se vitrifient et ne se développent qu'à des températures élevées. Ils sont cependant, pour la plupart, préparés avec un fondant qui contient une forte proportion d'oxyde de plomb.

La généralité de ces fonds colorés est bleu franc, violet, jaune, vert ou bleu turquoise, variant du ton olivâtre au bleu éclatant pour aller en décroissant d'intensité jusqu'au bleu céleste.

Les pièces en biscuit destinées à les recevoir sont souvent gravées à la pointe, munies d'appendices, décorées de ciselures ou de gaufrures. Quoique l'émail soit uniformément appliqué sur toutes les parties des pièces ainsi préparées, on comprend que, se vitrifiant à une température inférieure à celle nécessaire au ramollissement de la pâte à porcelaine, il ne peut s'y incorporer et qu'il coule plus ou moins sur les reliefs en s'accumulant dans les creux où l'intensité de ton se trouve renforcée par son épaisseur, tandis que les parties saillantes, presque dénuées de matière colorante, apparaissent en teintes plus claires, souvent d'un effet des plus heureux.

Quelques-uns de ces émaux appliqués en fond sur biscuit, tels que les bleus turquoise et les verts francs posés en couche épaisse, ont un aspect tout particulier qui leur a fait donner le nom de truités. Il s'y forme en effet, comme dans les couvertes craquelées dont nous avons parlé, une foule de petites fentes très fines, dont les mailles polygonales, presque régulièrement disposées, rappellent assez les écailles de la truite pour leur avoir valu ce nom.

Dans cette même espèce de décorations intermédiaires entre celles de grand feu et celles de feu de moufle vient se ranger un genre de peintures d'une coloration et d'un type spécial exécutées sur biscuit avec un ensemble de couleurs fort restreint. De ces couleurs, les unes : vert, jaune, brun, gris violacé, se rapprochent des émaux employés pour les fonds sur biscuit; les autres, qui complètent cette palette particulière, sont le rouge de fer, le noir, et très exceptionnellement le bleu. Ces peintures, connues en Chine avant celles sur couverte, ne se rencontrent guère que sur des pièces de formes bizarres et tout à fait différentes des types ordinaires. Ce sont des vases elliptiques, à pans ou à vives arêtes, des théières figurant des animaux ou un faisceau de bambous; des plateaux aux contours capricieux, des drageoirs à compartiments mobiles dont la réunion affecte la forme d'une fleur de lotus ou d'une figure géométrique, des chimères grimaçantes, des personnages grotesques ou singuliers dont la tête et les mains sont restées en biscuit; tout cela décoré en fond d'une des couleurs à surface irisée, gris violacé, jaune ou vert clair, laissant en réserve des animaux, des fleurs ou des objets divers peints avec les autres couleurs de cette palette spéciale.

Malgré les émaux qui en recouvrent la surface, les porcelaines décorées sur biscuit conservent un aspect un peu mat, presque rugueux, qui les a fait considérer à tort comme de seconde qualité. Elles sont, au contraire, des plus remarquables, tant à cause de leur pâte d'un grain fin et serré, quoique grisâtre, que de l'extrême recherche des formes, de la parfaite exécution des pièces et du calme harmonieux des peintures. Aussi, malgré leur défaveur injuste et passagère, ont-elles bien vite reconquis la place qui leur revenait dans les collections, où elles sont aujourd'hui classées et considérées comme l'une des plus curieuses productions de l'art céramique de l'extrême Orient. Les décorations en émaux et couleurs appliqués sur biscuit, dont nous venons de parler, ont été quelquefois désignées par le nom de céladon et de peintures céladonnées. Nous croyons être plus exact en conservant le nom de céladon aux différents tons vert d'eau de certaines couvertes de grand feu, et en désignant ces décorations sous le titre de fonds sur

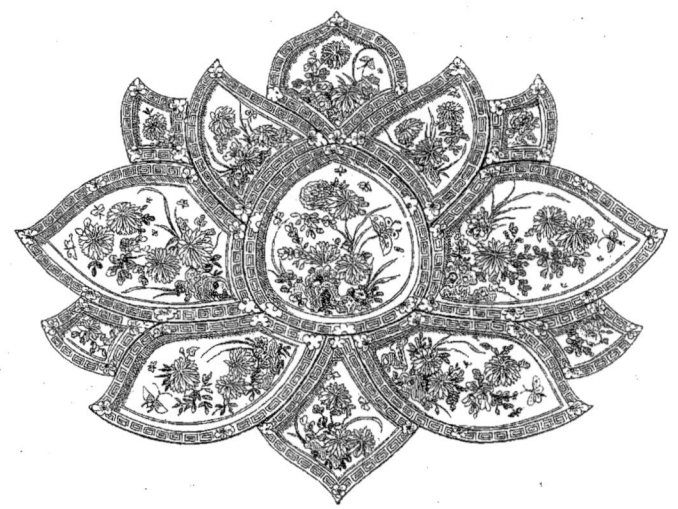

Fig. 27. — Grand drageoir à treize compartiments mobiles, dont la réunion affecte la forme d'une fleur de lotus. Il est décoré sur biscuit de peintures vieille famille verte (IVe époque). Grand diamètre : 0m60.
Col. O. du S.

biscuit et celui de peintures vieille famille verte. L'expression famille étant admise, le nom de vieille famille verte revient de droit aux *Tien-pé*, peintures sur biscuit dont l'invention en Chine est antérieure à celle des *Ou-t'saï*, peintures aux cinq couleurs exécutées sur la couverte des porcelaines cuites en blanc.

Indépendamment des oxydes métalliques, on se sert aussi de quelques métaux précieux à l'état naturel, de l'or surtout, qui joue dans la décoration un rôle considérable. Il a été de temps immémorial, et bien avant l'argent, employé par les Chinois, qui, après s'en être servis avec goût et retenue, ont fini par en abuser et en sont venus de nos jours à l'appliquer à peu près partout, et toujours sans discernement ni mesure.

Leur procédé d'application cependant est absolument primitif et peu propre à donner de bons résultats. Un mordant spécial dont, après la cuisson des couleurs, on enduit les endroits qu'il doit occuper, est légèrement saupoudré de poudre d'or. La pièce est alors exposée à un feu de moufle extrêmement doux, non pour cuire la préparation qu'une température élevée réduirait à néant, mais simplement pour en opérer le séchage complet, qui détermine une adhérence relative sur la couverte.

Il résulte de cette façon d'opérer que les ors manquent de solidité, qu'ils sont impropres au brunissage et généralement fort minces; mais, épais ou non, ils sont toujours peu brillants, rarement d'un ton chaud, et se rapprochent du ton jaunâtre du cuivre en poudre.

Le procédé européen donne, au contraire, une adhérence parfaite sur la glaçure des pièces, et permet de polir le métal en le frottant avec un corps dur, agate ou hématite. Il consiste à réduire les métaux, par précipitation et broyage, au plus grand état de division possible, puis à les mélanger avec un fondant à base d'essence grasse de térébenthine. Appliqués ainsi, le feu de moufle les fixe fortement, en leur rendant leur éclat métallique que la préparation leur avait fait perdre.

Disons enfin que, si toutes les porcelaines venues d'Orient sont, sans exception, kaoliniques et non rayables par l'acier, on rencontre cependant des espèces qui ont l'apparence des pâtes tendres : les unes appartiennent à une variété bien connue et qu'on désigne par blanc de Chine, parce qu'elles sont presque toujours dénuées de toute peinture; les autres, décorées ou non, sont de véritables exceptions qui ne semblent pas remonter au delà de l'époque où les Chinois ont eu connaissance de ce que nous faisions en Europe. Auraient-ils alors cherché à nous imiter, sans pourtant avoir osé exclure complètement l'argile? On serait disposé à le croire si on en jugeait par le vase fig. 28, de forme imitée des anciens bronzes et décoré simplement de reliefs rehaussés de traits noirs, dont la pâte a tous les caractères extérieurs de la pâte tendre; il porte d'ailleurs sous le pied, gravé à la pointe, une inscription à peu près conçue en ces termes : *Essai de terres fusibles.*

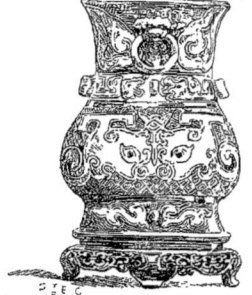

Fig. 28.
Appartenant à M. Sichel. Paris.

Les blancs de Chine, au contraire, sont nombreux et sans contredit anciens. S'ils se rapprochent par l'apparence de la porcelaine tendre, c'est par le flou et le glacé de leur couverte aussi bien que par la transparence laiteuse de la pâte, composée en majeure partie d'éléments fusibles, mais, nous le répétons, kaoliniques et non rayables par l'acier.

Les spécimens qu'on en rencontre le plus communément sont des groupes, des statuettes de divinités, des chimères ou d'autres animaux, des théières, des coupes et quelques vases, sobrement décorés de hauts reliefs ou de gravures à la pointe; les échantillons ornés de peintures sont extrêmement rares, et sur ceux-ci il est facile de constater que les couleurs et les émaux ne sont pas incorporés à la couverte de la même façon que sur une pâte tendre.

En terminant cet exposé quelque peu technique des porcelaines dures, à notre point de vue spécial, nous croyons utile de dire quelques mots des porcelaines tendres, en prenant pour type la fabrication de Sèvres.

Nous savons déjà que la porcelaine tendre française, ou artificielle, est composée de fritte mélangée de marne et de craie. La pâte ainsi obtenue est peu plastique, de sorte que le procédé de façonnage le plus ordinaire et qui réussit le mieux est le coulage.

La glaçure est composée de sable, de minium, de plomb, de potasse et de soude, fondus ensemble à haute température, broyés et délayés en bouillie épaisse, dont les objets sont recouverts le plus souvent par simple immersion. Les pièces, terminées et séchées, sont cuites jusqu'à transparence complète.

D'après ce que nous avons dit des nombreux accidents auxquels la cuisson expose la porcelaine dure, on comprend combien cette même opération doit être délicate lorsqu'il s'agit d'un produit exclusivement composé d'éléments fusibles. La tendance de la pâte tendre au ramollissement et à la déformation rend naturellement très difficile et très peu sûre l'ornementation par la gravure ou la sculpture.

Il a donc fallu se rabattre sur les fonds colorés et les peintures fixées sur la couverte par la cuisson au petit feu de moufle, qui suffit presque toujours à revitrifier la glaçure, en sorte que les couleurs s'y incorporent presque complètement et acquièrent par là un glacé et une vivacité remarquables, en même temps que le léger mélange qui s'opère entre elles leur donne le moelleux tout spécial aux peintures exécutées sur pâte tendre.

Les fonds sont en général extrêmement brillants et d'une grande intensité de ton. Leur mode d'application mérite d'être indiqué. Les couleurs, préparées et transformées par la fusion en véritables cristaux, sont réduites en poudre, puis placées sur un fin tamis de soie. De légères secousses imprimées au tamis font tomber la poudre sur la pièce à décorer, enduite d'avance d'un mordant semblable à celui qu'on emploie pour l'or métallique. La poussière colorée, retenue par le mordant, se transforme au feu en un vernis très uni. L'opération peut se répéter deux ou trois fois, soit pour réparer des lacunes, soit pour rehausser le ton. Ce procédé, qui permet également d'obtenir des mouchetés de couleurs différentes, ou ton sur ton, s'appelle poudrage.

A ces ressources de décoration s'ajoutent l'emploi des métaux précieux et quelquefois l'application de perles et autres décors à paillons, préparés à part et fixés ensuite au feu d'or au moyen d'un vernis très fusible.

Cette digression, au sujet des porcelaines tendres françaises, eût été oiseuse, si nous n'avions voulu signaler l'extrême analogie des fonds poudrés de Sèvres avec ceux obtenus en Chine sur porcelaine dure, aux époques Yong-Tching et Kièn-Long, et parmi lesquels se retrouvent le rose Dubarry, le carmin foncé, dit rouge d'or, le vert persan et le bleu turquin, posés en couches épaisses d'une transparence remarquable et d'une coloration parfaitement uniforme dans la masse.

Nous venons de décrire brièvement les procédés de fabrication, les éléments matériels qui servent à décorer la porcelaine. Nous avons indiqué les couleurs, les méthodes d'emploi et les préparations propres aux peuples de l'extrême Orient. Mais ce n'est là qu'une préface qui laisserait notre étude incomplète. Nous connaissons l'outil, il nous reste à voir ce que le peintre en a fait, et à pénétrer dans l'esthétique de cet art étrange, devant lequel l'Européen surpris entrevoit tout d'un coup un monde si différent du sien, des habitudes d'esprit inconnues, une façon de voir les choses et de les interpréter qui déroutent à la fois sa nature et son éducation. En Chine comme ailleurs, de la poterie grossière destinée aux usages domestiques, le raffinement de la forme, l'élégance des contours, puis la couleur brillante, puis enfin la peinture proprement dite, ont fait un objet d'art dont l'intérieur des habitations s'est embelli, et que les palais et les temples n'ont point dédaigné d'appeler à concourir à leurs splendeurs.

Aussi, après des ornements grossiers et rudimentaires, premiers bégayements de l'art décoratif, les dessinateurs Chinois, élevant leurs talents à ces destinées nouvelles et grandissantes, en sont venus peu à peu à nous conter, sur ces fragiles surfaces, leur religion, leurs mœurs, leur histoire, leurs jeux, leur philosophie même, et leur manière de peindre tout cela nous a révélé leur civilisation.

Ils ont commencé par imiter d'abord la nature, les animaux, l'homme lui-même, puis, selon l'usage ou la destination présumée des vases, ils ont introduit dans leurs compositions des emblèmes, des attributs où leur génie propre s'est manifesté dans la représentation de la puissance, de la gloire, de la sagesse, du bonheur. Il y aurait une étude intéressante et complexe, qui n'est pas de notre ressort et que nous ne tenterons pas, sur les analogies primitives et cachées qu'on pourrait retrouver entre cet art lointain et les débuts de notre peinture occidentale. Quelle est la source inconnue où tous les arts, le gothique et le chinois, ont puisé leurs inspirations primitives, d'où viennent les similitudes qu'il ne serait peut-être pas impossible de signaler entre les paysages orientaux et ceux de nos premiers peintres? Puis quelles sont alors les circonstances particulières de races et d'événements qui ont fixé dans les voies d'une convention stationnaire l'essor des uns, tandis que les autres n'ont cessé de marcher à la conquête d'un idéal toujours nouveau et plus élevé? Faut-il attribuer ce qui s'est passé chez les Chinois à l'immutabilité de leurs mœurs, de leurs croyances, de leurs institutions politiques? Peut-être! Quoi qu'il en soit, voyez comme leurs porcelaines sont, dans les moindres détails, la conséquence et la traduction fidèle de leur état social et de leurs habitudes.

Qu'est-ce donc, s'est demandé souvent avec curiosité le spectateur européen, qu'est-ce que ce travestissement de la nature, ce rapetissement universel de ses grands effets, que les reproductions chinoises réduisent à plaisir à des proportions lilliputiennes? Qu'est-ce que ces montagnes, ces fleuves, ces vallées, ces forêts, qui semblent sortir d'une boîte à joujoux, entassés les uns sur les autres par la main d'un enfant?

Et cette comparaison, si l'artiste était là pour se défendre, peut-être ne serait-elle pas repoussée par lui, peut-être nous dirait-il que, si son pinceau donne à la nature des airs de jouets, c'est que ses compatriotes riches, pour lesquels il travaille et auxquels il veut plaire, ne la voient pas autrement. Le Chinois, en effet, ne se promène pas. Retiré chez lui, la plupart du temps, accroupi plutôt qu'assis sur de vastes sièges, rêvant à côté de la théière parfumée incessamment remplie, ce n'est que pour faire quelques pas dans le jardin qui entoure sa maison qu'il s'arrache aux délices du large divan et de la boisson odorante.

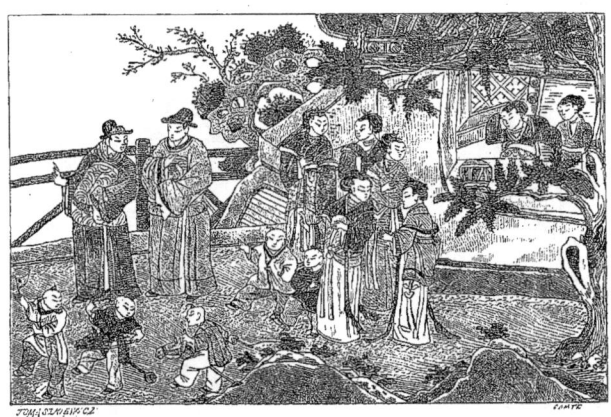

Fig. 29. — Plaque de porcelaine ornée d'une peinture en émaux de la famille verte, représentant une famille chinoise dans un jardin (IV⁰ époque). Largeur : 0ᵐ24; hauteur : 0ᵐ16.
Col. O. du S.

Là seulement, ses femmes aux petits pieds peuvent le suivre et surveiller les jeux des enfants. Dans ce pays dépourvu de routes, où les chevaux sont rares, pas de fréquentes excursions possibles. Les voyages nécessaires s'exécutent en palanquin fermé, ou dans d'incommodes brouettes à bras. Le sentiment du pittoresque doit donc forcément trouver à se satisfaire dans l'étroit enclos du jardin, où le maître accumule des miniatures de rochers, de rivières, de ponts, de monuments qui forment son horizon et finissent par constituer la seule nature qu'il connaisse. C'est celle-là seulement qu'il aimera donc à retrouver sur les tentures somptueuses de la maison qu'il habite et sur les vases qui chargent ses dressoirs. L'artiste, en conséquence, pour parler aux yeux le langage connu, laissera de côté les vastes horizons, les masses profondes de feuillage, les dessous de bois dont nous aimons l'humide et mystérieuse obscurité, les longues courbes montueuses dont le bleu sombre se fond, le soir, avec celui du ciel dans un infini lointain. Tout cela sera déguisé, rapetissé, déformé, accommodé au goût du client, qui trouverait probablement invraisemblable toute autre interprétation.

Si vous joignez à ces causes les effets imprévus du manque de perspective, vous ne vous étonnerez plus des arbres contournés, des rochers bizarres et sans équilibre d'où s'élancent, avec la hardiesse de l'innocence, des plantes chargées de fleurs et de fruits, en un mot de tout ce bagage de convention auquel s'est tenue leur façon de représenter la nature.

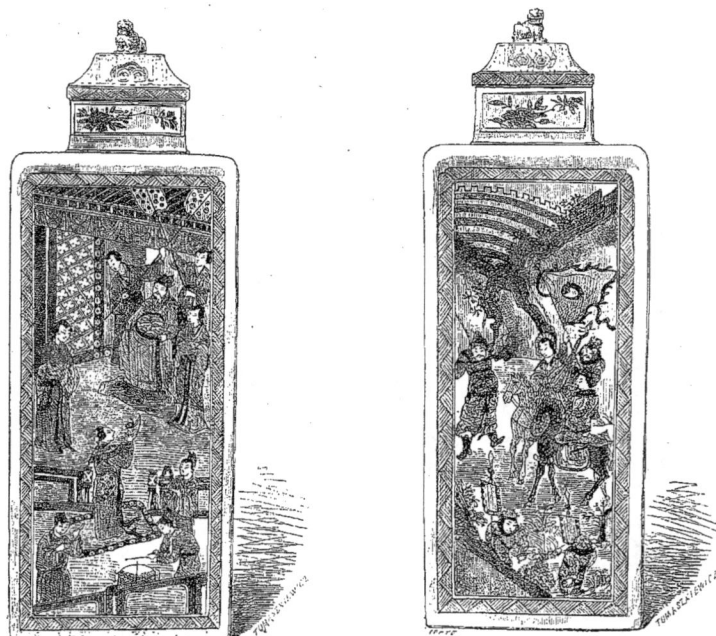

Fig. 30 et 31. — Bouteilles carrées, décorées de scènes de théâtre et de roman, peintes en bleu sous couverte. Marque n° 95, feuille enrubannée (IVe époque). Hauteur : 0^m34. — Col. O. du S.

Les sujets à personnages sont en général des scènes de roman et de théâtre, reproduites sous mille aspects différents, où se reflète la littérature classique ou courante. Tantôt c'est la légende qui vient, de ses mille fantaisies, donner matière à des scènes tragiques ou gracieuses. Là passe sous nos yeux l'inextricable fouillis des superstitions populaires, des traditions historiques de cette religion qui n'en est pas une, et de cette philosophie pratique que semble n'avoir préoccupée aucun des problèmes où s'est acharnée, depuis qu'elle se connaît, la pensée européenne. Où le génie chinois brille de tout son éclat, c'est dans la décoration proprement dite, laissant de côté toute prétention de reproduire le monde réel, vivant ou inanimé. Quand l'artiste, renonçant à toute exactitude de dessin, à toute velléité de perspective, se lance à corps perdu dans les purs effets de couleurs, dans les enchevêtrements bizarres de fleurs, d'animaux fantastiques et de lignes capricieuses; quand dans son œuvre, en un mot, la pensée absente fait place à la sensation pure, il arrive à des effets inattendus et charmants. Il semble que ce peuple, si absolument pratique et terre à terre, ne comprenne bien l'art que si le plaisir des yeux est le but, au lieu d'être le point de départ et l'excitation de celui de l'esprit.

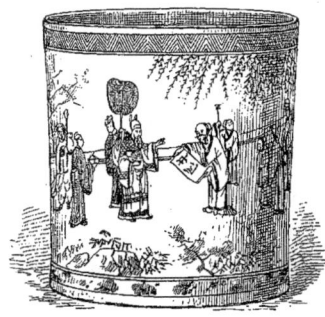

Fig. 32. — Pitong, décoré d'un sujet en bleu sous couverte, représentant un empereur rendant visite à un ancien serviteur, qui s'empresse de lui souhaiter la bienvenue, dans la résidence de neuf générations représentées par les personnages de tous âges accourant au-devant du céleste visiteur (IVe époque). Hauteur : 0m 18. Col. du S.

Si l'on rencontre parfois des sujets commémoratifs, comme celui du Pitong (fig. 32), dans lequel le costume des personnages et les légendes écrites [1] permettent de supposer que la pièce a été décorée à l'intention de la famille qui eut l'insigne honneur de recevoir un fils du Ciel, la manie des classifications à outrance a fait commettre, à notre sens, une grosse erreur quand on a voulu voir dans la forme et la décoration des vases chinois l'indice nécessaire de la destination des pièces, y retrouver même l'indication du propriétaire pour qui elles avaient été faites, sa profession, ses habitudes. Tel vase, assurait-on, avait été fabriqué pour l'empereur, tel autre pour un guerrier, tel autre pour un magistrat. On nous parle de bols, de tasses, de théières et même d'assiettes hiératiques, symboliques, honorifiques. Pour infirmer, en souriant, cette théorie légèrement enfantine, nous n'aurions qu'à nous reporter à ce qui s'est fait et se fait encore chez nous. Quand Sèvres décorait ses admirables produits que le XVIIIe siècle aima tant, tous les amours qui se becquetaient sur les pâtes tendres, en se jouant parmi les roses, n'allaient pas tout droit chez la Dubarry ; il y avait des trophées

---

1. Traduites par M. le marquis d'Hervey de Saint-Denys.

d'armes sur des vases qui n'étaient pas destinés aux Maurice de Saxe ni aux Lowendal ; des balances sur des assiettes que n'ont jamais possédées les Daguesseau ; des fleurs, des fruits et des scènes champêtres, enfin, sur des coupes dans lesquelles la royale fermière de Trianon n'a jamais trait des brebis enrubannées.

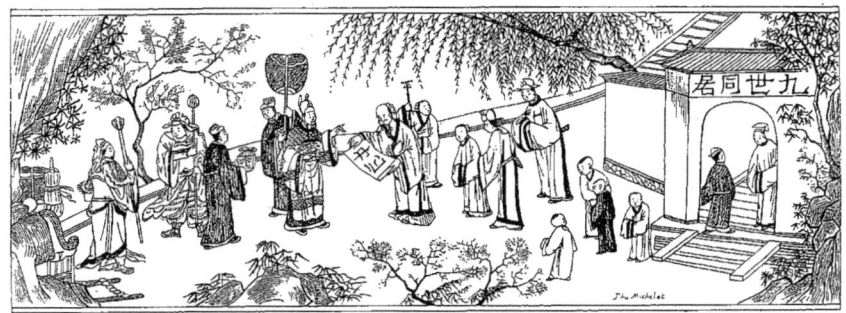

Fig. 33. — Développement du sujet peint sur le pitong, fig. 32.

Les artistes chinois n'ont pas été plus exclusifs que les nôtres. Pour composer leurs dessins, tous les sujets leur étaient bons ; ils puisaient à toutes les sources, suivant leur caprice ou leur inspiration du moment.

Notre lecteur constatera cette diversité sur les pièces représentées au cours de cet ouvrage, et pour qu'il puisse en comprendre le sens, nous donnerons tout de suite quelques explications sur les attributs et les emblèmes le plus souvent représentés et dont la connaissance est indispensable à l'intelligence de la plupart des décors.

Les plus nombreux sont de l'ordre religieux. Ils tiennent tantôt de l'islamisme, apporté en Chine au IXe siècle par les marchands arabes ; tantôt du bouddhisme, introduit par les prêtres indous ramenés au Céleste Empire par la mission que l'empereur Hiao-min-ty avait envoyée dans l'Inde, l'an 65 de notre ère, pour s'enquérir de ce saint d'Occident, Bouddha, qu'il avait vu en songe ; et enfin des croyances de l'une ou l'autre des nombreuses sectes religieuses spéciales à la Chine.

Les premiers sont rares, à peine reconnaissables, et ne se trouvent que sur les porcelaines fabriquées pour l'exportation vers la Perse et les autres pays de l'Islam.

Quant aux emblèmes du bouddhisme, ce sont des statuettes de forme et d'aspect différents, montrant Bouddha dans l'attitude calme du savant, recueilli

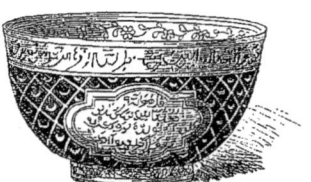

Fig. 34. — Coupe fond bleu de Perse, rehaussée d'un quadrillé semé de croissants en or, ayant en réserve trois médaillons et une bordure supérieure, délimitée par un double trait noir et vert émaillés. Ces réserves sont occupées par des légendes en caractères arabes, tracés en or (V[e] époque). — Col. O. du S.

dans la possession de la sagesse et de la science infinies. Il a les jambes croisées, les mains étendues sur les genoux, et un énorme lotus lui sert de siège. Quelquefois il tend à s'unifier avec Brahma et possède alors plusieurs paires de bras dont les mains portent les emblèmes des dons du ciel et des régions inférieures.

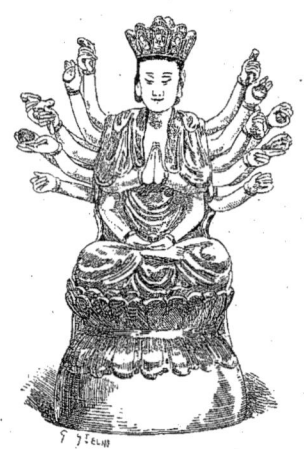

Fig. 35. — Statuette de Bouddha, décorée en émaux de la famille rose (V^e époque).
Hauteur : 0^m16. — Col. Morren, à Bruxelles.

Les autres sujets bouddhiques se confondent avec ceux des différentes religions chinoises dont l'origine se perd dans la nuit des temps. Elles se résument toutes en une sorte de croyance aux êtres surnaturels et invisibles qui règlent et gouvernent les éléments du monde entier, et sur lesquels règne Chang-ti, l'esprit souverain. Les Chinois prêtent à leurs dieux supérieurs, au nombre de quatre, y compris Chang-ti, la forme d'animaux fantastiques puissamment armés et d'aspect terrible, habitant le ciel, la terre ou les profondeurs de la mer.

Le dragon représente Chang-ti, l'esprit qui préside aux saisons. Son corps, couvert de larges écailles et muni de quatre pieds à cinq griffes, ondule en replis tortueux; sa tête puissante, surmontée de cornes, est ornée de longs tentacules nasaux. Sous ces traits farouches, il habite en automne et en hiver le fond des mers sous le nom de Si. Il reçoit le nom de Ko lorsqu'au printemps

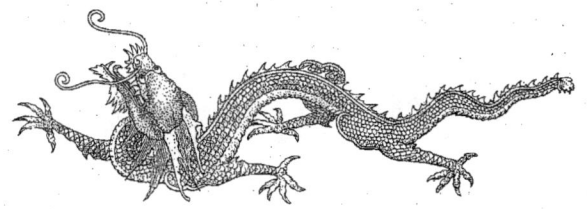

Fig. 36. — Dragon impérial.

il quitte son humide demeure pour s'élever au sommet des montagnes, d'où, après un court séjour, il prend son vol vers les régions célestes; il s'appelle alors Long, jusqu'à ce qu'il redescende, après l'été, dans ses demeures océaniques.

Le dragon est encore l'emblème de la puissance terrestre. A ce titre, brodé sur les enseignes et sur les vêtements de l'empereur, il est l'écu du fils du Ciel, et partout on le retrouve dans l'ornementation du palais et sur les objets destinés au service impérial.

Dans certains cas que règle rigoureusement l'étiquette, les fils et les frères de l'empereur se parent aussi du dragon.

Plus petit et à quatre griffes seulement, il est la marque distinctive des princes de second rang. Plus amoindri encore, transformé en une sorte de serpent qui n'a souvent plus que trois griffes, il indique les princes d'ordre inférieur et les hauts mandarins.

Le Fong-Hoang, ou phénix, est le second de ces grands animaux fantastiques. C'est l'oiseau immortel, symbole de force et de beauté, moitié aigle, moitié paon. Sa demeure est au plus haut des airs, et son vol ne le rapproche des régions terrestres que lorsqu'il y vient pour annoncer aux hommes quelque heureux événement. Il personnifia jadis la puissance suprême; mais quand les fils du Ciel eurent adopté le dragon, il devint l'emblème des impératrices et de certains ordres d'officiers.

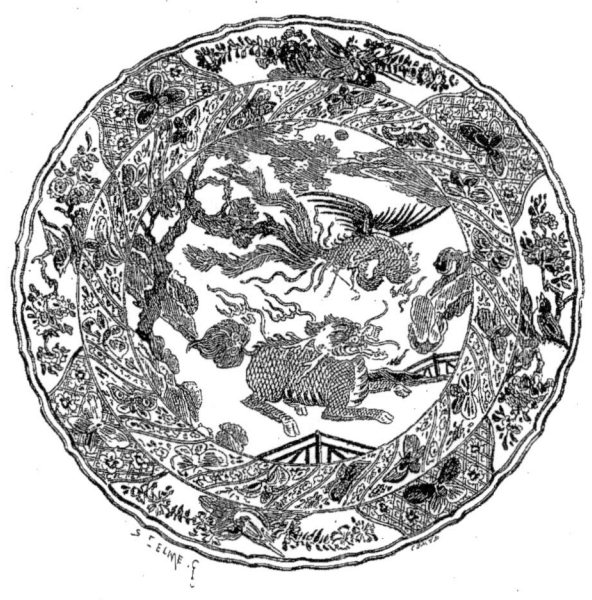

Fig. 37. — Plat richement décoré, en émaux de la famille verte, de bordures et d'un paysage animé du Fong-Hoang et du Ky-Lin (fin de la IVᵉ époque). — Diamètre : 0ᵐ37. — Col. O. du S.

Après le Fong-Hoang vient le Ky-Lin, animal fabuleux et de bon augure, qui présage la félicité parfaite. Par son effrayante tête rameuse et munie aussi de tentacules nasaux il tient du dragon, mais le corps, plus gracieux quoique recouvert d'écailles et armé de pointes le long de l'échine, rappelle les formes de l'axis, dont il a les jambes fines et déliées se terminant par un sabot fourchu. Il hante les palais et les temples, se transporte avec une vitesse vertigineuse d'un bout de la terre à l'autre, et, malgré sa taille gigantesque, il ne laisse sur le sol aucune trace de son passage et évite de fouler dans sa course aucun être vivant.

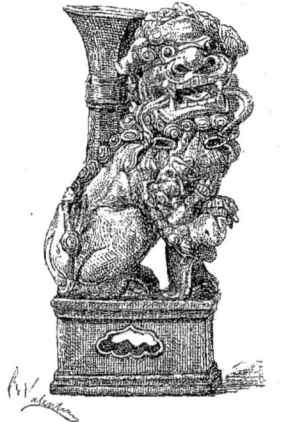

Fig. 38.' — Chien de Fô, émaillé sur biscuit bleu turquoise et posé sur socle violet. (IVᵉ époque.) Hauteur : 0ᵐ17. Col. O. du S.

Le chien de Fô, la dernière figuration de cette série, est connu en Europe sous le nom de Lion chinois ou de chimère. C'est lui qu'on retrouve si souvent représenté, assis, couché ou debout sur ses pattes, portant haut sa tête large et puissante, aux yeux énormes qui sortent de leurs orbites, à la gueule entr'ouverte pour laisser voir des crocs menaçants. Le long de l'échine règne une suite d'écailles pointues qui se perdent dans la crinière et la queue; les poils hérissés de cette queue semblent autant de dards; enfin quatre griffes longues et effilées dont les pattes sont ornées complètent cet ensemble effrayant.

Le chien de Fô est l'emblème de la paix, de la tranquillité, du bonheur paisible. Aussi est-il le gardien naturel des temples et du foyer domestique, le compagnon obligé de la statue de Bouddha, sur l'autel consacré à ce dieu dans presque toutes les habitations. Il porte alors un petit tube destiné à recevoir le 香息安, ngan-si-hiang (*parfum du repos et de la tranquillité*), sorte de bâtonnet parfumé, brûlé chaque jour en l'honneur de la divinité.

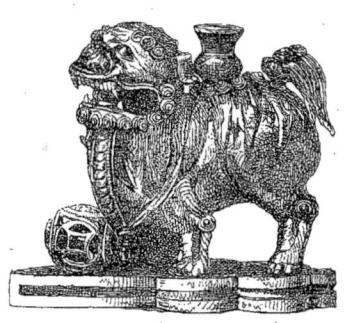 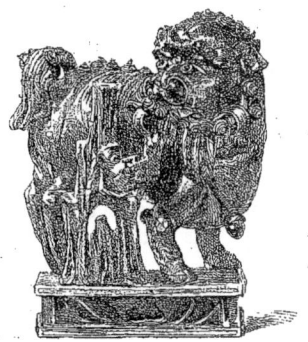

Fig. 39 et 40. — Chiens de Fô, décorés sur biscuit vert feuille de camélia, la crinière et la queue gris violacé ; l'un posé sur une feuille, l'autre sur un socle à jour (IVᵉ époque). Hauteur : 0ᵐ13 et 0ᵐ14. — Col. O. du S.

Cet usage universel a fait multiplier à l'infini les variétés de ce type. Il en est de tout simples pour la demeure du pauvre, il en est de plus luxueux pour l'habitation du mandarin, et d'autres enfin richement ornés pour parer les autels des palais et des temples.

Souvent la décoration du petit tube porte le signe bonheur ou longévité, qui se rencontre même quelquefois sur le front de l'animal. (Pl. XI, n° 72.)

Après ces quatre types qui personnifient les plus grands des esprits célestes, les Chinois, comme les Indiens, reconnaissent sept autres dieux d'un degré inférieur, mais non moins vénérés, parce qu'ils sont les dispensateurs des sept dons desquels résulte pour eux la félicité parfaite en ce monde, but unique des aspirations de ce peuple qui n'élève point ses visées vers un monde futur et meilleur.

Peintres et sculpteurs en ont multiplié les images. Ces éléments du bonheur terrestre ainsi divinisés sont : la longévité, le contentement, les honneurs, la richesse, l'amour, la science et le talent.

Le dieu de la longévité, en même temps que de la science, est Chéou-Lao, représenté sous l'aspect d'un petit vieillard ayant barbe et cheveux blancs et le front démesurément développé. Chéou-Lao n'est autre que le philosophe Lao-tsse qui vivait au VIe siècle avant J.-C. et dont la doctrine, d'un mysticisme peu intelligible, donna naissance à la secte des Taô-sse. Après la mort du maître, les sectaires tombèrent vite dans les superstitions les plus grossières et dans la pratique des sciences occultes. Lao-tsse tout le premier fut, nous ne dirons pas la victime, mais l'objet de leur tendance vers le merveilleux ; il devint pour eux un être surnaturel, sinon fils du dragon, du moins miraculeusement né d'une femme qui, l'ayant conçu au déclin de la vie, le porta cependant près d'un siècle dans son sein. Dès sa naissance Lao-tsse avait tous les signes de la vieillesse, les sourcils, la barbe et les cheveux blancs : aussi l'appela-t-on Lao-tsse (vieillard-enfant), et comme, d'après la légende, il vécut encore plusieurs centaines d'années dans la méditation et l'étude de la science infinie qui lui procura l'immortalité, il fut surnommé Chéou-Lao, du mot Chéou, longévité, et représenté avec ce crâne énorme, seul capable de contenir tant de sciences.

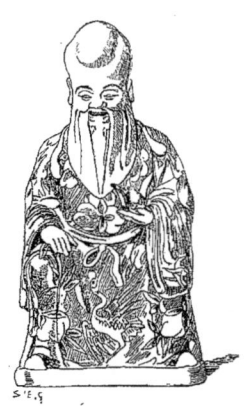

Fig. 41. — Statuette en biscuit, à décor vieille famille verte. Elle représente Chéou-Lao, dieu de la longévité, assis et tenant à la main le fruit du pêcher merveilleux, fantao, qui procure l'immortalité. Il est vêtu d'une robe verte sur laquelle, simulant une broderie, se détachent des pêches et des grues dessinées au trait noir et diversement colorées de violet ou de jaune; la tête, les mains ont été laissées en blanc (IIIe époque). Hauteur : 0m25. Col. O. du S.

Il ne faut point le confondre avec Kong-tsse, le grand philosophe chinois, connu en Europe sous le nom de Confucius, qui, vingt-cinq ou trente ans après Lao-tsse, entreprit de ramener son pays aux mœurs pures et aux lois éternelles de la morale ; mais ni lui ni ses disciples, les Jou-Khiao, ne purent arrêter le flot toujours grandissant de l'erreur et du culte de la volupté. La pure doctrine de Confucius, à peine pratiquée par quelques sages, resta l'apanage des philosophes et des lettrés.

Mais revenons à Chéou-Lao et aux diverses manières dont nous le trouvons représenté par la céramique. Sous forme de statuettes, ce Mathusalem chinois tient à la main tantôt le fruit du pêcher Fan-tao, tantôt la tortue sacrée, tantôt le rouleau du lettré ou le sceptre attribut de la puissance, car il est parfois confondu avec Chang-ti lui-même.

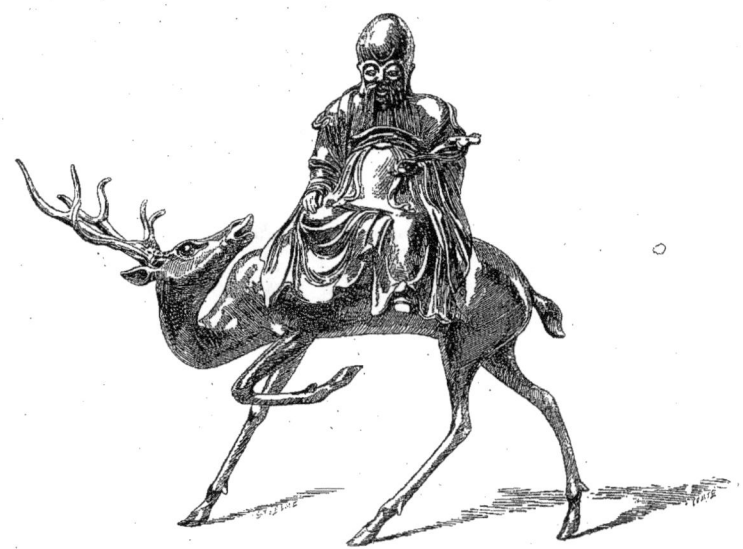

Fig. 42. — Chéou-Lao monté sur le cerf blanc et tenant en main le sceptre.
D'après un bronze de la collection Cernuschi, à Paris.

En peinture, on nous le montre encore accompagné du cerf blanc ou de l'axis, qui personnifient la douceur; de la grue, qui vit de longues années, ou entouré de champignons sacrés, ling-tchi, qui procurent l'immortalité; enfin sur ses vêtements le mot chéou, *longévité*, plusieurs fois répété, simulant des ornements brodés.

La longévité a aussi sa représentation féminine sous les traits de la déesse Si-wang-mou, jeune femme aux formes élégantes et sveltes, portant à la main un ling-tchy, ou une branche de pêcher chargée de fruits; souvent abritée sous l'arbre lui-même, ayant alors près d'elle le cerf blanc ou l'axis, elle est la personnification gracieuse de la jeunesse éternelle.

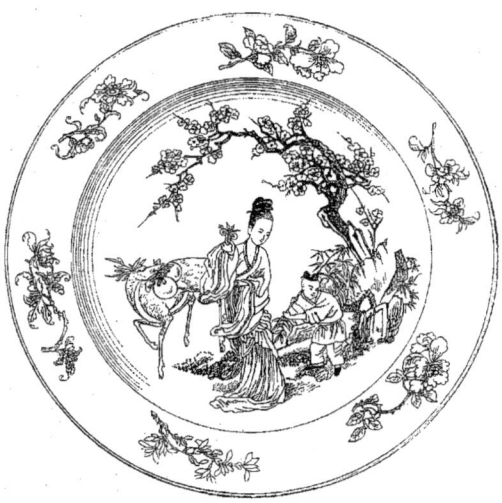

Fig. 43. — Plat de la famille rose, décoré de branches fleuries jetées symétriquement sur le marly. Au centre, la déesse Si-wang-mou, debout sous un pêcher en fleur et tenant à la main un Ling-tchy. Près d'elle, la jeunesse est personnifiée par un enfant, tandis que la grâce éternelle est symbolisée par l'axis lui apportant la pêche de longévité. Ce plat porte gravé à la roue une marque d'ordre du Musée de Dresde.

N° 183.

(V° époque). Diamètre : 0m37. — Col. O. du S.

Pou-taï est le dieu du contentement. Sa statuette nous le montre le plus souvent assis sur le sol, appuyé sur une outre dont le contenu semble lui procurer la satisfaction

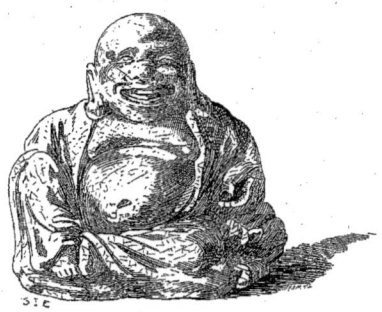

Fig. 44. — Statuette de Pou-taï, en vieux craquelé gris (III° époque). Col. O. du S.

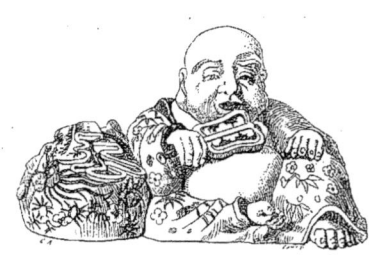

Fig. 45. — Statuette de Pou-taï, décorée bleu sous couverte (V° époque). — Col. Cernuschi, à Paris.

éternelle, peinte sur sa large face épanouie et souriante. Son obésité est devenue proverbiale en Europe, où il est connu sous le nom de Poussah.

Pi-cha-moun, Dieu des honneurs, est figuré par un personnage couvert de riches vêtements. Quand il ne porte pas une cuirasse et un casque éclatants, sa robe est formée de morceaux d'étoffes diversement colorées, coupés en carrés ou en losanges, et recousus ensemble. Ce vêtement, qui rappelle l'habit d'arlequin, se nommait dans l'antiquité Van-sin-i (*habit de toutes les castes*), parce que ces différentes couleurs étaient celles qui désignaient les classes de la société. Les populations l'offraient, dit-on, aux mandarins qu'elles voulaient honorer. (Pl. XX, n° 44.)

Ta-he-tien, dieu des richesses, est somptueusement vêtu et coiffé du bonnet honorifique. De nombreux serviteurs l'accompagnent. En céramique cependant cette figuration est rare. La richesse est plus ordinairement représentée par un personnage élégant, entouré de plusieurs enfants, ce qui ferait croire que prospérité et postérité marchent de pair chez les Chinois. (Pl. XV, n° 81).

A côté de la richesse visible, extérieure, expansive, les Chinois ne font pas une place moins grande à la richesse cachée, égoïste, qui se dissimule. Elle est, comme l'autre, une jouissance, et, à ce titre, elle aussi a sa divinité; mais celle-ci devient alors un crapaud hideux, qui vit dans les rochers ou les cavernes, et dont la figure est à la fois l'emblème de la richesse et celui de l'avarice ou de l'économie (Pl. XX, n° 135.)

Pien-tsaï-tien-niu, déesse des amours, est une jeune femme élégamment parée, d'allure nonchalante et lascive. Elle tient un instrument de musique dont elle semble accompagner sa perpétuelle chanson du printemps. Souvent elle est assise auprès d'un lac, assistant aux ébats de deux canards mandarins, emblème d'amour conjugal; d'autres fois, accroupie à l'orientale, elle regarde se jouer, dans une vasque, une couple de poissons rouges, image de l'harmonie domestique.

Ki-stang-tien-niu est la déesse des talents. Elle est debout. De ses mains entr'ouvertes s'échappent une à une quantité de perles. Chacune de ces perles sera, pour l'heureux mortel sur lequel elle tombera, le gage d'une aptitude, d'une science ou d'un talent.

Le génie de la science et de la littérature est symbolisé par le savant ministre Wen Chan, qui vivait sous les Song, et que représente un vieillard coiffé du bonnet honorifique, tenant un rouleau à la main, ou ayant près de lui la tablette de jade (*Kouei*), l'encrier, le pinceau ou le luth du poète.

L'inspiration, enfin, prend les traits du cheval sacré, à la robe singulièrement bigarrée. Il apparut, dit-on, au sage qui cherchait les moyens de fixer la pensée par l'écriture, et qui trouva, dans ses taches, l'idée première des caractères ta-tchouan.

Après ces deux séries des quatre animaux fabuleux et des génies des sept dons, il est d'autres personnifications, parmi lesquelles il faut placer au premier rang la déesse

Kouan-in. Ses nombreuses statuettes en vieux blanc ou en porcelaine décorée nous la montrent sous la forme gracieuse d'une femme voilée, au regard modestement baissé.

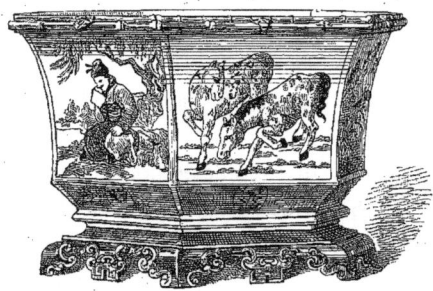

Fig. 46. — Jardinière à pans légèrement évasés, et de forme hexagonale ; cinq des côtés formant panneaux sont occupés par des chevaux en haut relief, de robes diverses, bizarrement tachetées. Le sixième est occupé par un personnage assis sous un arbre, il est coiffé du bonnet honorifique, et tient à la main le rouleau des lettrés ; son attitude méditative permettrait de supposer que le décorateur a voulu représenter l'inventeur de l'écriture tchouan et les différentes transformations sous lesquelles lui apparut le cheval sacré pour lui en révéler les caractères. Ces sujets, parfaitement modelés, sont en outre colorés avec les émaux de la famille verte, ainsi que les bordures du haut et du bas de la pièce, qui porte une garniture de bronze (fin de la III⁰ époque). Hauteur : 0ᵐ23, diamètre : 0ᵐ36. — Col. Léon Fould, à Paris.

Tantôt elle est debout sur les flots de la mer, tantôt elle est assise sur le sol ou sur un lotus, comme Bouddha lui-même. Elle porte au cou un riche collier à pendeloques. Comme ce collier se termine quelquefois par une croix, on en a voulu inférer que les Chinois auraient connu la Vierge et l'auraient ainsi représentée. Mais cette croix est souvent remplacée par le Swastica 卍 indien, signe du Dieu souverain et créateur des Bouddhistes, et celui des dix mille choses, Wan-se, pour les Chinois.

La Kouan-in est souvent seule et sans attributs ; mais on la trouvera aussi accompagnée de plusieurs enfants, d'autres fois de la grue, de l'axis ou du Fong-hoang, ou bien encore elle portera une branche de Fan-tao.

Selon ces différents cas, elle prendra le caractère d'une divinité bouddhiste ou de l'une des sectes chinoises, et deviendra génie de la science, de la longévité, de la puissance, ou de la beauté. Elle changera même de nom pour devenir Nan-hai-Kouan-in, la protectrice des pêcheurs, la reine des eaux, suivie du poisson doré, la carpe recherchée par les gourmets chinois.

La préoccupation d'une vie longuement prolongée ou même éternelle tient, on a pu le voir dans tout ceci, une large place dans l'esprit des Chinois. Cette aspiration se résume, une fois de plus, dans un groupe très remarquable de personnages, dont les peintres sur porcelaine ont répété bien souvent les types sur des objets de tous genres. Ce groupe mérite une description complète, à cause de l'originalité de ses personnages et des particularités bien distinctes

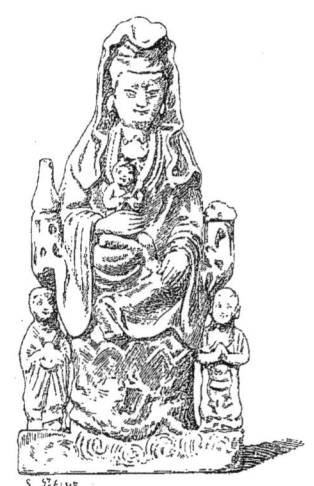

Fig. 47. — Statuette de la déesse Kouan-in, en blanc de Chine (V⁰ époque). Hauteur : 0ᵐ25. — Col. O. du S.

qui les caractérisent et permettent de retrouver, sur des pièces nombreuses, leurs effigies spéciales, là où l'œil de l'amateur non prévenu ne verrait peut-être, avec un intérêt moindre, que des magots ordinaires émanés de la fantaisie sans importance d'un décorateur quelconque.

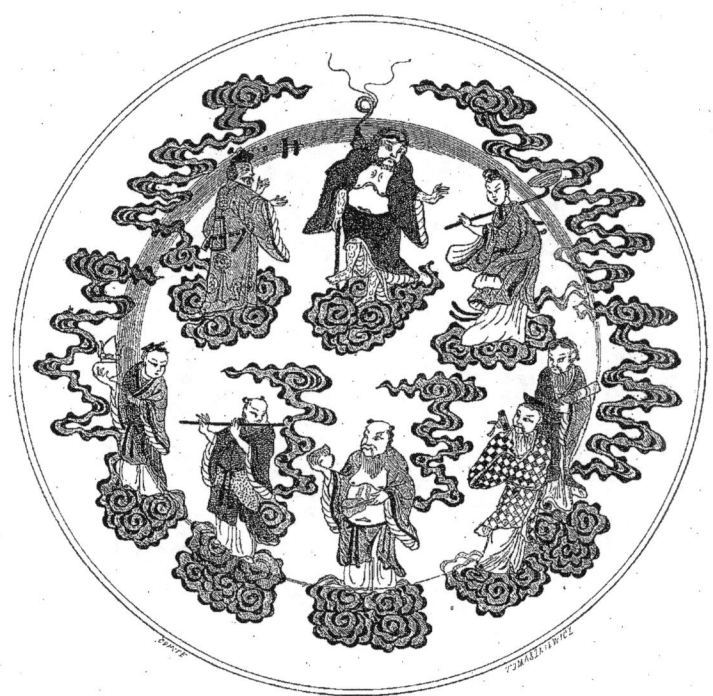

Fig. 48. — Petit plat sur lequel sont représentés les Pa-Chen, debout sur des nuages; le tout peint en bleu sous couverte. Ce plat porte par-dessous le nien-hao-ta-Ming-Siouen-te-nien-tchi (1426-1436); mais cette pièce n'est attribuable qu'à l'époque Kang-hy, 1677 environ. Diamètre : 0m27. — Col. O. du S.

Ce groupe se compose de huit immortels, désignés par les mots Pa-Chen, les *huit génies*, ou *saints personnages*; ils sont représentés tantôt séparés, tantôt réunis et formant cortège à leur maître Cheou-Lao. Leurs noms et leurs emblèmes sont les suivants :

1° Hang-chin-ly, autrement dit Chung-Ly-Kouan, que vous trouverez sous la forme d'un vieillard dont l'énorme ventre se laisse apercevoir dépouillé de tout vêtement et dont la main est armée de l'éventail avec lequel il appelle les hommes à l'immortalité qu'il a conquise pour lui-même.

2° Lêou-tang-pin, qui fut l'élève et le disciple du précédent. Le sabre qu'il porte en bandoulière, et qui le caractérise, est le symbole du pouvoir qu'il a reçu de débarrasser la terre des bêtes féroces, des monstres et des fléaux, en récompense de son courage à surmonter les tentations dont l'épreuve lui avait été imposée.

3° Ly-te-kouae. Celui-là a une curieuse légende. C'est au milieu des nuages qu'il devait aller chercher son maître Lao-tsse. Son esprit seul était de la partie, et pendant ses absences le corps du sage était laissé en dépôt entre les mains d'un disciple fidèle.

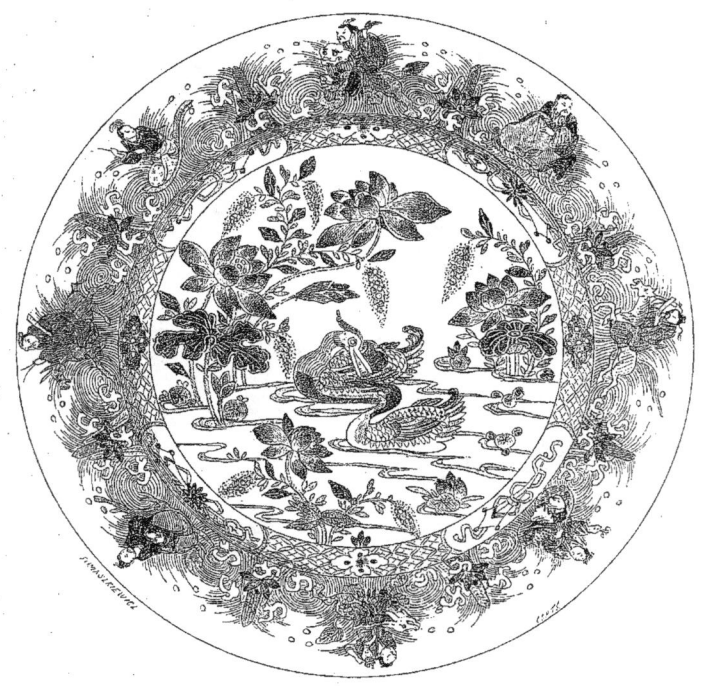

Fig. 49. — Assiette décorée en émaux de la famille rose, le marly est occupé par les saints personnages (Pa-Chen) montés sur leurs attributs et voguant sur les flots ; à l'intérieur, sur un étang couvert de magnifiques nélumbos en fleurs, se joue un couple de canards mandarins, emblème de l'amour conjugal (V° époque). — Col. Testart, à Paris.

C'était d'une grande imprudence. Ly-te-kouae l'apprit à ses dépens, en ne retrouvant un beau jour ni son disciple ni son corps. La nécessité força donc le malheureux à s'emparer d'un autre corps qui ne lui appartenait pas. Dans cette atteinte forcée au droit de propriété il eut du moins la délicatesse de s'en tenir au strict nécessaire et ne prit possession que d'un corps sans grande valeur, celui d'un pauvre mendiant boiteux, en souvenir de quoi il porte comme emblème un bâton et une gourde de mendiant.

4° Tsaou-kou-kiu, fils d'un chef militaire et frère d'une impératrice ; il est coiffé à la mode de la cour et tient des castagnettes.

5° Lao-tsae-ho. Son emblème est un panier de fleurs. Ordinairement ce personnage est une femme; on le trouve aussi sous la forme masculine.

6° Chang-ko-lao. Ce fut un magicien heureux possesseur d'une mule blanche qui lui faisait faire de longs voyages, et qui jouissait d'une qualité précieuse, celle de pouvoir être repliée et mise sous le bras de son maître, quand celui-ci n'en avait plus besoin. On le reconnaît à un certain instrument de musique, espèce de tambour en bambou sur lequel on frappe avec deux baguettes.

7° Hang-sang-tsse. Il est représenté comme un joueur de flûte, muni de son instrument. Lêou-tang-pin avait été son initiateur à la science. Moins adroit, paraît-il, aux exercices gymnastiques qu'aux secrets de la philosophie, Lêou-tang-pin, dit-on, laissa tomber son élève du haut du pêcher fabuleux des génies, et cette chute lui valut l'immortalité.

8° Ho-sin-ko, fille des environs de Canton, où elle se promenait seule dans la campagne, mangeant de la poudre de nacre. Cette nourriture exclusive, qui semblerait avoir dû produire sur elle un effet quelque peu débilitant, fut précisément, au contraire, ce qui lui assura l'immortalité. Appelée à la cour de l'impératrice, elle partit pour s'y rendre; mais elle n'y arriva pas, et ne reparut jamais. On la reconnaît à la fleur de lotus qu'elle porte sur l'épaule.

Pour en finir avec la liste interminable et quelque peu fastidieuse des objets dont la représentation est aux yeux des Chinois un emblème de longévité, nous citerons le lièvre, la lune, le sapin, le pêcher, la fleur ou le fruit de ce dernier arbre, puis le Ling-tchy, champignon merveilleux. Ce champignon, à pédoncule droit et à chapiteau concave en dessus, doit à sa nature coriace et ligneuse le privilège de se conserver très longtemps, ce qui probablement lui a valu sa signification symbolique. Il entrait d'ailleurs dans la composition des breuvages magiques qui soustrayaient l'homme à la mort. Pour assurer plus de vertu à ces élixirs de longue vie, les nécromanciens conjuraient les génies défavorables et appelaient à leur aide les esprits bienfaisants, en s'entourant des parfums du cédrat odorant (*Fô-Chéou*, main de Fô). Ce fruit singulier se termine par de longues pointes, irrégulièrement recourbées, qui lui donnent l'aspect d'une main prête à saisir les objets. Les sorciers ne touchaient qu'avec ces pointes certains ingrédients de leur mélange enchanté. Le cédrat est donc encore un emblème de l'ordre de ceux dont nous parlons, et signifie en même temps bonheur et bon augure. Il partage cette signification avec la grenade, dont les nombreux et succulents pépins, s'échappant du fruit entr'ouvert, à maturité, expriment sans difficulté la postérité abondante.

Les mois de l'année fournissent encore matière à personnification. Dans l'ordre

FABRICATION, DÉCORS ET MARQUES

chinois, le premier mois, ou plutôt la première lune est celle de Mars, que figure le dragon lui-même, parce que c'est à ce moment qu'il quitte la mer pour s'élever dans les régions supérieures. Ses autres emblèmes sont le serpent pour Avril, le cheval pour Mai, le bélier pour Juin, le singe pour Juillet, la poule pour Août, le chien pour Septembre, le sanglier pour Octobre, le rat pour Novembre, le bœuf pour Décembre, le tigre pour Janvier, et le lapin pour Février.

Ces animaux se trouvent rarement réunis sur des porcelaines; mais ils apparaissent souvent sur des bronzes, des meubles ou des plaques d'ivoire, rangés circulairement, en sorte de zodiaque. On rencontre parfois aussi les douze animaux du zodiaque, représentés par des génies guerriers, diversement armés et ayant une tête répondant à leur nom.

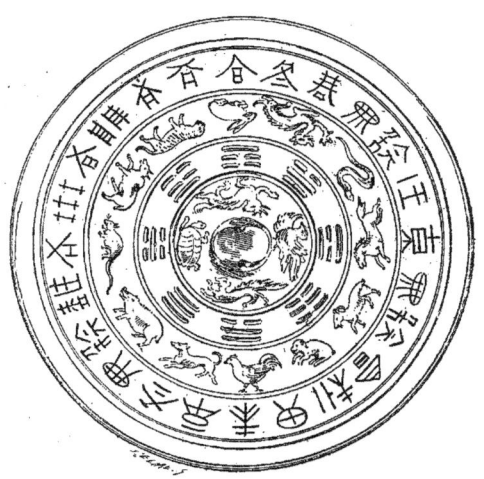

Fig. 50. — Plat en bronze, décoré en relief de caractères tchouan, des signes du zodiaque et des Pa-Koua.
D'après une gravure d'un ouvrage chinois de la Bibliothèque nationale.
(Po-kou-yong, *Description des vases antiques*.)

On ne saurait oublier de citer encore dans cette nomenclature la chauve-souris, si fréquemment représentée, surtout sur les pièces du XVIIIe siècle, soit au naturel, soit ornementée de mille façons différentes. Son nom chinois est 蝙蝠 Pien-foû, ou simplement 福 foû, qui se prononce absolument comme le mot Fô, — bonheur. Elle doit à ce jeu de mot sa popularité comme emblème du bonheur. On la trouvera souvent plusieurs fois répétée dans un même décor, généralement trois ou cinq fois; M. Franks nous apprend que dans ce cas chacune de ces représentations prend séparément la signification de l'un des éléments de bonheur sur la terre : longévité, richesse, contentement, amour de la vertu, mort heureuse.

On n'en finirait pas, s'il fallait suivre dans tous ses détails la mythologie hybride de ce peuple matérialiste et superstitieux, dont l'ignorance prête à toutes choses une influence surnaturelle, et tient pour merveilleux tout ce qu'elle ne s'explique pas.

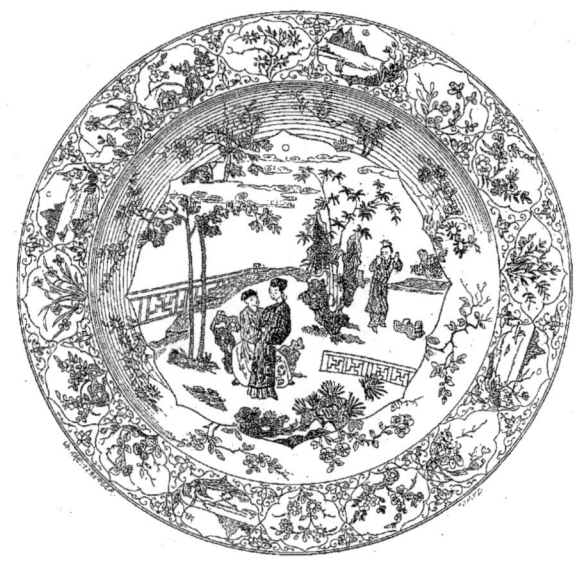

Fig. 51. — Plat fond bleu lazuline, rehaussé de légers dessins en or, ayant en réserve sur le marly une succession de médaillons ornés de paysages ou de buissons fleuris, en émaux de la famille verte; au centre, dans une grande réserve, est peint avec la même palette, un épisode de roman. Deux amoureux sont surpris dans un jardin par un jaloux tout ébahi de ce qu'il voit (IVᵉ époque). Diamètre : 0ᵐ40. — Col. O. du S.

A vouloir ajouter à tous ces symboles les scènes historiques, légendaires, politiques et de romans en vogue, à chaque instant reproduites, on écrirait tout un livre; disons seulement que tous ces sujets forment rarement à eux tout seuls l'ornementation des pièces céramiques. Ils ont d'ordinaire pour accompagnement des arabesques multiples ou des spécimens de la flore de l'extrême Orient, surtout des pivoines, des chrysanthèmes ou des œillets, modifiés quelquefois par le caprice du peintre pour leur donner une forme ornementale et symétrique.

Une plante qui mérite une mention spéciale entre toutes les autres, c'est le nélumbo ou nénuphar, reproduit à l'infini sur les porcelaines de toutes les époques. Ses variétés diverses aux énormes proportions, ses fleurs aux couleurs variées, ses immenses feuilles ombilicales se prêtent admirablement à tous les effets décoratifs. Son fruit, qui sert aux empereurs pour les sacrifices des fêtes d'automne, devient par là même le symbole de l'abondance. D'autre part, la récolte de ses fleurs superbes, aussi parfumées que brillantes, est au printemps, pour les dames chinoises, le prétexte de fêtes et de réunions intimes, n'ayant rien du caractère religieux de celles que préside, en automne, le Fils du ciel, celles-ci se terminant souvent, dit la chronique scandaleuse, par des orgies d'où les galants ne sont pas toujours exclus.

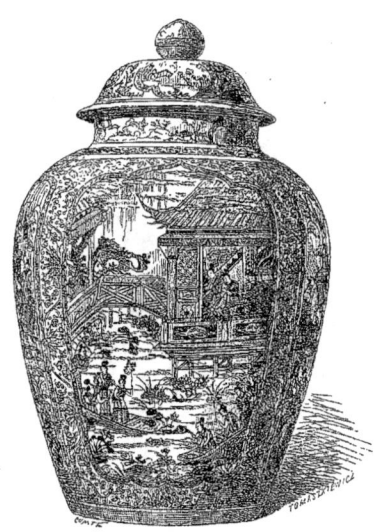

Fig. 52. — Potiche, décorée d'un fond composé de rinceaux feuillus bleus parsemés de chrysanthèmes rouge de fer; sur ce fond se détachent quatre grandes réserves encadrées d'un large filet bleu ; elles sont occupées par des peintures finement exécutées avec les couleurs de la palette verte : l'un des sujets montre un empereur assistant d'un balcon à la récolte des fleurs de nélumbo. Le col est orné d'un paysage courant, et le couvercle d'un fond assorti avec réserves de sujets d'enfants. Tous les bleus de ce décor ont été posés sur cru, avant la mise en couverte (IVe époque). Hauteur : 0m58. — Col. de Mme Leroy, à Bruxelles.

Nous avons encore à indiquer l'intérêt que les Chinois attachent à certains signes et caractères qui se retrouvent très fréquemment sur des porcelaines. C'est d'abord une sorte de rosace dont l'intérieur est occupé par des traits plus ou moins nombreux, mais toujours symétriquement disposés, et qui ne sont que des variantes du signe Fô, bonheur, en caractères tchouans.

Dans le même genre d'écriture, on trouve aussi fort souvent le caractère Cheou (longévité) intercalé dans l'ornementation des vases, ou même répété plusieurs fois, formant bordure, ou jeté sur la pièce en semis partiel ou total. Ce signe affecte alors autant de formes différentes qu'il est de fois reproduit. Parmi toutes les combinaisons auxquelles se prêtent les traits qui le composent nous donnons celles qui paraissent primordiales, en tout cas les plus ordinaires, en trois espèces différentes d'écritures, kiay-chou, cursive ordinaire en vieux et en nouveau tchouan.

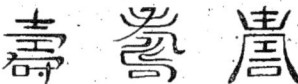

Quelquefois aussi les deux signes bonheur et longévité sont réunis en un même caractère ou sous forme sténographique, comme dans cette inscription relevée dans la décoration d'une ancienne porcelaine :

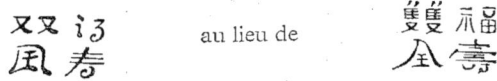

littéralement : *Que votre bonheur et votre longévité tous deux soient complets*. De même qu'on trouve, et tout spécialement sur certaines imitations, ou, pour parler plus juste, sur certaines contrefaçons faites au Japon, le caractère Tchin 眞 *vrai, sincère, sincérité*, et celui Fô, 福 bonheur, écrits de la façon toute fantaisiste suivante :

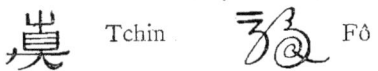

En dehors de l'écriture proprement dite, on rencontre encore deux figures étranges, sur la signification desquelles les Chinois sont eux-mêmes fort indécis. Elle a fait à toutes les époques le sujet de longues et savantes dissertations de la part des savants et des philosophes du Céleste Empire.

La première de ces deux figures remonterait, dit-on, à l'origine des temps, c'est-à-dire à plus de 2,500 ans avant J.-C. Elle aurait été révélée par le dragon lui-même à Fou-hy, fondateur légendaire de la monarchie chinoise, qui l'aurait gravée pour la première fois telle qu'on la représente encore aujourd'hui. Ce sont les huit trigrammes, ou huit lignes suspendues, nommées en Chine Pa-koua. Chacun de ceux-ci est composé de traits d'égale longueur, placés parallèlement les uns au-dessus des autres, tantôt entiers, tantôt avec solution de continuité médiale, formant huit combinaisons différentes.

Ces combinaisons sont quelquefois groupées en un seul tout, mais plus ordinairement placées deux par deux sur les quatre faces de vases ou de bouteilles quadrangulaires.

Les Pa-koua sont censés contenir tous les secrets de la création, et c'est à eux que

FABRICATION, DÉCORS ET MARQUES

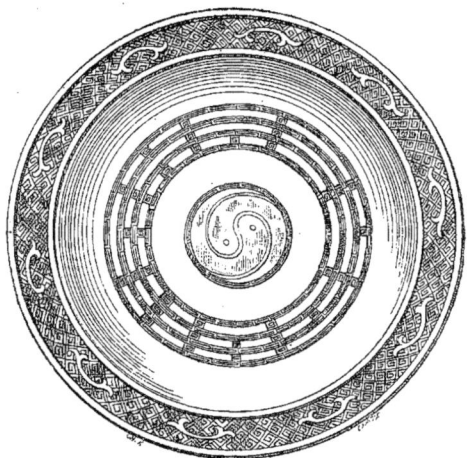

Fig. 53. — Plat à couverte imitant le bronze maculé de taches vert-de-grisées ; il est décoré en relief, sur le marly, d'une bordure à grecque ; à l'intérieur, d'un anneau dans lequel sont rangés circulairement les Pa-Koua ; et au centre, d'une rosace formée par la réunion du Yang et du Yin. Marque en cachet imprimée dans la pâte : Ta-Thsing-Yong-tching-nien-tchi (1723-1736). Diamètre : 0^m40. — Col. O. du S.

philosophes et magiciens demandent depuis des siècles l'explication des mystères de la nature et ceux de l'existence du monde.

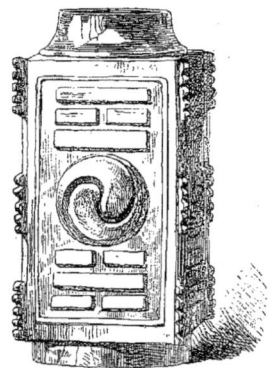 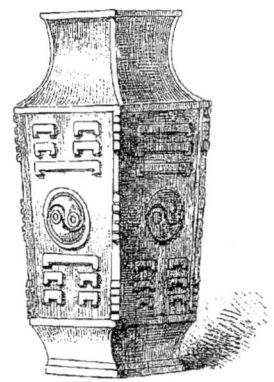

Fig. 54. — Vase carré, fond violet émaillé sur biscuit, et portant en relief sur chacune des faces deux Koua, séparés par une rosace formée du Yang et du Yin (IVe époque). Hauteur : 0^m30. — Col. O. du S.

Fig. 55. — Vase analogue au précédent, mais en forme de losange et muni d'une couverte rouge violacée, flambée de blanc et régulièrement craquelée (IVe époque). Hauteur : 0^m30. — Col. O. du S.

Le second signe, beaucoup plus simple que le premier, est une figure circulaire, divisée en parties égales par une ligne qu'une inflexion double rattache à la circonférence. L'ensemble prend ainsi l'apparence de deux larmes juxtaposées occupant toute la surface du cercle, et colorées chacune d'une teinte différente. Ce signe symbolise la réunion des forces créatrices, le Yang et le Yin, l'une positive, mâle et noble, l'autre négative, ou plastique et femelle.

Pour ne rien omettre des figures symboliques qui peuvent être expliquées, voici quelques-uns des attributs qu'on rencontre dans les décorations.

L'écriture et la peinture sont figurées par le pinceau, le rouleau de papier et la pierre à broyer l'encre et les couleurs, le tout réuni en faisceau.

La justice est représentée par la pierre sonore, Kouei, faite de jade ou même de porcelaine. Cette pierre affecte des formes diverses, mais plus spécialement celle d'un losange. Le ruban qui l'entoure sert au magistrat pour la suspendre à la salle d'audience. En arrivant, les plaideurs la frappent en signe de leur acquiescement absolu à la sentence que le juge va rendre.

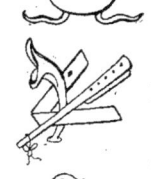

Le talent est désigné par une des perles tombées des mains de la déesse Ki-stang-tien-niu.

La musique l'est par un groupe d'instruments, et enfin, en Chine comme en Europe, la puissance et le commandement ont le sceptre pour attribut.

La rapide excursion que nous venons de faire dans le domaine de l'iconographie chinoise était nécessaire pour venger d'un dédain peu équitable, dans ce qu'il a d'absolu, l'esthétique chinoise. En 1750, un amateur jaloux des majoliques italiennes résumait avec une amertume un peu vive ses rancunes contre l'engouement subit qui, adoptant les produits nouveaux, reléguait dans un injuste dédain les faïences de Pesaro, d'Urbino, de Faenza, et avec elles les chefs-d'œuvre de Lucca della Robbia et de tant d'autres.

« Ce qui porta, dit Passeri, un grand coup à nos manufactures, ce fut l'introduction des porcelaines, qui, à cause de leur transparence et de leur finesse, à cause de l'illusion produite par leurs magnifiques couleurs, bien que ne représentant que des bambochades chinoises très négligées et qui ne signifient rien, en imposèrent aux grands, qui ne sont pas les personnes les plus instruites du genre humain. Ainsi, je me figure que dès ce moment, et plus tard, les grands barons, dont la fantaisie était toute pour les choses indiennes, se seront moqués de nos majoliques, les regardant comme choses d'un goût suranné et propres aux petites gens. »

Traiter les grands seigneurs d'ignorants et de gens de mauvais goût dès qu'ils apprécient et recherchent d'autres vases que ceux qu'on apprécie soi-même, ainsi que le fait Passeri, c'est affaire d'amateur; que celui qui se sent exempt de cet exclusivisme pour les objets de sa passion lui jette la première pierre ; mais il faut cependant protester contre le nom de bambochades insignifiantes appliqué aux décors de la porcelaine chinoise.

Plus versé dans la connaissance des choses de l'Orient, Passeri aurait vu dans ces personnages grimaçants et ces monstres bizarres la mythologie d'un peuple étranger par la nature de son esprit à l'anthropomorphisme grec et romain et qui n'avait point donné la forme humaine à ses divinités. Il serait curieux d'opposer au jugement de Passeri celui d'un mandarin visitant une collection de majoliques, et ne comprenant rien, à son tour, à toutes ces personnifications qui nous paraissent des légendes pleines de grâce et d'ingéniosité.

Nous aimerions à voir ce que dirait, dans ses notes de voyage, cet amateur exotique, des satyres à cornes et pieds de bouc, des Lédas se complaisant aux caresses du cygne divin, des Actéons à tête de cerf épiant dans un buisson les Dianes coiffées du croissant de la lune.

Laissons à chacun son originalité ; ne déprécions pas, au profit d'une seule d'entre elles, les manifestations de l'esprit humain. Que Passeri n'en veuille point aux Chinois de leurs monstres grimaçants, et peut-être que le mandarin pardonnera aux artistes d'Urbino et de Faenza le cygne de Léda, le taureau d'Europe, la flûte de Pan et le cortège d'Amphitrite.

Malgré cette déclaration de principes, nous tenons cependant à ne pas exagérer notre propre pensée : nous sommes de notre temps, de notre continent plutôt, et il est évident que l'art des majoliques parle plus à notre imagination que ne peuvent le faire les sujets chinois. Nous ne nous sommes point soustrait à l'influence de cette mythologie gracieuse et presque humaine que la Renaissance aima passionnément, et, pour cette raison peut-être, nous sommes disposé à reconnaître l'incontestable supériorité de la pensée et du dessin européens sur ceux de la Chine traduits par les porcelaines ; mais qu'on nous accorde au moins que le Chinois possède un réel talent de dessinateur, qu'il sait enlever d'un trait hardi une silhouette spirituelle et expressive, que les longs vêtements de ses personnages sont indiqués avec une rare souplesse, et que dans certains sujets se manifeste une verve plaisante, indice de la liberté de l'esprit et d'une grande originalité d'impression. Les Chinois n'ont pas peint le nu, ils n'ont su ni modeler ni pratiquer les demi-teintes ; mais que de charme et d'harmonie dans le mélange de leurs éclatantes couleurs ! S'ils ne sont pas peintres à nos yeux, ils sont du moins de remarquables et inimitables décorateurs.

L'étude qui précède, suffisante peut-être pour nous faire comprendre et apprécier le décor chinois, ne servirait de rien pour nous apprendre le degré d'ancienneté des pièces, car, à toutes les époques, les mêmes attributs et les mêmes sujets religieux, légendaires ou historiques, ont été indéfiniment reproduits, et beaucoup de peintres ont semblé, de génération en génération, n'avoir pour unique ambition que de copier et recopier leurs devanciers. Heureusement le manque d'esprit novateur n'a point préservé les artistes chinois contre les incitations de l'amour-propre. Malgré l'absence d'originalité dans leurs œuvres, ils ont tenu à affirmer sur elles leur paternité en signant avec soin quelques-unes de leurs plus charmantes productions. Ces marques n'auraient pour le collectionneur qu'un intérêt assez minime s'il ne devait y trouver qu'un indice ou même une preuve de l'origine chinoise des pièces qui les portent : les procédés céramiques du Céleste Empire sont, en effet, trop reconnaissables entre tous pour avoir besoin d'étiquette; mais elles peuvent nous aider à élucider des questions de date, et c'est ce qui nous importe davantage.

Nous avons déjà dit à quel moment précis de la fabrication on marquait les pièces sous le pied avant de les mettre au four; mais, soit que dans certains cas cette formalité ait été oubliée, soit que dans d'autres le fabricant ait voulu se réserver la faculté de n'avouer pour siens que des produits irréprochables après la cuisson, c'est le peintre décorateur qui parfois a été chargé d'apposer la marque, d'inscrire la date de fabrication, ou de signer l'œuvre de son propre nom; cette marque, au lieu d'être cachée sous le pied, est alors en évidence et disposée de manière à faire partie intégrante du décor lui-même.

Se compose-t-elle d'une légende écrite, elle simule une bordure ou occupe l'intérieur de quelque réserve. Affecte-t-elle au contraire la forme d'un objet, d'un emblème ou d'un attribut quelconque, elle sera alors comme jetée par hasard sur une feuille, dans un médaillon, ou se détachera, en guise d'ornement, sur le fond d'une bordure.

Quels que soient les endroits où les marques se trouvent placées, elles conduiraient tout droit à la connaissance de l'histoire industrielle et artistique des porcelaines de Chine, si, d'une part, elles étaient toutes suffisamment connues et expliquées, et si, de plus, on pouvait avoir en elles une confiance absolue. Malheureusement rien n'est plus incertain que la véracité de beaucoup de celles qui indiquent des dates de fabrication, et, pour les autres, on est loin de savoir encore leur valeur exacte et le cas qu'il faut en faire. Leur étude n'en constitue pas moins un des côtés les plus intéressants de la question qui nous occupe; nous mettrons donc un soin tout spécial à exposer ce qu'on croit savoir sur ce sujet.

Les marques se divisent en deux catégories distinctes. La première se compose des différentes inscriptions qui indiquent l'époque de fabrication des pièces; la seconde, de ce que nous appellerons les marques de fabrique proprement dites, celles-ci nées du caprice individuel, affectant toutes les formes et n'ayant d'autre caractère général que leur diversité même.

Occupons-nous d'abord des premières, qui nous font connaître en caractères d'écriture le règne sous lequel la pièce a été fabriquée. On les appelle nien-hao, du mot chinois *nien-hao* (nom d'années), qui s'applique à la période d'un règne en même temps qu'il est le nom de l'empereur gouvernant pendant ces mêmes années.

Cette double signification vient de ce que les maîtres du Céleste Empire ne portent point de nom propre pendant l'exercice de leur pouvoir suprême. Quand un Fils du ciel monte sur le trône, il choisit une qualification qui sert à la fois à le désigner et à indiquer toutes les années de son règne, ou seulement une partie de ce règne, s'il lui plaît, par hasard, de changer plusieurs fois ce vocable au cours de sa puissance.

L'empereur mort, c'est le conseil des hauts mandarins qui choisit le nom significatif sous lequel la période ou les périodes du règne qui vient de finir seront désignées dans l'histoire et sous lequel aussi l'empereur défunt sera inscrit au temple des ancêtres. Mais ces noms historiques, Miao-hao, ne se rencontrant jamais sur les porcelaines, nous n'avons à nous occuper que des premiers.

Le nien-hao Khang-hy (Joie paisible) désigne l'empereur qui occupa le trône de 1662 à 1723, et, en même temps, cette longue période de soixante années.

Celui de Kien-long (Secours du ciel) s'applique à la période de 1736 à 1796 et à l'empereur qui régna pendant ce temps, comme le nien-hao Hiên-fong (Abondance universelle) désigne les années 1851 à 1862 et l'empereur qui, en arrivant au trône en 1851, en avait fait choix peut-être à titre de favorable et joyeux augure. Le souhait du jeune monarque ne fut point exaucé, puisqu'au lieu d'une ère de bonheur et de prospérité, cette courte durée a été remplie tout entière par les guerres, les insurrections et les fléaux les plus terribles.

Après la mort de Hiên-fong, le régent qui lui succéda garda comme nien-hao le nom qu'il portait sous le règne précédent, Tong-tche (Corégnant ou Régent). A sa mort, en 1875, l'empereur actuel a pris pour nien-hao : Kouang-ssu (Continuateur de gloire), qui sera en même temps, dans l'histoire, le nom de la période de son règne, s'il ne lui prend, à une époque quelconque, la fantaisie d'en changer. Ainsi faisant, du reste, il dérogerait à l'usage qui semble maintenant définitivement adopté par les Fils du ciel, de s'en tenir au même nien-hao leur vie durant. Il faut en effet remonter à la dynastie des Yuen, qui précéda celle des Ming, pour trouver des empereurs ayant scindé leur règne en plusieurs périodes. C'est ainsi que le dernier inscrit au temple des ancêtres sous le miao-hao de Chuen-ty, 帝順, régna successivement sous les nien-hao de :

統元 Yuen-tong de 1333 à 1335.

元至 Tchě-yuen de 1335 à 1341.

正至 Tchě-tchen de 1341 à 1368.

L'usage des marques nien-hao date de l'empereur Tchin-tsong, qui, pendant la période King-te (1004-1007) de son règne, fonda une manufacture de porcelaine à Tchang-nan-tchin (bourg de Tchang-nan), dans la province de Kiang-si. Il ordonna que sous le pied de chaque pièce qui en sortirait on gravât les quatre mots 製年德景 King-te-nien-tchi (fabriqué pendant les années King-te [1004-1007]).

Ce bourg de Tchang-nan prit alors le nom de King-te-tchin (bourg de King-te), qu'il conserva depuis. Sa situation toute spéciale près des montagnes feldspathiques desquelles on tirait le kaolin, et le voisinage des grands fleuves, lui assuraient à l'avance un développement rapide et considérable. De nombreux fabricants vinrent, en effet, se grouper autour de la manufacture impériale, et King-te-tchin devint bientôt le principal centre de la fabrication des porcelaines et celui d'où sortirent presque exclusivement les produits destinés aux palais impériaux.

Après la mort du fondateur de King-te-tchin, les porcelaines furent marquées au nom de son successeur, et ainsi de suite, de période en période, jusqu'à la seizième année du règne de l'empereur Khang-hy, qui répond à 1677, époque à laquelle Tchang-tsi-tchang, préfet du district de King-te-tchin, défendit tout à coup aux peintres et aux fabricants de porcelaine d'inscrire désormais des nien-hao sur les vases ou d'y retracer l'histoire des grands hommes, sous prétexte que, si ces vases venaient à être brisés, l'empereur désigné ou les saints personnages dont il serait question subiraient une offense et comme une sorte de profanation.

L'inscription des nien-hao sous le pied des pièces n'avait point de règles fixes. Les caractères étaient diversement groupés. Mais, quelles que soient leurs dispositions, il faut, suivant la règle absolue pour les écritures chinoises, les lire, ainsi que toutes les autres marques écrites, par lignes verticales de haut en bas, à partir de la droite et en avançant successivement vers la gauche. On remarquera alors combien la construction des phrases diffère de la nôtre, et qu'il faudra presque toujours opérer par transposition pour traduire en français.

Pour les nien-hao, les dispositions qu'on rencontre le plus fréquemment sont les suivantes :

A
製年樂承
4 3 2 1
tchi - nien - lo - Yong

B
製德宣明大
5 4 3 2 1
tchi - te - Siouen - Ming - ta

C
製年化成明大
6 5 4 3 2 1
tchi - nien - hoa - Tch'ing - Ming - ta.

FABRICATION, DÉCORS ET MARQUES

D'après la règle chinoise il faudrait lire : C. *ta-Ming-Tch'ing-hoa-nien-tchi;* B. *ta-Ming-Siouen-te-tchi;* A. *Yong-lo-nien-tchi.*

En voici maintenant la traduction mot à mot.

   A. tchi. . . nien.   Yong-lo.
      Fabriqué pendant les années Yong-lo (1403-1425).
   B. tchi. . . . . . Siouen-te. . . . . ta . . . . Ming.
      Fabriqué (nien sous-entendu) Siouen-te (1426-1436) de la grande dynastie des Ming.
   C. tchi. . . nien. . Tch'ing-hoa. . . . ta. . . . Ming.
      Fabriqué pendant les années Tch'ing-hoa (1465-1488) de la grande dynastie des Ming.

       D   E   F

   年 大   年 正 大   年 嘉
   製 明   製 德 明   製 靖

  ta-Ming-nien-tchi   ta-Ming-Tching-te-nien-tchi   Kia-tsing-nien-tchi

      4   3   1   2
D. tchi. . . nien . . . ta . . Ming.
     Fabriqué pendant les années de la grande dynastie des Ming (1368-1644).
      6   5   3   4   1   2
E. tchi. . . nien. . Tching-te . . . ta . . . . Ming.
     Fabriqué pendant les années Tching-te (1506-1522) de la grande dynastie des Ming.
      4   3   1   2
F. tchi. . . nien. . Kia-tsing.
     Fabriqué pendant les années Kia-tsing (1522-1567).

       G   H

  曆 大   年 大   熙 大
  年 明   製 淸   年 淸
  製 萬   製 康

ta-Ming-Wan-li-nien-tchi   ta-Thsing-nien-tchi   ta-Thsing-Khang-hy-nien-tchi

      6   5   3   4   1   2
G. tchi . . nien. . Wan-li. . . . ta. . . . . Ming.
     Fabriqué pendant les années Wan-li (1573-1620) de la grande dynastie des Ming.
      4   3   1   2
H. tchi . . nien . . ta . . . . . Thsing.
     Fabriqué pendant les années de la grande dynastie des Thsing (depuis 1644).
      6   5   3   4   1   2
I. tchi. . nien . . Kang-hy . . . ta . . . . Thsing.
     Fabriqué pendant les années Kang-hy (1662-1723) de la grande dynastie des Thsing.

Ce qu'il importe surtout de retenir de ces exemples types, c'est que les nien-hao se composent de deux caractères invariables : nien-tchi (fabriqué pendant les années), accompagnés tantôt d'un nom de dynastie, tantôt de celui d'un empereur, indiquant une période plus restreinte, tantôt enfin à la fois du nom d'un empereur et de celui de la dynastie à laquelle il appartient.

Reprenons maintenant l'histoire des marques, que nous avons laissée au moment où le trop zélé et superstitieux préfet de King-te-tchin défendit aux fabricants de porcelaines d'inscrire des noms d'empereurs ou de grands hommes sur leurs fragiles produits. Cette fâcheuse ordonnance fut certainement sanctionnée par le Fils du ciel, car pendant les quarante années que dura encore le règne de la Joie paisible, *Kang-hy*, l'usage des nien-hao paraît avoir été complètement abandonné.

Les auteurs chinois mentionnent le fait, mais ils ne nous disent rien sur ce qui remplaça les nien-hao, tout à coup officiellement supprimés. Faut-il en conclure que peintres et fabricants renoncèrent à marquer les pièces qui sortaient de leurs mains? Il est plus probable que les uns et les autres eurent alors recours à des marques de convention, quand ils n'inscrivaient point leurs propres noms ou celui de la fabrique elle-même.

Il nous paraît, en effet, rationnel de faire remonter à cette époque une grande quantité des signes et marques de fabrique, et tout naturellement ceux qu'on rencontre à la fois sur des porcelaines de type essentiellement chinois, fabriquées pour les usages du pays, et sur des pièces incontestablement fabriquées pour les Européens. Ce qui donne à cette opinion une grande vraisemblance, c'est que précisément à cette époque de 1677-1723 eurent lieu les grandes expéditions de la Chine vers l'Occident, et que, d'autre part, l'usage de ces marques paraît avoir été abandonné dès le commencement de la période suivante, 1723-1736, pendant laquelle continuèrent à arriver toutes sortes de porcelaines, entre autres celles décorées des émaux dits de la famille rose, sur lesquelles nous ne les retrouvons plus, tandis que nous y voyons reparaître les nien-hao.

Sous le règne de Yong-tching (1723-1736), en effet, pendant que quelques fabricants de King-te-tchin, plus fidèles aux vieilles habitudes que soumis aux prohibitions nouvelles, reprenaient l'usage des nien-hao ordinaires, la plupart de leurs confrères adoptèrent un moyen terme entre le respect dû aux ordres du vieil empereur Kang-hy et leur désir de revenir à une ancienne coutume, consacrée par une pratique de plus de six siècles. Ceux-ci inscrivirent les nien-hao en vieux caractères Siao-tchouan, ramenés à des formes rectangulaires et groupés en une sorte de cachet, comme cela s'était déjà fait quelquefois, mais très exceptionnellement, du temps des Song et des premiers Ming. Sous cette forme, oubliée depuis longtemps et que les savants pouvaient seuls déchiffrer, la désobéissance parut moins flagrante ou moins coupable.

Citons ici deux vases (fig. 56) qui portent la double trace de cette transition. Chacun d'eux est marqué sous le pied du nien-hao Young-tch'ing-nien-tchi (1723-1736), l'un en caractères ordinaires, l'autre en caractères Siao-tchouan, disposés en forme de cachet.

FABRICATION, DÉCORS ET MARQUES

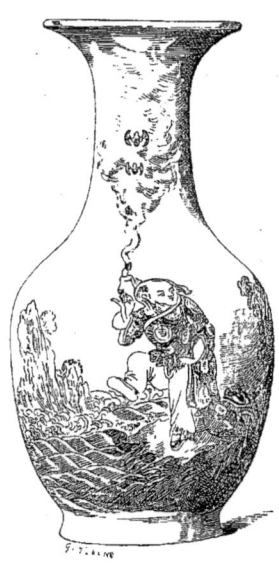

Fig. 56. — Vase décoré d'une peinture sur cru, en bleu cobalt et rouge de cuivre; elle représente un sorcier debout sur un rocher situé au bord de la mer; là, il exécute une opération magique qui sans doute est d'un heureux présage, car du milieu des vapeurs enchantées qui s'élèvent de sa main apparaissent deux chauves-souris, emblème du bonheur. — Ce vase, haut de 0^{m}24, porte le nien-hao Yong-tching-nien-tchi (1723-1736), en caractères ordinaires. Un autre absolument pareil est marqué du même nien-hao en forme de cachet. — Col. du marquis d'Hervey de Saint-Denys, à Paris.

Une fois ressuscité, le mode ancien se propagea rapidement et fut à peu près le seul pratiqué, non seulement pendant le règne de Yong-tching, mais aussi pendant la longue période de son successeur Kien-long (1736-1796), puis sous les empereurs qui se sont succédé jusqu'à nos jours.

Ces marques *cachets* se rencontrent tantôt dessinées au trait bleu sous couverte, ou en rouge sur la glaçure. Mais, le plus souvent, elles sont imprimées dans la pâte même, avant la mise en couverte, au moyen d'un cachet gravé.

Trois ou quatre exemples suffiront à expliquer la façon de les déchiffrer aussi facilement que celles tracées en caractères ordinaires kiay-chou.

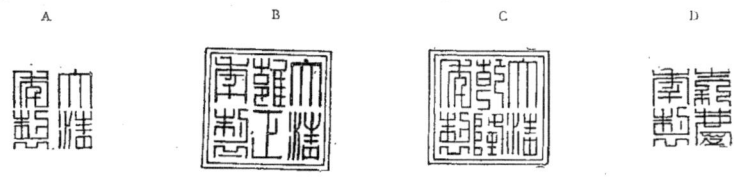

A.   4.   3   1   2
A.   tchi . . nien. . . . . ta . . Thsing.
Fabriqué pendant les années de la grande dynastie des Thsing (dynastie régnante depuis 1644).

B.   ⁶tchi. . ⁵nien. . ³Yong-⁴tching . . . . ¹ta. . . . . . ²Thsing.
Fabriqué pendant les années Yong-tching (1723-1736) de la grande dynastie des Thsing.

C. Nous décomposons celui-ci, à titre d'exemple, en rangeant les caractères horizontalement, en suivant la règle chinoise.

⁶tchi . . . ⁵nien . . . ⁴long . . . ³Kien . . ²Thsing . . . ¹ta.
Fabriqué pendant les années Kien-long (1736-1796) de la grande dynastie des Thsing.

D.   ⁴tchi. . . ³nien . ¹Kia-²king.
Fabriqué pendant les années Kia-king (1796-1820).

Sous cette même forme de cachet, en caractères Siao-tchouan, ou Tchouan-tse, on trouvera aussi des marques de fabrique ou des légendes fantaisistes. On verra, par les quelques exemples que nous donnons plus loin, qu'elles n'offrent généralement que peu d'intérêt. Elles sont d'ailleurs rares, extrêmement difficiles à déchiffrer, et ne se trouvent guère que sur des porcelaines de la fin du siècle dernier, ou même tout à fait modernes.

Les explications qui précèdent rendront facile la traduction d'une marque quelconque écrite en caractères réguliers ou Tchouan, indiquant le règne pendant lequel la pièce qui la porte a été fabriquée.

Il faudra pour cela rechercher la signification des deux caractères variables, dans la liste des nien-hao. Celle-ci est en même temps celle des empereurs du Céleste Empire, dont les Chinois s'enorgueillissent de posséder la chronologie exacte, comprenant vingt-deux dynasties différentes, dont la première remonte, dit-on, à l'an 2200 avant Jésus-Christ.

Cette longue suite de règnes ou périodes, qui servent de divisions aux temps historiques de la Chine, n'a d'intérêt pour nous qu'à partir de l'invention de la porcelaine proprement dite et de l'usage des marques nien-hao, que nous savons dater de la période King-te (1004-1007). De plus, on peut tenir pour certain que les plus anciens spécimens de nos collections ne remontent guère au delà des premiers empereurs de la dynastie des Ming. Pour donner au lecteur une connaissance suffisante, à notre point de vue spécial, de l'ordre chronologique des dynasties et lui permettre de reconnaître tous les nien-hao qu'il pourra rencontrer sur des pièces, il nous suffira donc d'indiquer les dynasties qui se sont succédé depuis la fin du VIe siècle, et de donner les noms des empereurs des deux dernières, c'est-à-dire de celle des Ming, qui commence en 1368, puis de celle des Thsing ou Tartares Mandchoux, qui règne encore aujourd'hui, après avoir trouvé à ses débuts, dans vingt-cinq années de guerres ininterrompues, la légitimation de son droit de conquête. Thien-ming fut le premier chef tartare qui se proclama empereur et véritable Fils du ciel, sous le règne de l'empereur chinois Tai-tchang, en 1626.

Il y eut dès lors, et jusqu'à ce que les usurpateurs fussent devenus les seuls maîtres, deux familles régnantes : au Nord et à l'Ouest, les Thsing; au Sud, les Ming, où les derniers régnèrent encore jusqu'à ce que leurs rivaux, s'avançant de victoire en victoire, les eussent complètement dépossédés en 1644.

Mais l'histoire officielle du Céleste Empire ne reconnaît comme Fils du ciel ni 命天 Thien-ming, ni les chefs tartares qui, pendant la guerre, prirent successivement, après lui, ce même titre.

聰天 Thien-tsong en 1627;
德崇 Tsoung-tè en 1636.

Pour elle donc, la dynastie des Thsing ne commence qu'à l'avènement de Chuntchi, en 1644. Elle ne reconnaît point, par conséquent, les descendants des Ming, prétendants exilés et déchus :

光弘 Hong-kouang (1644);
武紹 Long-wou (1646);
武隆 Chao-wou (1646);
曆永 Yong-li (1647),

qui, du fond de leur retraite, continuèrent à protester, en s'intitulant encore empereurs.

A l'exemple des historiens chinois, nous supprimerons les uns et les autres de la liste des empereurs, et cela avec d'autant moins de scrupule que nous ne croyons pas que l'on retrouve jamais leurs nien-hao sur aucune porcelaine, et que d'ailleurs nous venons de les donner.

Après la dynastie des Soui, qui avait commencé en l'an 585 de notre ère, vient la xiiie, des Tang anciens, dont le chef monta sur le trône en 813.

La xive, des Leang, commence en 907.

La xve, des Tang, commence en 923.

La xvie, des Tsin, commence en 936.

La xviie, des Han, commence en 947.

La xviiie, des Tcheou, commence en 951.

La xixe, des { Song du Nord } commence en 960. { Song du Midi } commence en 1120.

La xxe, des Yuen, commence en 1280.

La xxie, des Ming, commence en 1368.

Cette dernière dura près de trois siècles; puis, en 1644, vint celle actuelle des Thsing.

Sous forme de tableau, voici dans l'ordre chronologique les noms des empereurs ou nien-hao de ces deux dynasties, écrits d'abord en caractères ordinaires Kiay-chou, puis en caractères Siao-tchouan, qui servent à composer les cachets, en leur donnant une forme plus régulière; enfin, pour ne rien omettre, nous avons complété ce tableau par les noms historiques de ces mêmes empereurs et par l'ordre des cycles chinois.

明大號年 NIEN-HAO-TA-MING
NOMS D'ANNÉES DE LA GRANDE DYNASTIE DES MING

號年 NIEN-HAO NOMS DES EMPEREURS ET DES RÈGNES			DATES D'AVÈNEMENT	ORDRE des CYCLES	號廟 MIAO-HAO SURNOMS HISTORIQUES DES EMPEREURS inscrits au Temple des Ancêtres	
CARACTÈRES ordinaires KIAY-CHOU	PRONONCIATION	CARACTÈRES anciens TCHOUAN				
洪武	Hong-wou.		1368	68e 1384	太祖	Tai-tsou.
建文	Kien-wen.		1399		惠帝	Chuy-ty.
永樂	Yong-lo.		1403		成祖	Tching-tsou.
洪熙	Hong-hi.		1425		仁宗	Jin-tsong.
宣德	Siouen-te.		1426		宣宗	Hiouan-tsong.
正統	Tching-tong.		1436		英宗	Ying-tsong.
景泰	King-tai.		1450	69e 1444	景宗	King-tsong.
天順	Thien-chun.		1457		英宗	Ying-tsong.
成化	Tch'ing-hoa.		1465		憲宗	Tchun-tsong.
弘治	Houng-tchi.		1488		孝宗	Hiao-tsong.
正德	Tching-te.		1506	70e 1504	武宗	Wou-tsong.
嘉靖	Kia-tsing.		1522		世宗	Chi-tsong.
隆慶	Long-khing.		1567	71e 1564	穆宗	Mou-tsong.
萬曆	Wan-li.		1573		神宗	Chin-tsong.
泰昌	Tai-tchang.		1620		光宗	Kouang-tsong.
天啓	Thien-ki.		1621		喜宗	Tchy-tsong.
崇禎	Tsoung-tching.		1628	72e 1624	烈莊	Ly-tchouang.

FABRICATION, DÉCORS ET MARQUES

清 大 號 年 NIEN-HAO-TA-THSING

NOMS D'ANNÉES DE LA DYNASTIE DES THSING

NOMS DES EMPEREURS ET DES RÈGNES			DATES D'AVÈNEMENT	ORDRE des CYCLES		SURNOMS HISTORIQUES DES EMPEREURS inscrits au Temple des Ancêtres	
CARACTÈRES ordinaires KIAY-CHOU	PRONONCIATION	CARACTÈRES anciens TCHOUAN					
治順	Chun-tchi.		1644				Chi-tsou.
熙康	Khang-hy.		1662	73ᵉ	1684		Ching-tsou.
正雍	Yong-tching.		1723				Chi-tsong.
隆乾	Kien-long.		1736	74ᵃ	1744		Kao-tsong.
慶嘉	Kia-King.		1796	75ᵉ	1804		Jin-tsong.
光道	Tao-kouang.		1821				Siouen-tsong.
豐咸	Hiên-fong.		1851				Wen-tsong.
治同	Tong-tche.		1862	76ᵉ	1864		Mou-tsong
緒光	Kouang-ssu.		1875				Empereur régnant

La division des temps historiques par règne ou nien-hao ne permet d'attribuer à un événement qu'une date d'autant plus approximative qu'il se sera passé pendant une période de plus longue durée. Pour obvier à cet inconvénient et pouvoir préciser une année déterminée, les Chinois ont imaginé une seconde division en une série de périodes égales appelées cycles, et comprenant chacune soixante années.

Le premier de ces cycles commence à la soixante et unième année du règne de Hoang-ti, l'un des premiers civilisateurs de l'Empire. Ce point de départ des temps historiques de la Chine correspond à 2637 avant l'ère chrétienne. Dans le cycle, qui lui-même est déterminé par un fait ou une indication se rapportant à un règne d'empereur, chacune des soixante années porte un nom spécial. On voit que cette double combinaison permet de désigner exactement une année quelconque.

Sur quelques porcelaines, il arrive que la marque indique une date cyclique; mais, la plupart du temps, le dessinateur s'est abstenu de déterminer le cycle dont il veut parler, ou de désigner en même temps la période pendant laquelle la pièce a été fabriquée. Il en résulte que ce qui, de son temps, pouvait être une date précise et suffire à ses contemporains nous laisse aujourd'hui flotter dans le vague le plus complet, hésitant entre plusieurs époques distantes chacune de soixante années.

又 年 辛
製 丑

M. A.-W. Franks et M. A. Jacquemart citent tous deux l'une de ces marques, indiquant la trente-huitième année d'un cycle.

Pour le premier, ce cycle est celui qui comprend les années 1684 à 1744, de sorte que la date indiquée par la marque serait celle de 1721. Pour M. Jacquemart, la chose est moins certaine, et il se demande si le signe Sin-tcheou indique l'an 1721 ou l'an 1781, ou, au contraire, en remontant, l'an 1661 ou 1601, toutes dates différant entre elles de soixante ans ; il se demande en outre si le mot Yeou (fait encore), qui est isolé au-dessus de la marque, ne signifierait pas qu'une pièce semblable ou de la même suite, fabriquée antérieurement, portait une inscription complète déterminant le cycle dont il peut être question.

M. A.-W. Franks cite une seconde inscription cyclique Où-chen-nien-Leang-ki-tchou (peinture de Leang-ki, pendant l'année Où-chen), c'est-à-dire la cinquième de tous les cycles. Par des considérations spéciales et toutes particulières à la pièce (fig. 57) sur laquelle il l'a relevée, l'auteur a choisi le soixante-quinzième cycle, qui va de 1804 à 1864 ; d'où il suit que la pièce a été décorée en 1808. Les raisons pour conclure ainsi sont, sans doute, excellentes, et nous les partageons avec lui. Mais tout le monde n'a pas l'expérience du savant collectionneur anglais, et la cause d'erreur n'en subsiste pas moins.

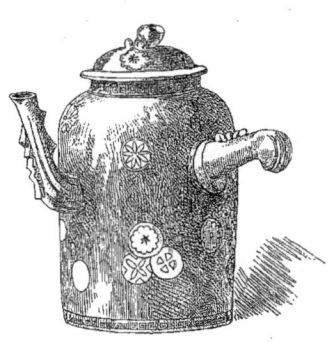

Fig. 57. — Grande chocolatière, fond rouge de fer soufflé, irrégulièrement parsemé de petites rosaces à dessins géométriques en émaux de diverses couleurs ; couvercle surmonté d'un fruit formant bouton. Le manche et le bec sont émaillés vert bleuâtre, ainsi que le dessous de la pièce, au centre duquel, dans une réserve blanche rectangulaire, se trouve la marque peinte en noir. Hauteur : 0^m22. — Col. Cernuschi, à Paris.

Nous pourrions, à notre tour, donner d'autres exemples, celui entre autres de la marque Ping-Siou-nien-tchi (fabriqué dans l'année Ping-Siou), vingt-troisième année des cycles, relevée sur un Pitong octogonal (fig. 58 et 59) décoré, bleu sous couverte, de paysages ou de rochers fleuris sur quatre pans, alternant avec des légendes qui occupent les quatre autres.

Ces légendes, sortes de poésies en l'honneur des Thsing et de la paix universelle, semblent indiquer le règne de l'empereur Khang-hy, et, par conséquent, la vingt-troisième année du 73e cycle, répondant à l'an 1707. Cette induction serait confirmée par le champignon sacré, Ling-tchy, qui se trouve sur l'une

FABRICATION, DÉCORS ET MARQUES

des deux faces et qui a précisément la même forme qu'une marque adoptée par certains fabricants de cette même époque.

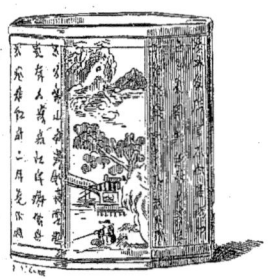

Fig. 58.

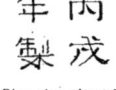

Ping-siou-nien-tchi.

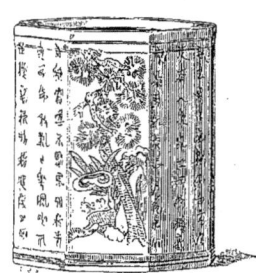

Fig. 59.

Ces exemples démontrent suffisamment qu'il faut ranger les marques cycliques dans la catégorie des inexpliquées ou plutôt des incertaines, dont heureusement elles n'augmenteront pas beaucoup le nombre, tant elles sont relativement rares. Quoi qu'il en soit, nous donnons le tableau du 76ᵉ cycle chinois, qui a commencé en février 1864, et dont les soixante années portent les mêmes noms que les années correspondantes des cycles précédents. Chacun de ces soixante noms est double et résulte de la combinaison d'une série de dix noms de couleurs répétée six fois, avec l'un des termes d'une autre série, celle des douze heures solaires, qui est en même temps celle des douze signes du zodiaque, répétée cinq fois.

SÉRIE DÉNAIRE.		SÉRIE DUODÉNAIRE.	
kia	Vert.	tse	La souris.
y	Verdâtre.	tcheou	Le bœuf.
ping	Rouge.	yn	Le tigre.
ting	Rougeâtre.	mao	Le lièvre.
où	Jaune.	chen	Le dragon.
ky	Jaunâtre.	sse	Le serpent.
keng	Blanc.	ou	Le cheval.
sin	Blanchâtre.	ouei	Le bélier.
Jen	Noir.	chin	Le singe.
kouei	Noirâtre.	yeou	Le coq.
		siou	Le chien.
		haÿ	Le porc.

76ᵉ CYCLE CHINOIS CORRESPONDANT A L'ÉPOQUE ACTUELLE

#	甲子		#	甲申		#	甲辰	
1		Kia-tse.	1864	21	Kia-chin.	1884	41	Kia-chen.	1904
2		Y-tcheou.	1865	22	Y-yeou.	1885	42	Y-sse.	1905
3		Ping-yn.	1866	23	Ping-siou.	1886	43	Ping-ou.	1906
4		Ting-mao.	1867	24	Ting-haÿ.	1887	44	Ting-ouei.	1907
5		Où-chen.	1868	25	Où-tse.	1888	45	Où-chin.	1908
6		Ky-sse.	1869	26	Ky-tcheou.	1889	46	Ky-ycou.	1909
7		Keng-ou.	1870	27	Keng-yn.	1890	47	Keng-siou.	1910
8		Sin-ouei.	1871	28	Sin-mao.	1891	48	Sin-haÿ.	1911
9		Jen-chin.	1872	29	Jen-chen.	1892	49	Jen-tse.	1912
10		Kouei-ycou.	1873	30	Kouei-sse.	1893	50	Kouei-tcheou	1913
11		Kia-siou.	1874	31	Kia-ou.	1894	51	Kia-yn.	1914
12		Y-haÿ.	1875	32	Y-ouei.	1895	52	Y-mao.	1915
13		Ping-tse.	1876	33	Ping-chin.	1896	53	Ping-chen.	1916
14		Ting-tcheou.	1877	34	Ting-yeou.	1897	54	Ting-sse.	1917
15		Où-yn.	1878	35	Où-siou.	1898	55	Où-ou.	1918
16		Ky-mao.	1879	36	Ky-haÿ.	1899	56	Ky-ouei.	1919
17		Keng-chen.	1880	37	Keng-tse.	1900	57	Keng-chin.	1920
18		Sin-sse.	1881	38	Sin-tcheou.	1901	58	Sin-yeou.	1921
19		Jen-ou.	1882	39	Jen-yn.	1902	59	Jen-siou.	1922
20		Kouei-ouei.	1883	40	Kouei-mao.	1903	60	Kouei-haÿ.	1923

M. Jacquemart, en notant avec soin les nien-hao qu'il relevait, a fait avec un soin non moins grand, la description des deux cent quatre-vingts pièces qui les portaient, et il a ensuite résumé cette longue nomenclature en un tableau qui permet de saisir d'un coup d'œil

FABRICATION, DÉCORS ET MARQUES

dans quelle proportion se sont rencontrés les différents genres de décorations sur les porcelaines portant un même nien-hao.

Nous ne pouvions mieux faire que de suivre l'exemple de l'intelligent initiateur de la science céramique, au point de vue spécial du collectionneur, sauf à chercher dans les chiffres autre chose qu'un rapport numérique entre les décors bleus, verts ou roses d'une même époque.

Plus favorisé que ne paraît l'avoir été M. Jacquemart, c'est principalement sur des vases et des pièces de premier ordre que nous avons pu relever un grand nombre de nien-hao, dédaignant le plus souvent de tenir compte de ceux que nous rencontrions sur des bols, des tasses et autres menus objets, parce que l'extrême fragilité de la plupart de ces petites pièces, jointe aux chances de destruction auxquelles les exposait leur destination aux usages journaliers, peuvent à bon droit en faire suspecter l'ancienneté, lors même que celle-ci serait accusée par une marque.

D'autre part, nous avons aussi écarté, pour les raisons exposées dans le chapitre précédent, la plus grande partie des porcelaines à décors bleus ou polychromes que M. Jacquemart a appelés chrysanthémo-pæoniens, parce que, malgré les marques que portent certaines de ces porcelaines et qui indiquent en caractères chinois des nien-hao fort anciens, entre autres ceux de Siouen-te (1426-1436), T'ch'ing-hoa (1465-1488) et Tching-te (1506-1522), elles sont presque toutes japonaises et de fabrication postérieure à la seconde moitié du XVIIe siècle.

Ce travail nous paraissait d'ailleurs nécessaire pour nous rendre quelque peu compte de la valeur chronologique des marques de la seconde catégorie. Aussi, tout en notant, dans un temps donné, les deux cent vingt-quatre nien-hao qui nous ont semblé les plus authentiques, relevions-nous simultanément et avec le même soin, sur des vases et pièces d'égale importance, quatre cent huit marques de fabrique, légendes ou signes quelconques, sans nous préoccuper tout d'abord de ce que pouvaient être ces diverses marques, nous contentant de comparer avec la plus scrupuleuse attention les porcelaines qui les portaient à celles marquées de nien-hao, de façon à réunir les unes et les autres par espèces similaires, non pas d'après le genre ou la couleur du décor, mais d'après la nature de la porcelaine, celle de la couverte et des émaux, la forme du dessin et la manière des peintres.

Petit à petit, ces quatre cent huit pièces, portant des marques diverses, se sont groupées autour de celles portant des nien-hao, prises invariablement pour types, et lorsque ensuite nous avons fait le triage des marques réunies dans chacun de ces groupes, nous avons trouvé qu'à de rares exceptions près elles s'étaient réunies par espèces semblables à côté des mêmes nien-hao. Nous avons cru dès lors pouvoir les ranger par ordre chronologique parallèlement à ces nien-hao. C'est là, sans doute, une grande hardiesse et qu'on ne nous pardonnerait peut-être pas si nous présentions ici le résultat de nos patientes observations autrement que comme un premier essai dans une voie où d'autres pourront pousser, après nous, des recherches mieux dirigées et plus heureuses.

Nous donnerons d'abord, sous forme de tableau, le résumé de la manière dont se sont rassemblées les marques diverses et les nien-haò, d'après la similitude de fabrication ou d'ancienneté des porcelaines sur lesquelles nous les avons relevés. Puis nous citerons à titre d'exemples quelques devises, légendes votives ou sentencieuses, enseignes de fabriques et signatures de peintres décorateurs, dans le genre de celles qu'on pourra rencontrer sur des porcelaines, soit sous les pieds de vases, soit faisant partie des décors, ou bien encore, écrites au fond d'une tasse ou d'une coupe, pour qu'elles frappent les yeux de celui qui la videra, et servent, selon le cas, ou de réclame pour le fabricant, ou à renouveler à chaque libation le compliment ou le souhait que l'obséquieuse politesse chinoise commande d'adresser le plus souvent possible à ses hôtes. Mais, à part la preuve, confirmée une fois de plus par quelques-unes de ces marques, que peintres et fabricants signaient certaines des pièces qui sortaient de leurs mains, ces inscriptions resteront, pour la plupart, sans autre intérêt que celui de leur originalité et de leur rareté, jusqu'à ce que les encyclopédies et les biographies chinoises, fouillées par d'heureux chercheurs, en aient fait connaître la valeur chronologique, qu'on demanderait inutilement aux ouvrages que nous connaissons.

En effet, ces noms d'hommes ou d'établissements industriels, précédés ou suivis des mots :

製 *tchi*, fabriqué ;

作 *tso*, fait ;

置 *tche*, composé,

ne pourraient nous être utiles qu'autant que nous saurions à quelles époques existaient ceux qu'ils désignaient ; d'autre part, ainsi que nous venons de le dire, ces inscriptions sont assez rares pour que l'une d'elles, en particulier, ne se représentant presque jamais plusieurs fois, on ne peut tenter, pour les pièces qui les portent, le travail de rapprochement et d'assimilation avec celles marquées de nien-hao, travail que nous avons pu faire pour les porcelaines ayant des marques qu'on retrouve fréquemment.

Nous terminerons enfin cette seconde partie par la reproduction de la presque totalité des marques connues, en puisant, pour compléter notre liste, dans les recueils publiés par MM. Stanislas Julien, A. W. Franks et Théodore Graesse. Cependant, pour ne pas multiplier inutilement le nombre des exemples, nous nous bornerons aux formes typiques, primordiales, dirons-nous, desquelles, par des contractions, des imperfections de dessin et d'écriture, sont résultées des variétés nombreuses, attribuables non à des fabriques ou à des époques différentes, mais en réalité à la maladresse et à l'inhabileté des ouvriers, sinon à de simples accidents de fabrication.

TABLEAU DES NIEN-HAO ET MARQUES DIVERSES

RELEVÉS SIMULTANÉMENT SUR 632 PIÈCES

ÉPOQUES		NOMS DES PÉRIODES		DURÉE	MARQUES		
					NIEN-HAO	DIVERSES	TOTAL
Primitive	1004-1368	de King-te aux Ming.		364 ans.	2	»	5
	1368-1426	Premiers Ming.		58 »	3	»	
Ire	1426 à 1465	Siouen-te.		10 »	22	2	28
		Tching-tong.					
		King-tai.		29 »	3	1	
		Thien-chun.					
IIe	1465 à 1573	Tch'ing-hoa.		23 »	52	5	76
		Houng-tchi.					
		Tching-te.		85 »	19		
		Kia-tsing.					
		Long-khing.					
	1573	Wan-li.		47 »	28		
		GUERRE DE 25 ANS					
IIIe	à	MING	CHEFS TARTARES			53	84
		Tai-tchang.	Thien-ming.				
		Thien-ki.	Thien-tsong.				
		Tsoung-tching.	Tsoung-té.				
		Hong Kouang.		24 »	1		
		Long-wou.					
		Choa-wou.					
		Yong-li.					
	1662	Chun-tchi. 1er *Thsing*.		18 »	2		
IVe	1662 à 1723	Khang-hy.		61 »	39	341	380
V^e	1723 à 1796	Yong-tching.		13 »	53	6	59
		Kien-long.		60 »	Quantité indéfinie.		
					224	408	632

MARQUES D'ÉPOQUES INDÉTERMINÉES

1. 艮 *ken.* Dense, solide.
2. 玉 *yu.* Jade.
3. 珍 *tchen.* Précieux.
4. 古 *kou.* Antiquité.
5. 聖 *chen.* Saint.
6. 全 *tsuen.* Parfait.
7. 壽 et 壽 *chéou.* Longévité.
8. 福 et 福 *fô.* Bonheur.
9. 歲 *soui.* Prospérité, longévité.
10. 玩 *ouan* / 玉 *yu.* } Précieux jade.
11. 真 *tchen* / 玉 *yu.* } Vrai jade.
12. 珍 *tchen* / 玩 *ouan.* } Précieuse curiosité.
13. 雅 *ya* / 玩 *ouan.* } Élégante curiosité.
14. 古 *kou* / 珍 *tchen.* } Antiquité précieuse.

FABRICATION, DÉCORS ET MARQUES

15	西玉	Sy yu.	Jade occidental.
16	作府	tso fou.	Fait pour le palais.
17	友來	yeou lai.	A l'arrivée d'amis.
18	宝勝	Pao shing.	Joyau indescriptible.
19	丹桂	tau kouy.	A l'olive rouge. { Relevée sur un bol peint en rouge ; l'olive rouge, très estimée en Chine, est employée comme métaphore pour indiquer les honneurs littéraires.
20	道人	tao yen.	Sectateurs de Lao-tsse.
21	惟珍	tchouï tchen.	Chose précieuse.
22	玩玉	ouan yu.	Objet précieux de jade.
23	崇濂堂	lou ouo tang.	Maison du bambou flottant.
24	延陵郡	tching ling kiun.	District de Tching-ling.
25	山斗文章	ouen-tchang-chan-teou. Science élevée comme les montagnes de la Grande Ourse.	
26	知樂任川	tsai-tchouan-tche-lo. Jouant au milieu des eaux	{ Marque relevée par M. A.-W. Franks dans des bois ornés de poissons rouges.
27	雅集聖友	chen-yeou-yà-tsi. Élégante réunion de saints amis.	

28　珍博玩古　pou-kou-tchen-ouan.
Pour les connaisseurs d'antiquités, précieux objet.

29　如奇玉珍　khi-tchen-jou-ou.
Extraordinaire et précieux comme les cinq dignités.

30　佳富器貴　fou-kouei-kia-khi.
Riche, noble et beau vase.

31　堂慎製德　tchen-te-tang-tchi.
Fabriqué à la maison de la pratique des vertus.

32　堂彩製潤　Tsâi-juen-tang-tchi.
Fabriqué à la maison des vives et diverses couleurs.

33　佳玉器堂　yu-tang-kia-khi.
Beau vase de la maison du Jade.

34　堂全作石　tsuen-chè-tang-tso.
Fait dans la maison de la pierre parfaite.

35　堂天製冒　tien-mao-tang-tchi.
Fabriqué dans la maison du ciel voilé.

36　堂大製樹　ta-chou-tang-tchi.
Fabriqué dans la maison du grand arbre.

37　堂林製玉　lin-yu-tang-tchi.
Fabriqué dans la maison du jade abondant.

38　堂奇製玉　ki-yu-tang-tchi.
Fabriqué dans la maison du rare jade.

39　堂養製和　yang-ho-tang-tchi.
Fabriqué dans la maison de l'encourageante harmonie.

40　錦南玉川　nan-chouan-kin-yu.
Remarquable parmi les élégants jades.

FABRICATION, DÉCORS ET MARQUES

41. 師府 公用 — *se-fhu-kong-yong.*
    À l'usage public de la demeure du général.

42. 愛蓮 珍賞 — *gay-lien-ouan-chang.*
    Fleur de nélumbo, précieuse récompense.

43. — *to-shin-chin-tsang.*
    Profond comme une mine de pierres précieuses.

44. — *tchang-ming-fou-kouei.*
    Longue vie, richesses et honneurs.

45. 聚順美 玉堂製 — *Tsu-chun-mei-yu-tang-tchi.*
    Fabriqué dans la maison de Tsu-chun, du beau jade.

46. 慎德堂 博古製 — *tchen-te-tang-pou-kou-tchi.*
    Fabriqué pour antique dans la maison de la pratique des vertus.

47. 奇石寶 閒之珍 — *ki-chè-pao-tin-tché-tchen.*
    Un joyau parmi les vases précieux de pierres rares.

48. 景濂堂 做古製 — *Kin-lien-tang-fong-kou-tchi.*
    Imitation d'antique, fabriqué en l'honneur de Kin-lien.
    (Kin-lien ou (Sang-lien), savant distingué du temps des Ming.)

49. 奇玉寶 閒之珍 — *ki-yu-pao-tin-tchè-tchen.*
    Un joyau, parmi les vases précieux de jade rare.

50. 秸成庐 乾記造 — *Pei-tching-tang-Kien-ki-tsò.*
    Fait par Pei-tching et vendu chez Kien-ki.

MARQUES CLASSÉES PAR ORDRE DE DATES

51	960		*tchang-pou.* Fleur d'acore (glaïeul).
52	»	生一	*i-sing.* Marque du fabricant Tchang aîné.
53	»	生二	*eul-sing.* Marque du fabricant Tchang jeune.
54	976 à 996	天太下乎	*tien-hia-tai-pin* tandis que l'empire était dans la paix la plus profonde. (Sur une théière en grès cérame. — Col. du marquis d'Hervey de Saint-Denys.)
55	1004		*kiu-chen.* Fleur de sésame.
56	»		*ta-Song-King-te-nien-tchi.* Fabriqué pendant les années King-te de la dynastie des Song (1004-1007).
57	1111 à 1225	七和舘	*tin-ho-kouan.* Hôtel de l'Humanité et de la Concorde.
58	1260 à 1367	樞府	*tchou-fou.* Du palais.
59	1403 à 1424		*Yong-lo-nien-tchi.* Fabriqué dans les années Yong-lo (1403-1425).
60	»	»	Deux lions jouant avec une boule. } Peints au centre des bols.
61	»	»	Une couple de canards mandarins.
62	»	花	*hoa.* Fleur, écrite ou peinte au centre d'une tasse.
63	1426		*ta-Ming-Siouen-te-nien-tchi.* Fabriqué pendant les années Siouen-te de la grande dynastie des Ming (1426-1436).

FABRICATION, DÉCORS ET MARQUES

64	1426		*ta-Ming-Siouen-te-nien.* Pendant la grande dynastie des Ming, période Siouen-te (1426-1436). (Sur un trépied à anses émaillé noir-brun au grand feu.)
65	»		*Ko-ming-tsiang-tchi.* fabriqué par Ko-ming-tsiang. (Sur une ancienne porcelaine vernie d'une pâte serrée, d'un ton rougeâtre comme celle de la Col. A. W. Franks portant la même marque.) *A King-te-chin, pendant la période Siouen-te, on fabriquait des vases avec une argile rouge et plastique.* (STANISLAS JULIEN.)
66	»	»	Décoration de combats de grillons, peints sur biscuit ou gravés dans la pâte.
67	»	»	Un dragon et un phénix extrêmement petits, peints en rouge. (Vases à l'usage de l'empereur Siouen-te.)
68	1465	*teou-khi.*	Vases décorés de combats de coqs.
69	»	*tsao-tchong.*	Décoration dans laquelle se trouvent des sauterelles.
70	»		*lien-tse.* Fruit du nélumbo.
71	»	»	Pièces décorées de pivoines au-dessous desquelles se trouve une poule avec ses poussins.
72	1488		*thsieou.* vin (écrit au centre des tasses blanches dont se servait l'empereur Kia-tsing).
73	1506		*Lou-sé.* Héron. Marque relevée sur un plat, identique à un autre marqué du nien-hao Tching-te (1506-1522).
74	1522		*tang-tsao.* Décoration de jujube (écrit au centre de petites tasses blanches).
75	»		*tang-kiang.* Décoration de gingembre (écrit au centre de petites tasses).
76	»	»	Une branche de l'arbre à thé figurée au centre d'une tasse. (Ces trois marques indiquaient les tasses destinées au service personnel de l'empereur Kia-tsing (1522-1567).)
77	1567	*Pi-hi-khi*	Décoration de peintures libres (vases ornés de jeux secrets) des périodes Long-khing et Wan-li (1567 à 1620).
78	»		Marque relevée sur un vase semblable à d'autres, portant le nien-hao Long-king (1567-1573).
79	1573	»	Décoration de bouquets d'épidendrum.
80	»		*Ou-in-tao-sin.* Ou le religieux qui vit dans la retraite.

81	1573		*tchou-ye.* Feuille de bambou.
82	»		Ou lu tche } Composé par un compagnon de Ou.
83	»		*kouei.* Pierre sonore.
84	»		*fô.* Bonheur.
85	»		*tou-tsé.* Lapins.
86	»		Divers *tings* ou brûle-parfums.
87	1662		*mao.* Le lièvre sacré.
88	»		*yeu.* Poissons.
89	»		Correctement : 堂初遂 *Soui-tsou-tang.* Maison du prospère commencement (relevée sur un plat semblable à un second portant le nien-hao Khang-hy).
90	»		*yien-lò-tang-tche.* Composé dans la maison de la joie éternelle. (*Yen-lô* peut aussi être pris pour un nom propre.)

FABRICATION, DÉCORS ET MARQUES

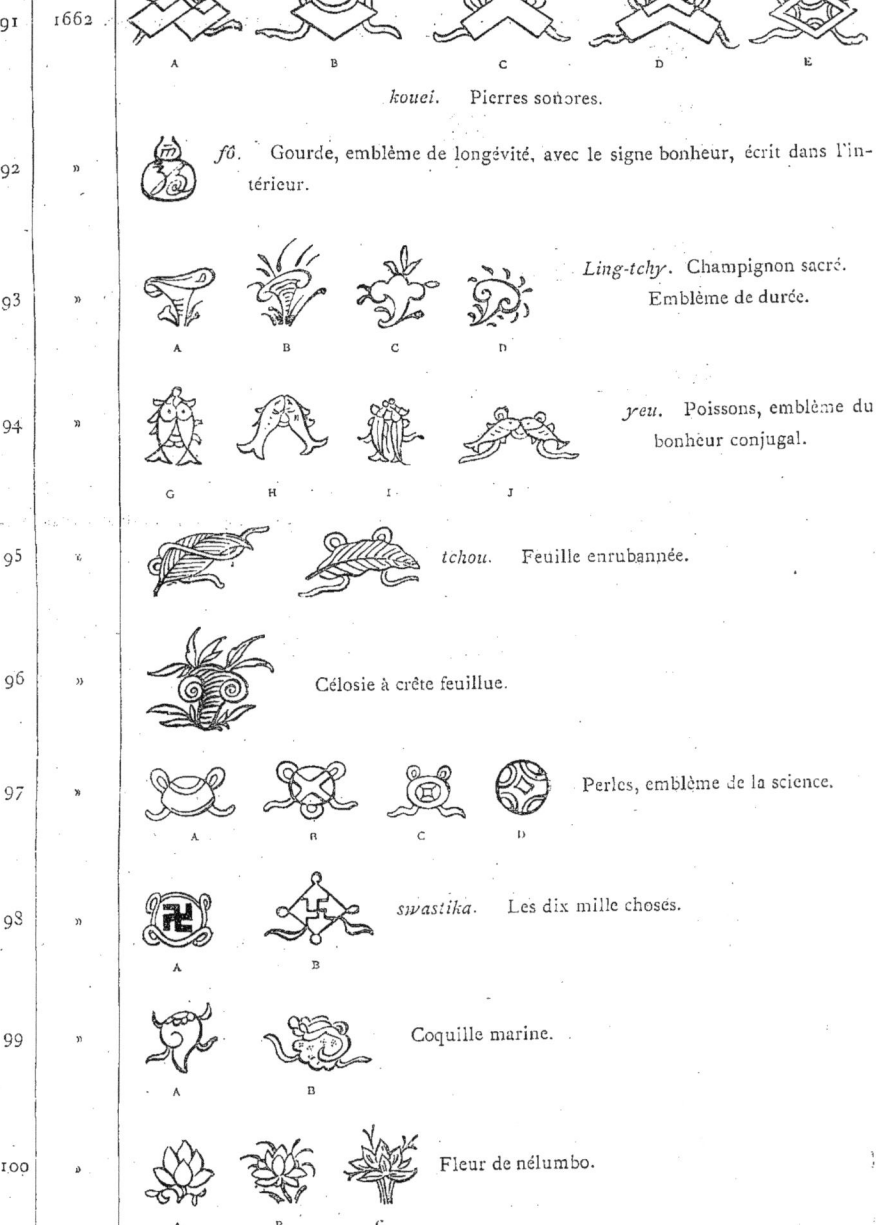

91	1662	*kouei.* Pierres sonores.
92	»	*fô.* Gourde, emblème de longévité, avec le signe bonheur, écrit dans l'intérieur.
93	»	*Ling-tchy.* Champignon sacré. Emblème de durée.
94	»	*yeu.* Poissons, emblème du bonheur conjugal.
95	»	*tchou.* Feuille enrubannée.
96	»	Célosie à crête feuillue.
97	»	Perles, emblème de la science.
98	»	*swastika.* Les dix mille choses.
99	»	Coquille marine.
100	»	Fleur de nélumbo.

101	1662		*lien-meou-tan.* 蓮牡丹 Fruit du pæonia-moutan.
102	»		Rosaces.
103	»		Zigzags.
104	»		Carquois.
105	1723		*ta-Thsing-Yong-tching-nien-tchi.* Fabriqué pendant les années Yong-tching de la grande dynastie de Thsing (1723-1736).
106	»		Sceptre et instruments de musique.
107	»		Fleur.
108	»		*fou-kouei-kia-khi.* Vase fin, riche et distingué.
109	»		*Lin-chang-tsu-tso.* Fait par Lin-chang-tsu.
110	»		*Hie-chuh-cho-jin-tso.* Fait pour le seigneur des bambous de la Hie (*Hie*, vallée fameuse, où Ling-lun, ministre de l'empereur fabuleux Hoang-ti, coupait des bambous pour faire des instruments de musique.)

FABRICATION, DÉCORS ET MARQUES

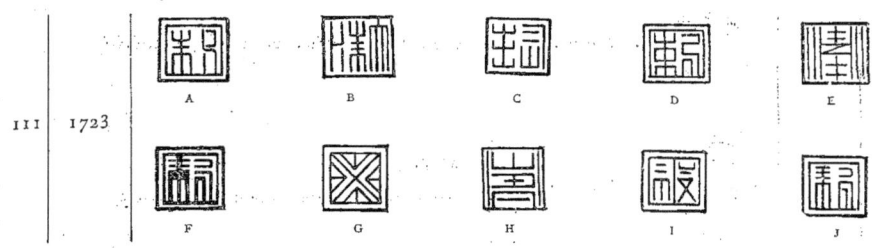

111 | 1723

Nous donnons ici une série de marques en forme de cachet, soit en relief, soit peintes en bleu sous couverte, semblables à tant d'autres, qu'on retrouvera sur des porcelaines ordinairement de qualités inférieures; certains sinologues ont cru y reconnaître parfois des caractères Tchouan indiquant un nom, un mot, mais elles sont pour la plupart complètement illisibles et indéchiffrables, peut-être même sans signification aucune. En tout cas, on peut d'une façon générale tenir pour certain qu'elles indiquent des pièces fabriquées sous la dynastie actuelle des Thsing.

A. Indéchiffrée.
B. *Ta-Thsing.* Dynastie des Thsing.
C. *Fan* (nom propre).
D. *Kien* (incertain).
E. Sans signification.

F. *Fô.* Bonheur.
G. Sans signification.
H. *Chéou.* Longévité.
I. Indéchiffrée.
J. *Song.* Louable.

112 | 1706

ta-Thsing-Kien-long-nien-tchi.
Fabriqué pendant les années Kien-long de la grande dynastie des Thsing (1736-1796).

113 | »

Plante.

114 | »

chan-kao-choui-tchang.
Montagnes élevées, eaux longues.

115 | »

pien-foû ou *foû.* Chauve-souris, pris pour *fô*, bonheur.

116	1706		*Foŭ-Fan-tao.* Chauve-souris et pêches. Bonheur et longévité.
117	»		Cachet en relief. { *Y-ching.* Nom propre ou harmonieuse prospérité.
118	»		*Tsun-Chinh.* Nom propre.
119	»		*Le-Chinh.* Nom propre.
120	1796		*Chung-kich-she.* Famille Chung-kich.

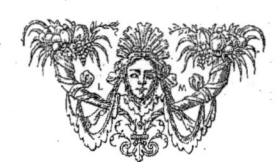

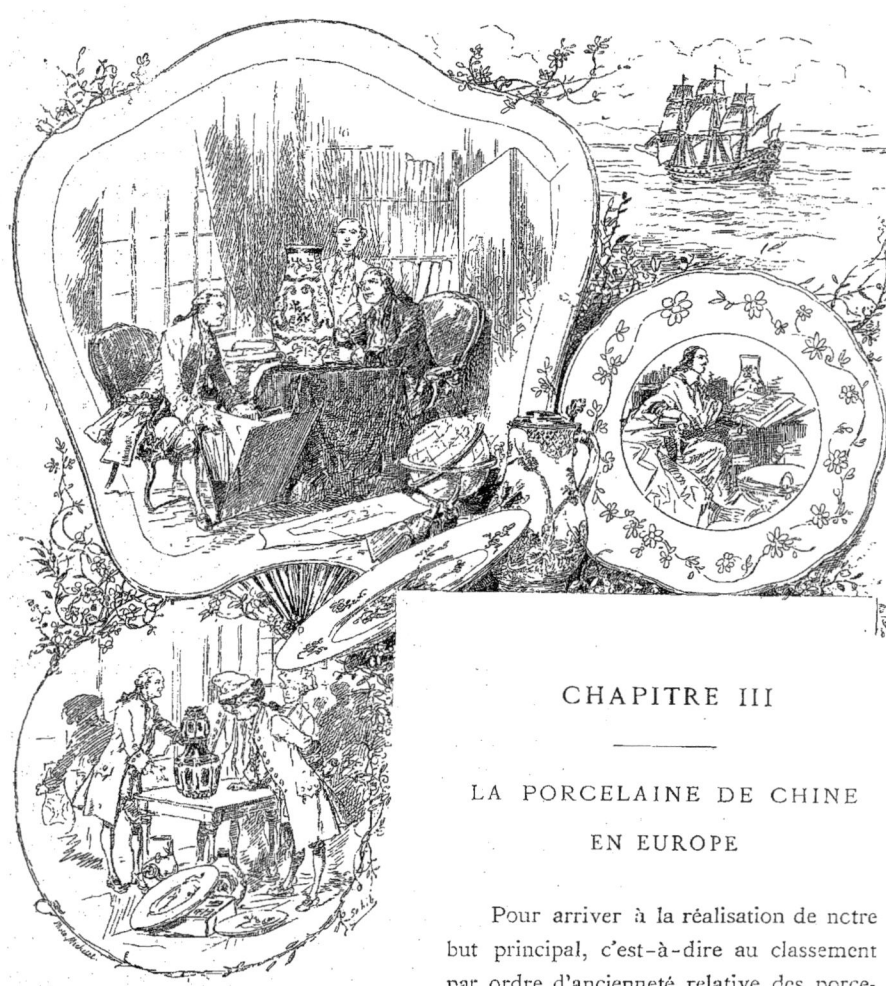

CHAPITRE III

LA PORCELAINE DE CHINE EN EUROPE

Pour arriver à la réalisation de notre but principal, c'est-à-dire au classement par ordre d'ancienneté relative des porcelaines de Chine qui forment aujourd'hui nos collections, nous aurions tout d'abord à rechercher quelles furent les premières à s'introduire en Europe. De la connaissance bien certaine de ces types, nous conclurions nécessairement que ceux-là au moins sont d'une fabrication antérieure à l'époque de leur arrivée parmi nous.

Cette recherche, commencée à un point de vue spécial dans les inventaires royaux ou princiers des XIVᵉ, XVᵉ et XVIᵉ siècles, nous a permis de constater sûrement la présence, dans ces différents trésors, de quelques morceaux de porcelaines, mais ce que nous avons trouvé ne peut malheureusement nous fixer bien exactement sur la nature de ces spécimens.

Le chroniqueur arabe que nous avons cité ne donne point, en effet, la description des quarante pièces que Saladin offrit à Nurreddin ; et, d'autre part, que conclure de ces laconiques désignations de *pot à eau de pierre de porcelaine* et *pot de porcelaine avec l'anse de même*, ayant appartenu à Jeanne d'Évreux et au duc de Berry en 1372 et 1416 ? Qu'est-ce encore que ces *pots et aiguières en porcelaine bleue, ou d'une sorte particulière tirant sur le gris* ? Que penser enfin du *beau gobelet de pourcelaine blanche à couvercle peinct à l'entour de personnages d'hommes et de femmes* que nous trouvons repris dans l'inventaire des trésors de Marguerite d'Autriche dressé en 1524 ?

Il y a sans doute quelque raison de croire que la spécification de porcelaine *bleue* indique une couverte ou une décoration de cette nuance, et celle de *tirant sur le gris*, un céladon d'un vert grisâtre, comme la plupart de ceux venus plus tard par la Turquie et les contrées asiatiques. Mais la troisième description nous paraît plus difficile à expliquer. Le mot *peinct* s'appliquerait, en effet, aussi bien à un décor en camaïeu bleu sous couverte qu'à une peinture en émaux de plusieurs couleurs. Dans cette dernière hypothèse, le beau gobelet de Marguerite d'Autriche serait la première pièce ainsi décorée dont la présence en Europe soit historiquement établie, postérieurement d'ailleurs à la période Tch'ing-hao (1465-1488), à laquelle les auteurs chinois font remonter l'invention des premières couleurs ou émaux pour peindre sur porcelaine. Les documents recueillis en Angleterre ne sont pas plus explicites que les nôtres. M. Marryat, qui paraît s'être préoccupé de semblables recherches, relate cependant, d'après les historiens Rapin et Dorset, « que sous le règne de Henry VII, en 1505, Philippe d'Autriche et sa femme, appelés à régner en Castille, quittèrent les Pays-Bas et s'embarquèrent à Middelbourg pour l'Espagne. Avant d'être sortis de la Manche, leur flotte fut dispersée par une tempête, et le vaisseau qui les portait alla s'abriter dans le port de Weymouth, où le shérif, sir Thomas Trenchard, s'empressa d'aller leur présenter ses hommages et leur offrir l'hospitalité dans sa résidence de Wolveton. Lorsque le roi quitta l'Angleterre, il fit don à son hôte, entre autres choses précieuses, de plusieurs énormes plats de Delft et de quelques bols de porcelaine orientale, dont l'un était enfermé dans de l'argent massif doré et orné de dessins moresques. Ces bols, ajoute M. Marryat, étaient alors d'une grande rareté, car le passage du cap de Bonne-Espérance était encore inconnu, et il fallait les apporter à dos de chameau à travers le désert. Les descendants de sir Thomas Trenchard ont précieusement conservé ces fameux bols qui sont en porcelaine blanche décorée bleu sous couverte. »

M. Marryat parle encore d'une coupe en céladon vert de mer, dite tasse de l'archevêque Warham (1504-1532), qui aurait été importée en Angleterre avant le règne de Henri VIII.

EN EUROPE

Une phase nouvelle dans l'histoire européenne de la porcelaine chinoise s'ouvrit en 1508, avec le retour des navigateurs portugais qui, s'étant risqués jusque dans les mers de l'extrême Orient, rapportaient avec eux, de leur pointe hardie vers ce grand inconnu qui travaillait à cette époque l'imagination des peuples maritimes, de nombreux échantillons des divers produits de ces contrées lointaines. Au premier rang figuraient les porcelaines qu'ils appelaient *loça* (vaisselles) ou *porcelana*, du nom déjà adopté en Europe. Mais les Portugais n'étaient pas seulement des marins audacieux, c'étaient des négociants habiles, et, les premiers spécimens rapportés de ce monde nouveau s'étant rapidement vendus avec de gros bénéfices, ils s'empressèrent de retourner en Chine continuer l'exploitation de cette mine féconde.

Après avoir visité plusieurs points de la côte, ils arrivèrent enfin à Canton, où ils furent admis en 1517. Cette voie nouvelle une fois ouverte, les relations directes entre l'Europe et l'extrême Orient devinrent plus fréquentes. Les porcelaines arrivèrent en plus grande quantité et se répandirent peu à peu dans les pays d'Occident. Un incident fortuit vint bientôt étendre jusqu'au Japon le champ de ces relations. Un vaisseau portugais allant du royaume de Siam en Chine se perdit, en 1542, sur les côtes de l'île de Kou-Siou. Les gens de l'équipage, recueillis et bien traités par les Japonais, appelèrent leurs compatriotes, qui obtinrent l'autorisation de commercer et d'établir des entrepôts à Nagasaki, où pendant près d'un siècle ils exercèrent, avec quelques Hollandais venus après eux, le monopole des échanges avec cet empire.

Malheureusement pour leur commerce, les Portugais avaient amené des missionnaires catholiques que les populations écoutèrent d'abord favorablement. Mais vinrent bientôt les excès dans la propagande et les exagérations d'un zèle indiscret. Des difficultés s'élevèrent; les autorités japonaises finirent par trouver gênants ces étrangers, et par un procédé radical, pour supprimer le mal dans sa racine, un édit impérial de 1639 chassa tout le monde de Nagasaki, prêtres et laïques, marchands et missionnaires. Cette mesure, appliquée d'une manière absolue aux jésuites et aux Portugais, fut cependant adoucie quelque peu pour les Hollandais. Ceux-ci, après avoir évacué leur factorerie de Firando, furent autorisés à continuer leur commerce, à la condition de ne point mettre pied à terre ailleurs que sur un îlot voisin du port. Loin de se rebuter d'être ainsi relégués sur ce rocher, ils s'y établirent d'abord tant bien que mal; puis, ne voyant aucune chance de retourner à Firando, ils y réinstallèrent définitivement leurs entrepôts. Telle fut l'origine du fameux comptoir de Décima, d'où la Compagnie des Indes expédia ces énormes quantités de porcelaines de Hijen qui vinrent littéralement inonder la Hollande et le nord de l'Europe, et parmi lesquelles furent choisis, de 1698 à 1722, les superbes spécimens formant aujourd'hui le musée japonais de Dresde.

Pendant que les Hollandais trafiquaient avec les Japonais à Nagasaki ou à Décima, les jonques chinoises apportaient sur ces mêmes points les fines et blanches porcelaines du Céleste Empire, qui trouvaient aussi leur place dans les cargaisons destinées aux Pays-Bas. D'un autre côté, les vaisseaux des autres nations européennes qui étaient venus à leur tour visiter les mers de Chine avaient fondé des comptoirs permanents à Macao et à Canton, d'où s'expédiaient aussi des porcelaines. Enfin, vers le commencement du XVIIe siècle, l'Angleterre, à l'exemple de ses voisins, organisait sa Compagnie des Indes; celle-ci toutefois ne put, à ses débuts, commercer directement avec la Chine et le Japon, où les Hollandais et les Portugais étaient restés maîtres du marché. En revanche, après avoir, en 1623, aidé Chah-Abbas Ier à reprendre aux Portugais le port d'Ormuz, à l'entrée du golfe Persique, elle créa près de là, dans le port de Combron, un premier établissement, où elle accapara peu à peu le commerce considérable qui se faisait sur ce point, entrepôt naturel des produits des Indes, de la Chine et de l'Europe.

C'est de là que pendant longtemps les porcelaines de Chine furent dirigées sur l'Angleterre sous le nom de *Combron-Ware* qu'elles conservèrent jusqu'en 1640, époque à laquelle la Compagnie anglaise, ayant réussi à fonder une factorerie à Canton, commença à les expédier directement de ce point; leur dénomination se changea alors en celle de *China-Ware*. C'est aussi de Combron que les Persans recevaient toutes ces porcelaines de Chine décorées à leur goût, et que d'autres remontaient par le golfe jusque chez les Arabes et chez les Turcs.

De leur côté, les Russes trafiquaient par la frontière septentrionale de la Chine. Et, après une tentative infructueuse du cardinal de Richelieu, Mazarin, chez nous, créait, avec la sanction du grand Roi, la Compagnie d'Orient et des Indes orientales, bientôt remplacée par la Compagnie de la Chine, qui fonctionna de 1685 à 1719. C'est au retour de la première expédition organisée par elle que furent présentées à Louis XIV les deux grandes tours de porcelaine qui de Versailles ont été transportées plus tard à la Bibliothèque nationale. Cette même Compagnie fit exécuter en Chine les services de table aux armes de France, de Penthièvre et tant d'autres, ainsi que quantité d'objets de toutes sortes, d'après des modèles et des dessins parfois reproduits avec une rare perfection : le plus remarquable exemple qu'on puisse donner du surprenant talent d'imitation des artistes chinois, c'est bien certainement les copies qu'ils ont faites en porcelaine de nos émaux limousins; la figure 60 montre l'une de ces pièces dont l'exécution en Chine doit précisément remonter à l'époque à laquelle fonctionnait la Compagnie française de la Chine.

Dès la fin du XVIIe siècle, les Chinois et les Japonais vendaient donc au monde entier. Leur production s'était accrue en proportion des demandes qui leur arrivaient de toutes parts, et, comme ils tiraient sans doute grand profit de leurs porcelaines, ils n'hésitaient point à se plier aux exigences des acheteurs, en modifiant les décors au goût de chacun, imitant les formes de ceux-ci, copiant les dessins que ceux-là leur apportaient. De sorte que, après avoir fait des vases, des lagènes, des bouteilles de kaliouns et des

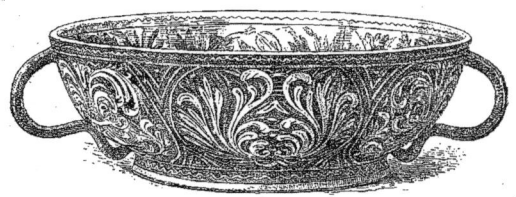

Fig. 60. — Écuelle à anses en porcelaine fine et légère, imitant à s'y méprendre par la forme et le décor la pièce en émail de Limoges qui a servi de modèle en Chine. L'extérieur est fond noir avec ornements blancs, rehaussés d'or; l'intérieur, orné de peintures polychromes, fleurs et fruits, exécutées avec les émaux de la famille verte. Près d'une corbeille de fruits qui occupe le fond de la pièce se trouve fidèlement reproduit le monogramme *I. L.* de l'émailleur limousin Jean Laudin. Hauteur : 0^{m}13 ¼. — Col. Marquis, à Paris.

goulab-pash, pour les peuples de l'Asie plus rapprochés d'eux, ils fabriquaient pour l'Europe des services de table, qu'ils marquaient aux armes de nos grands seigneurs, faisaient des pots-pourris pour les boudoirs des petites-maîtresses du XVIIIe siècle, et une foule d'objets appropriés aux usages de nos pays.

Mais ce commerce, tout important qu'il fût, se poursuivait dans des conditions particulières, sur lesquelles il est nécessaire de s'arrêter parce qu'elles serviront à nous fixer sur l'âge et sur la valeur artistique des pièces de porcelaine qui venaient, par ces voies diverses, satisfaire le goût des amateurs d'autrefois.

Ce n'était point sans terreur et sans appréhension que ce grand empire si renfermé, si replié sur lui-même depuis sa fondation, voyait entamer, pour ainsi dire, son isolement par le contact direct de l'Occident. Les derniers empereurs de la dynastie des Ming, pas plus que les Tartares-Mantchoux, ne s'étaient souciés d'ouvrir les barrières à ces nations qu'ils appelaient barbares. Dédain, méfiance, envie, tout se mêlait en eux pour leur inspirer la haine de l'étranger, et si, plus forte que toutes les prohibitions, la puissance expansive du commerce faisait quand même sa trouée, ce n'était qu'au prix de mille difficultés, de luttes sans cesse renaissantes et de réels dangers qui restreignaient ses moyens d'action.

Nos marchands, disons-nous, à peine tolérés en quelques ports déterminés, souvent sur des points isolés, ne pouvaient visiter les centres de production, s'aboucher avec les fabricants, voir et s'enquérir de toutes choses. Impunément volés, maltraités, massacrés même, ils ne réussissaient à traiter qu'avec des intermédiaires qui ne leur offraient et ne leur apportaient au port d'embarquement que ce qu'il leur convenait de vendre, c'est-à-dire des marchandises spécialement fabriquées ou choisies à l'intention de ce commerce d'exportation.

Ce sont les auteurs chinois eux-mêmes qui nous l'apprennent. On désignait, disent-ils, « par Yang-Khi (vases des mers) ceux spécialement destinés à l'exportation. Les marchands chinois, pour la plupart de Canton, les faisaient fabriquer exprès pour les vendre aux diables des mers (c'est-à-dire aux étrangers), qui les portaient dans leur pays. La forme de ces vases témoignait d'une habileté remarquable, mais les modèles changeaient chaque année ».

Quant à nous vendre les anciens produits de l'art national, de cet art dont ils étaient si fiers, qu'ils appréciaient avec un goût si passionné, il n'y a point d'apparence qu'ils aient songé à le faire. Les produits courants et de création nouvelle suffisaient au commerce; mais, pour leur jouissance personnelle, pour leur satisfaction intime, les Chinois gardaient les vieux et beaux spécimens. Ils les appréciaient tant et attachaient un amour si vif à tout ce qui rappelait les belles et vieilles époques, que, non contents de les collectionner précieusement, de les garder avec un soin jaloux sur la terre natale, ils recherchaient avec non moins d'ardeur les belles reproductions qui s'en faisaient. D'habiles ouvriers avaient effectivement fait leur spécialité de travailler dans ce genre, et ceux-là, on les couvrait d'or, on s'arrachait leurs œuvres. Un chroniqueur chinois signale l'un de ces faiseurs de pastiches nommé Tcheou et qui vivait à King-te-tchin vers l'an 1600. « Il excellait, dit-il, dans l'imitation des vases antiques, qu'on lui payait jusqu'à mille onces d'argent. Un jour, ayant eu l'occasion de voir un petit trépied en ancienne porcelaine, il en fit un absolument semblable qu'il alla offrir au seigneur Thang, président des sacrifices, propriétaire de l'original. La ressemblance parut si parfaite au riche amateur qu'il acheta le trépied fait par Tcheou au prix de quarante onces d'argent et le plaça dans sa galerie à côté de l'ancien, comme s'il en eût été le double. »

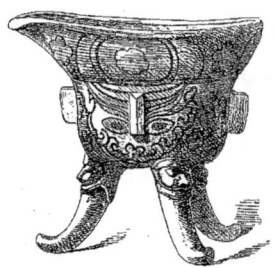

Fig. 61. — Trépied de forme antique, à décor vieille famille verte, jaune et lilas, sur fond vert (IIIᵉ époque). Hauteur : 0ᵐ07. — Col. O. du S.

Et si de simples copies se payaient aussi cher, si les grands seigneurs chinois ne reculaient devant aucune dépense pour se les approprier, comment voudrait-on qu'ils eussent laissé sortir du pays les originaux eux-mêmes, des originaux comme ces deux tasses fabriquées du temps de Tch'ing-hoa (1465-1487), et que cent ans plus tard on eût payées cent mille sapèques à l'heureux possesseur, l'intendant de la bouche de l'empereur Wan-li (1573-1620).

Qu'importait, d'ailleurs, à nos navigateurs que les belles poteries qu'ils achetaient en Chine fussent anciennes ou nouvellement fabriquées ? En supposant même qu'ils aient su distinguer les unes d'avec les autres, n'est-il pas certain que celles qu'ils rapportaient suffisaient aux Européens qui n'en connaissaient pas d'autres et les leur payaient chèrement ?

Il est donc tout au moins rationnel de conclure que les porcelaines importées directement de l'extrême Orient par les marchands européens étaient de fabrication récente au moment où on les leur vendait en Chine. Et, qu'on ne s'y trompe pas, nous n'entendons pas parler seulement des pièces exécutées sur commande, qui portent en elles leur acte de naissance dûment signé et daté, mais aussi de toutes celles de type réellement chinois par les formes et les décorations. Nous ne voulons pas cependant prétendre qu'il n'y eût pas d'exception, nous sommes parfaitement certains du contraire, mais en même temps nous sommes bien convaincus que ces exceptions se bornaient à quelques pièces peu importantes ou défectueuses, ramassées çà et là chez des brocanteurs par les marchands chinois qui venaient les offrir aux Européens, et à celles qui furent parfois offertes à des ambassadeurs, ou bien encore aux compagnies des Indes, en échange des cadeaux que celles-ci faisaient remettre aux autorités chinoises, lorsqu'à certains moments leurs représentants étaient admis à discuter respectueusement les questions de rapports commerciaux avec un haut mandarin, gouverneur de province ou délégué de l'empereur.

S'il paraît avéré que depuis l'origine des relations directes avec l'extrême Orient jusqu'à la fin du siècle dernier, les Chinois ne vendaient que les porcelaines qu'ils venaient de fabriquer, il n'en serait pas moins intéressant de pouvoir distinguer sûrement, suivant l'ordre de leur arrivée successive, les types différents de ces produits importés en Europe pendant ce long espace de temps, comprenant près de trois siècles. N'ayant pour nous guider aucune indication précise, soit du pays d'origine, soit des marchands qui allaient les chercher, il semblerait qu'en portant nos investigations sur le point où elles étaient débarquées, en retrouvant leurs traces et en les suivant de main en main jusqu'à nos jours, nous pourrions alors reconnaître celles fabriquées sous l'empereur Tching-te (1506-1522), puis celles du règne de Wan-li (1573-1620), distinguer ensuite les caractères propres de celles de la période Khang-hy (1662-1723), et des époques Yong-tching et Kien-long (1723-1796).

Malheureusement, les rares et laconiques descriptions que nous retrouverons ne nous apprendront que bien peu de chose. Nous eussions donc résisté au plaisir de fouiller encore le passé s'il n'était intéressant, croyons-nous, de constater par un rapide coup d'œil rétrospectif le cas qu'on a toujours fait en France des porcelaines orientales, et quels furent les amateurs d'autrefois.

C'est d'ailleurs une manie commune à tous les hommes de ne point vouloir être les premiers de leur race ou de leur espèce et de se chercher des ancêtres plus ou moins authentiques dans les siècles passés. Aussi a-t-on le droit d'être fier lorsque, dédaigneux des généalogies de pacotille, on peut montrer une filiation bien assurée qui vous fait descendre d'illustres ancêtres : c'est ce qui nous arrive à nous autres collectionneurs de porcelaines chinoises. Nos vitrines ne sont point le produit d'un goût bizarre et désordonné survenu dans un siècle blasé qui, las des choses vraiment belles, s'éprend tout à coup des infiniment petits de l'art et cherche des sensations neuves dans les recoins dédaignés jusqu'alors. Nous n'avons fait que reprendre et soutenir une longue tradition créée peu à peu et perpétuée jusqu'à nous à travers les âges par d'aimables esprits qui ont cherché leurs meilleures jouissances dans la poursuite acharnée, l'étude et le classement de tout ce qui constitue la curiosité.

Nous avons dit à quelle époque on vit apparaître dans les trésors royaux les premiers produits de l'art chinois, alors qu'ils ne pouvaient nous venir qu'en traversant tout le continent asiatique. Plus tard, après la découverte de la route directe de la Chine par le cap de Bonne-Espérance, la liste de nos glorieux ancêtres s'ouvre par François Ier. Celui-là aima tout ce qui était beau et joli. Il aima les beaux monuments, les beaux tableaux, les jolies femmes, dit-on : mais Léonard de Vinci, Benvenuto Cellini et la duchesse d'Étampes lui laissèrent aussi le temps d'aimer les belles potiches. Nous le voyons, en 1529, acheter pour deux cent quatre-vingt-sept livres tournois à un nommé *Pierre Lemoyne, qui lui-même le tenoit d'un Portugalois, un chalict fait à la mode d'Indye, vernissé de noir et enrichi de feuillages et figures d'or*[1] (sorte de petit meuble en laque), qu'il fit placer dans son cabinet du Louvre. « Là étoient aussi des vases et vaisselles en porcelaine de la Chine et d'autres en cristal » que plus tard le père Daniel décrivait comme « fort curieusement travaillés, ainsi qu'une infinité d'autres petites gentillesses dont on avoit fait présent à ce roi et à Henri II[2] ».

En même temps que François Ier, son puissant rival, Charles-Quint, sur les possessions duquel le soleil ne se couchait jamais, ne pouvait manquer d'avoir aussi des porcelaines, et s'il faut en croire certains auteurs, il ne se contenta point de choisir parmi celles que ses navigateurs apportaient en Europe. Il leur ordonna de faire exécuter en Chine tout un service de table à son chiffre et à ses armes : ce service, transporté en

---

1. Comptes royaux, 1529.
2. Trésors des merveilles de Fontainebleau, par le P. Daniel, 1640.

Allemagne, serait plus tard tombé aux mains de l'électeur de Saxe, après la fuite de l'empereur à Inspruck.

Ceux qui racontent ce fait croient reconnaître quelques débris de ce fameux service dans des assiettes aux armes de Charles-Quint qui se trouvent au Musée japonais de Dresde.

S'attendrait-on à voir figurer dans cette liste, après le roi chevalier, parmi les amateurs de porcelaines chinoises, Sully, le grand Sully lui-même? Cela est pourtant; lui non plus ne put résister à ce goût naissant, quoiqu'il dût quelquefois pourvoir à des nécessités plus pressantes, telles que de remplacer les pourpoints troués au coude, les chemises mêmes que le bon roi Henri usait avec prodigalité dans ses rudes campagnes. Malgré tout, en faveur des potiches il déroge à ses habitudes de proverbiale simplicité et se permet le luxe, énorme en ce temps-là, d'un vase de porcelaine, un vrai vase et des plus beaux. Que devint cette pièce? comment fut-elle plus tard enrichie d'une monture? Nul ne le sait. Quoi qu'il en soit, nous la retrouvons parmi les porcelaines orientales que Julliot, deux siècles plus tard, réunissait par ordre de Louis XVI, pour en former un Musée, dans une des galeries du Louvre. Voici la description qu'en donne Julliot : « *Vase de porcelaine de première qualité d'ancien la Chine, rond, couvert, à dessins de modèles et broderies, le pourtour à sujets de châteaux, pagodes à cheval, d'autres assises; garni de boutons, cercle, gorge et pied à feuille d'eau en bronze doré,* » et il ajoute : « *Ce morceau a appartenu au grand Sully.* »

Il est ici à regretter que Julliot, en omettant de mieux préciser les éléments de la décoration dont il parle, nous laisse douter s'il s'agit d'un camaïeu bleu ou d'une peinture polychrome, et cela malgré la qualification d'*ancien la Chine*, qui était employée au siècle dernier, et tout spécialement par lui, pour désigner les belles porcelaines ornées de peintures aux vives couleurs, qui constituent pour nous ce qu'on a appelé décors de la famille verte.

Si pour un instant nous voulons admettre cette seconde hypothèse, le vase de Sully serait le premier exemple qu'on puisse citer, et peut-être alors était-il unique de son espèce, car tout porte à croire qu'en 1600 il n'y avait guère en Europe que des porcelaines bleu et blanc. C'est là une assertion qui mérite d'être démontrée, et nous nous y arrêterons un instant pour développer les motifs de cette manière de voir.

A défaut de documents certains ou de chroniqueurs que nous puissions citer avec quelque assurance, nous conduirons notre lecteur dans les différents musées de l'Europe, nous lui montrerons les tableaux des maîtres du commencement du XVIIe siècle, qui s'appliquèrent le plus spécialement à reproduire avec une scrupuleuse exactitude des intérieurs de cabinets de curiosités et qui se plurent à réunir dans leurs compositions les plus magnifiques objets d'art qu'on connût alors.

Parmi ces accessoires charmants, à la peinture desquels les Van Utrecht, les Snyder, les Breughel ont consacré tant de talent, il est impossible de trouver une porcelaine à décor polychrome, alors qu'en parcourant les musées, si vous vous arrêtez devant ces œuvres amusantes et fines, c'est toujours un plat bleu que vous voyez aux mains de la servante dodue qui sourit en le posant sur la table, une bouteille bleue sur le buffet luisant, parmi les pièces de cuivre repoussé, une jatte bleue dont les dessins japonais ou chinois attirent le regard de l'amateur et semblent en même temps réjouir celui du personnage.

Pourquoi ce modèle toujours unique que le peintre prodigue à plaisir au milieu des coupes de nacre montées d'or et d'argent, des grès anciens aux brillantes couleurs, des faïences italiennes polychromes dont il charge les dressoirs de ses ménagères? Pourquoi tous ces artistes, témoins oculaires des merveilles qu'on apportait en Hollande des pays de l'extrême Orient, pourquoi surtout les Breughel eux-mêmes, dans leurs œuvres si multipliées, qui représentent l'art, le goût, l'odorat, et tant d'autres personnifications sous la forme de déesses ou de nymphes entourées de tous les attributs qui les caractérisent, n'ont-ils peint que de la porcelaine à dessins bleus?

Quand on constate cette perfection du rendu, cette finesse de pinceau, peut-on dire qu'ils aient reculé devant une reproduction trop difficile pour leur art, et que, connaissant la porcelaine chinoise aux couleurs multiples, ils se soient, par une timidité exagérée, privés des ressources que leur offraient les reflets chatoyants de leurs décors éclatants, dont ils auraient su faire autant de notes lumineuses et variées?

Cela est invraisemblable, et s'ils n'ont reproduit que la porcelaine bleue, et non les autres, c'est qu'ils ne connaissaient pas encore ces dernières.

Il faut bien remarquer, de plus, pour que cet argument ait toute sa valeur, que c'est bien de la porcelaine bleue de Chine ou du Japon qu'on a devant soi dans ces charmantes scènes d'intérieur, et non pas de la simple faïence de Delft que le peintre aurait prise pour modèle.

En effet, si Herman Pieters avait enfin réussi, vers 1600, à produire cette incomparable poterie à engobe blanche et laiteuse qu'il décorait de sujets et de peintures en bleu cobalt, ce ne fut qu'en 1650 qu'un autre maître faïencier delftois, Albregt de Keizer, abandonnant le premier genre d'ornementation et de sujets européens, eut l'idée de contrefaire les porcelaines bleues du Japon alors très en vogue et qui constituaient encore une nouveauté des plus coûteuses. Ainsi, d'après les peintres qui par leurs œuvres se sont faits les chroniqueurs de la curiosité jusque vers 1630, tous les vases en porcelaine orientale qu'ils avaient vus, comme très probablement aussi celui qui, dit-on, avait appartenu à Sully, étaient décorés uniquement de bleu. Et si nous recourons encore à l'auteur anglais que nous citions tout à l'heure, nous n'y trouvons plus rien sur les porcelaines introduites en Angleterre jusqu'au commencement du XVIIe siècle, sinon qu'elles étaient blanches comme celles que lord Burghley, trésorier d'Élisabeth, offrait à sa reine le jour de l'an 1588.

Il paraît donc que ce fut vers 1650 que les porcelaines décorées de plusieurs couleurs commencèrent à arriver de Chine en même temps que les premiers spécimens de la fabrication japonaise. C'est ce que pensaient aussi les amateurs du siècle dernier, dont Gersaint se faisait l'interprète en écrivant en 1747 : *La porcelaine la plus ordinaire est à fond blanc avec fleurs bleues, païsages, figures ou animaux; cependant depuis quelques années on en a vu une nouvelle sorte, à laquelle on donne le nom de porcelaine émaillée; les couleurs en sont vives, mais il n'y a pas d'accord entre elles* [1].

Quoi qu'il en soit, ce fut à partir de ce moment que les porcelaines de toutes sortes vinrent orner les châteaux royaux et les somptueuses demeures des Richelieu, des Mazarin et des princes du sang, pour y remplacer bientôt la vaisselle d'or et d'argent, dont on faisait hommage au roi pour battre monnaie et continuer ses conquêtes. Mises en vogue par les grands du royaume, recherchées à l'envi par tous ceux qui se piquaient de bon goût, les porcelaines de Chine ne tardèrent pas à se grouper en véritables collections. C'est d'abord le duc d'Orléans, qui en réunit une certaine quantité; puis ce fut le Dauphin, qui rechercha tout particulièrement les blanches ornées de bleu sous couverte, qu'on regardait alors comme les plus belles à cause de la finesse de leur pâte et de l'extrême délicatesse de leurs décors. L'importante collection qu'il avait rassemblée fut rangée à Versailles dans de magnifiques vitrines construites tout exprès par le fameux ébéniste Boule. Malheureusement ces beaux meubles, avec une partie de ce qu'ils contenaient, furent détruits lors de l'incendie de la galerie dont ils constituaient la précieuse ornementation.

Les princes et les grands seigneurs n'étaient pas les seuls amateurs de porcelaines; à la fin du XVIIIe siècle il y avait déjà beaucoup de curieux qui les leur disputaient à prix d'or; aussi, lorsque quelques morceaux un peu importants se présentaient en vente, c'était un événement dans le monde des arts et de la curiosité. On commençait par en discuter le mérite, puis on supputait les enchères que la convoitise des uns ou l'amour-propre des autres amèneraient le jour de l'adjudication. De petites intrigues se nouaient pour évincer tel ou tel acheteur. Le bon La Fontaine lui-même, oubliant un jour ses animaux mora-

---

[1]. Catalogue de la vente des tableaux, bijoux, porcelaines, etc., de M. Angran, vicomte de Fonspertuis. Paris, 1747.

listes, accepta du prince de Conti la mission délicate d'écarter son ami du Vivier comme concurrent à l'adjudication de deux magots dont le prince du sang avait grande envie. Le fabuliste, ayant réussi dans son ambassade, écrivait au prince, en 1689 : *Si Jupiter appeloit les voix, votre esprit et votre valeur auroient une ample matière à s'exercer; nous en parlions, il y a deux jours, du Vivier et moi, et il me pria de vous assurer de ses très humbles respects. Nous fîmes des vœux très particuliers en votre faveur; ils n'étoient ouïs que de quelques idoles chinoises et du destin, qui apparemment les exaucera* [1].

Il fallait être fermier général, ou prince, ou duc et pair, pour se rendre acquéreur de quelques pièces de choix, et rouler sur l'or des mines du Pérou pour pousser le luxe jusqu'à se servir de ces fragiles et charmants gobelets de porcelaine fine, comme le faisaient les capitaines des galions espagnols coulés à Vigo, en 1702, par les Anglais et les Hollandais.

Ces navires étaient-ils réellement chargés d'or et d'argent? La légende l'assurait si bien qu'un ingénieur français a tenté de reprendre à l'Océan le dépôt qu'il recélait depuis si longtemps. Ses efforts ont été couronnés d'un succès relatif; les restes des fameux galions furent en effet retrouvés, arrachés pièce à pièce du fond de la mer, mais sans livrer le moindre lingot. Plus heureux que les chercheurs d'or, nous avons découvert parmi les objets qu'ont rapportés les plongeurs de M. Bazin des fragments de poteries hispano-arabes et des tessons de porcelaines chinoises, dont l'un attira particulièrement notre attention. C'est une tasse presque entière (fig. 62), en belle et fine matière, décorée de

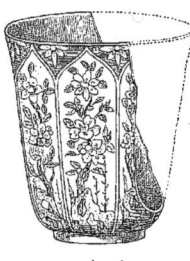

Fig. 62. Marque 99.

légers feuillages en bleu sous couverte et portant sous le pied la marque si connue de la coquille marine. Si riches, si prodigues peut-être qu'on veuille supposer ces capitaines trafiquants d'or et d'argent, ils n'en étaient pas moins de cette race de rudes navigateurs assez inaccessibles au raffinement du plaisir qu'il pouvait y avoir à prendre son chocolat dans le même gobelet dont s'était servi, deux cents ans plus tôt, l'un des mandarins de Tch'ing-hao. N'était-ce pas assez d'une porcelaine apportée récemment des confins de l'Orient par quelqu'un des leurs! c'est-à-dire d'une tasse fabriquée en Chine vers la fin du règne de l'empereur Khang-hy, et portant une marque de cette période?

Nous disions tout à l'heure que le duc d'Orléans avait été le premier qui se fût occupé de réunir quelques porcelaines orientales. Le premier aussi, il fit vendre sa collec-

---

[1]. Œuvres diverses (Paris, 1744).

tion presque au même moment où les débris de celle du Dauphin subissaient le même sort : « Tant et si magnifiques morceaux, disent les chroniqueurs, éparpillés à la fois aux mains des amateurs, augmentèrent sensiblement l'importance des cabinets particuliers. » C'est, en effet, de ces royales épaves, qu'un officier des gardes françaises, ce même M. du Vivier, dont parlait La Fontaine, eut l'occasion d'enrichir sa collection formée de 1680 à 1710. Elle est la première sur laquelle nous ayons des données à peu près certaines, parce qu'il la légua à son neveu, le vicomte de Fonspertuis, et que nous retrouvons la description des pièces qui la composaient dans le catalogue du magnifique cabinet de ce neveu, digne continuateur de l'œuvre commencée par son oncle.

M. Angran, vicomte de Fonspertuis, fut certainement le collectionneur le plus en renom du commencement du siècle dernier, tant à cause de ses nombreuses connaissances que par l'importance de son cabinet, dans lequel il avait réuni toutes sortes d'objets d'art et de curiosité.

Pas plus que l'ombre de M. du Vivier, la sienne n'eut la satisfaction de voir respecter ce cabinet, objet des études et des patientes recherches de deux générations successives.

Les héritiers de Fonspertuis firent tout vendre aux enchères publiques et chargèrent E.-F. Gersaint d'en dresser le volumineux catalogue comprenant plus de sept cents numéros.

Cent quinze articles sont consacrés à la désignation de tableaux de maîtres, parmi lesquels des œuvres connues que le burin a reproduites et que nous indiquons ici en passant.

La Kermesse, de Wouwermans, adjugée 603 livres; *la Noce de village,* de David Téniers, vendue 6,000 livres; son *Rémouleur,* 603 livres; *la Prairie* et *le Port de mer,* de Nicolas Berghem; deux *Portraits* de femme, par Rembrandt, 200 livres; puis des Van Dyck, des Claude Le Lorrain, et d'autres toiles des meilleurs peintres des écoles française et italienne.

Ensuite venaient des bijoux, des bronzes, des meubles anciens, des dessins et des estampes; enfin des porcelaines de Saxe, quelques faïences orientales, et deux cent soixante articles consacrés à la description des porcelaines de Chine et du Japon, statuettes, animaux, vases de toutes formes et de toutes grandeurs, souvent par paires ou composant des garnitures de plusieurs pièces.

En présence d'un ensemble aussi remarquable, Gersaint ne crut pas devoir s'en tenir à dresser simplement la liste des morceaux qu'il allait adjuger au plus offrant. Il ajouta à ses descriptions des renseignements et des explications qui donnent à son catalogue raisonné un intérêt spécial : car, sans qu'il faille voir dans ce directeur de vente plutôt qu'expert reconnu et autorisé, ni un savant ni un érudit, on doit cependant lui supposer une dose suffisante des connaissances pratiques de son métier, et par conséquent le croire bien au courant des opinions de son temps sur les différentes sortes de porcelaines qu'il présentait aux amateurs.

Nous citerons donc quelques-uns de ses commentaires en même temps que nous jetterons un rapide coup d'œil sur la collection du vicomte de Fonspertuis, vendue en décembre 1747 et janvier 1748. Suivant l'usage, Gersaint fait d'abord un pompeux éloge du défunt et nous apprend que le vicomte de Fonspertuis ne s'en était pas tenu à ce que lui avait légué son oncle, mais qu'il avait constamment recherché et mis à profit les occasions d'augmenter sa collection devenue peu à peu la plus importante qu'on ait vue jusqu'alors. Puis, comprenant sans doute qu'il était bon d'exciter chez les autres un peu de cet amour des porcelaines, passion dominatrice du vicomte, et que pour arriver à ce but il fallait expliquer ce qu'étaient ces belles et gracieuses poteries de l'extrême Orient : « Ce serait ici la véritable occasion, écrivait-il, de tâcher d'instruire le public sur l'origine, la composition et les mérites qui les caractérisent, mais la chose serait d'autant plus difficile qu'on ne connaît aucun voyageur qui en ait parlé d'une façon satisfaisante. »

Gersaint, et avec lui tous les amateurs de son temps, ne savaient en effet rien des porcelaines au point de vue technique. Ils ne connaissaient de leur histoire que les légendes erronées et fantaisistes transmises par le père d'Entrecolle. Mais ils savaient qu'elles étaient belles, qu'elles charmaient par l'éclat de leurs admirables couleurs, que telle sorte était recherchée, telle autre plus rare encore; ils savaient enfin approximativement depuis quand certaines espèces avaient fait leur apparition.

Voici l'énumération que fait ensuite Gersaint de toutes les porcelaines connues à cette époque : « On en fait en Chine de toutes les couleurs, dit-il : la jaune destinée à l'usage de l'Empereur, la grise qui approche du céladon. On en voit peu de cette espèce ; elle est le plus souvent hachée d'une infinité de petites lignes irrégulières qui se croisent comme si le vase étoit fêlé dans toutes ses parties. Il s'en trouve aussi avec de grandes raies, dont l'effet est encore plus sensible ; on appelle ordinairement ces porcelaines truitées ou craquelées, suivant la grandeur ou la petitesse de ces espèces de fêlures. On en voit aussi de bleue, de rouge et de verte, mais ces couleurs sont difficiles à étendre également, et rarement elles réussissent, ce qui en rend les morceaux fort chers quand ils sont parfaits. J'en ay vu également de noires, mais elles sont fort rares ici et ne pourraient d'ailleurs plaire que par leur rareté, cette couleur les rendant trop tristes. Enfin il y a la porcelaine blanche décorée de bleu qui est la plus ordinaire, et la nouvelle sorte à couleurs émaillées, qu'on voit seulement depuis quelques années. »

Nous voyons une fois de plus par là que la majeure partie des porcelaines de Chine qu'on possédait en France au commencement du siècle dernier étaient blanches à décors bleus, puis qu'on connaissait déjà une certaine quantité des différentes couvertes colorées et des fonds émaillés sur biscuit, et qu'enfin les pièces ornées de peintures en émaux de couleur étaient encore relativement peu communes et connues seulement depuis peu de temps.

Passons maintenant à l'examen du catalogue proprement dit. Après la description de bouteilles, de vases et autres pièces d'ancien bleu et blanc, à broderies et bocages, comme on disait alors, provenant en partie de la collection de Mgr le Dauphin, nous remarquons d'abord :

N° 52. — Un magnifique pot-pourri à double couvercle d'ancienne porcelaine truitée à fleurs de couleur et monté en or. Ce morceau peut passer pour unique, il vient du cabinet de Mme de Verrue, qui le tenoit du prince de Condé.

Vient ensuite la succession des vases, des mortiers à pans et des statuettes en ancienne porcelaine coloriée du Japon dont nous avons déjà parlé.

Passant alors aux blancs de Chine, Gersaint en fait ainsi l'éloge : « L'ancien blanc a toujours été très estimé des connaisseurs, principalement en Espagne où on le préfère à toute autre espèce. Il est vrai qu'il n'y a rien de plus séduisant à l'œil que le ton velouté, doux et mat que les Orientaux ont su donner à cette porcelaine. » Et il cite :

N°s 67, 68, 157, 162 et 249. — Des gobelets et théières d'ancien blanc à fleurs de relief, celles-ci montées en or et en vermeil, des statuettes de la déesse Kouan-in, deux espèces de diables ou divinités chinoises, montées sur des têtes de monstres marins, placées sur des terrasses qui imitent les ondes de la mer, enfin des bouteilles d'ancien beau blanc avec dragon en relief sur le goulot (Pl. XIV).

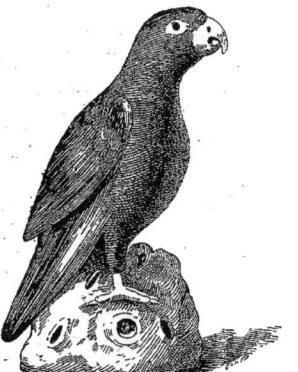
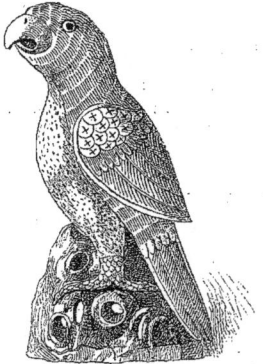

Fig. 63. — Perroquet violet sur terrasse bleu turquoise.　　　　Fig. 64. — Perroquet vert.

Puis, arrivant aux porcelaines à couvertes colorées, Gersaint nous dit que « tous les morceaux à fond bleu, vert, gris de lin, céladon ou autres couleurs, sont toujours recherchés, parce qu'il s'en trouve beaucoup moins qu'à fond blanc; ces couleurs sont en outre toujours plus agréables à l'œil. » Et il décrit des perroquets, des chimères en porcelaine verte, bleu céleste (turquoise) sur terrasses violettes, ou réciproquement; des vases gaufrés, des céladons, une ou deux pièces à fond bleu lapis (bleu soufflé), des truités, des craquelés, et enfin, une foule d'objets en porcelaine fond blanc avec fleurs, pagodes ou dragons peints en couleur.

Viennent encore une série de pièces à décor vieille famille verte, émaillées sur biscuit, que Gersaint désigne indifféremment sous le nom d'ancienne porcelaine de couleur ou de porcelaine verte. Nous y trouvons :

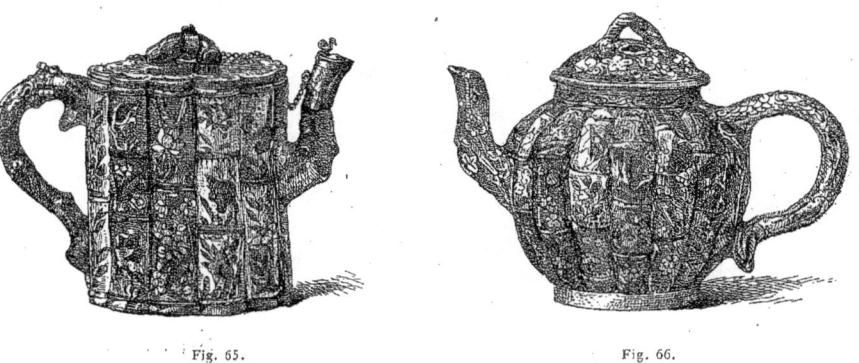

Fig. 65.
Col. O. du S.
Fig. 66.

N° 195. — Deux théières vertes en forme de faisceau de roseaux. —Vendues 6 livres 12 sous.

N° 206. — Deux magots placés sur des tigres dont les queues sont relevées et se détachent quand on le veut. —Vendus 192 livres 10 sous.

« Ces deux pièces, ajoute Gersaint, sont d'ancien la Chine et du plus beau; elles sont parfaitement conservées; les têtes des figures sont très bien caractérisées; on peut donner la position que l'on souhaite à ces figures, les corps n'étant point attachés et pouvant se tourner à volonté. »

Grâce à ce commentaire, nous reconnaissons l'un de ces magots dans le singulier personnage monté sur un tigre (fig. 67), et dont la partie supérieure du corps se sépare en effet à la ceinture et peut prendre telle position qu'on veut; la pièce est décorée sur biscuit, les chairs sont d'un ton violacé, le justaucorps noir avec ornements verts réservés. Comme les statuettes (Pl. XI, n°s 69-70), et les autres parties du vêtement, diversement colorées; enfin le tigre est fauve rayé de noir au naturel.

EN EUROPE

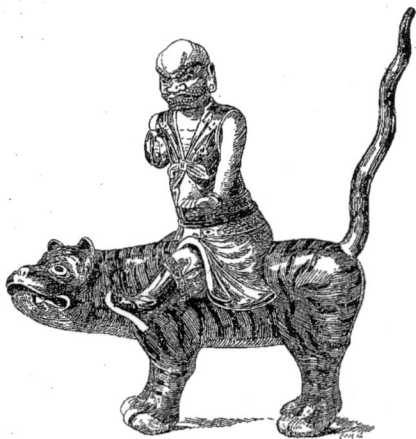

Fig. 67. — Hauteur du groupe : 0m28. — Col. de M. Léon Fould, à Paris.

N° 198. — Une théière en porcelaine de la Chine coloriée, singulièrement imaginée en forme de carpe sortant des eaux. —Vendue 14 livres 4 sous.

N° 303. — Deux jolies poules de porcelaine de la Chine, de couleur, en forme de théière et très bien peintes, portant chacune un petit poussin sur le dos. —Vendues 60 livres.

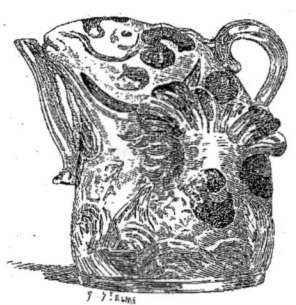
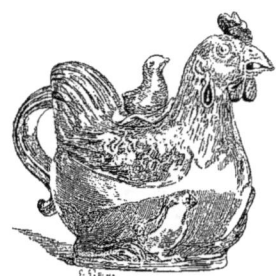

Fig. 68. Col. O. du S. Fig. 69.

Dans un genre bien différent, nous ne pouvons nous dispenser de citer :

N° 120. — Deux bouteilles carrées de porcelaine de couleur, à pagodes et tigres, montées sur des pieds de bronze doré, d'or moulu. —Vendues 14 livres.

que l'auteur dévoile comme ayant été décorées en Hollande : « Les figures, les animaux et les autres ornements, dit-il, qui se trouvent sur ces bouteilles ont été peints en Hollande, ce qu'on y fait souvent mal à propos sur des morceaux d'un beau blanc. »

Si nous avons tenu à citer ces deux pièces d'un intérêt médiocre par elles-mêmes, c'était pour signaler au lecteur dans l'ordre chronologique la constatation positive des contrefaçons auxquelles se livraient plus ou moins heureusement les peintres delftois, au commencement du siècle dernier et sur lesquelles nous reviendrons plus tard, nous contentant pour le moment du blâme que Gersaint adressait aux Hollandais. Ce n'est d'ailleurs pas le seul, car en parlant des pièces bleues ou coloriées, dont la tranche non munie de glaçure a été ensuite recouverte d'un vernis brun, il dit encore : « Les amateurs de ce pays n'estiment et ne distinguent l'ancienne porcelaine que lorsqu'ils voient des bords bruns ; c'est leur manie et tel beau que puisse être un morceau, s'il n'est revêtu de ce bord brun, ils le méconnaissent et même ils n'en veulent pas. »

Outre les produits de l'extrême Orient, comprenant avec les porcelaines quelques pièces en terre des Indes et de la Perse, M. de Fonspertuis s'était efforcé de réunir quelques beaux morceaux de Saxe fort difficiles à se procurer alors.

Il y avait des vases, des garnitures entières, des pots à tabac, des saladiers, dont Gersaint fait la description, en qualifiant déjà certaines pièces d'ancienne porcelaine de Saxe. Ces morceaux de choix étaient pour la plupart ornés de peintures copiées sur les porcelaines de l'ancienne première qualité du Japon et souvent avec une telle perfection, que l'auteur du catalogue avoue lui-même qu'il s'y serait trompé, si ces pièces n'avaient été marquées aux deux épées de la manufacture de Saxe. « Je n'ai pas été le seul, dit-il, après avoir décrit, n° 94, deux saladiers à pans et à pagodes copiés d'après l'ancien Japon, qui ait balancé à pouvoir en constater la qualité, et je ne rougis pas d'avouer que j'ai même été quelque temps à délibérer. Mais je m'aperçus qu'il y avait un cachet au milieu du dessous de chaque pièce. Ce cachet, qui me dénotait quelque petite supercherie, confirma mon soupçon, et en effet, après l'avoir levé, mon doute fut éclairci par les deux épées en sautoir que j'y vis peintes. Peut-être que M. de Fonspertuis avait acquis ces copies dans l'intention de se procurer le plaisir de la surprise de la part de quelques curieux. Quoi qu'il en soit, ces deux morceaux sont remarquables, et je doute qu'il soit jamais rien sorti de la manufacture de Dresde qui ait été fait avec plus de soin pour imiter l'ancienne porcelaine. »

Ceux qui nous ont suivi jusqu'au bout de ce long catalogue, et qui, de nos jours, s'occupent de céramique artistique, s'étonneront de ne pas trouver une seule pièce de faïence européenne dans une si belle collection. Ils comprendront difficilement que l'homme de goût qui avait réuni les plus beaux spécimens de toutes les porcelaines connues de son temps, n'ait point tenu à compléter l'ensemble de cette collection par la possession de quelques beaux exemplaires de ces majoliques dont nous avons vu Passeri se faire le chaleureux défenseur et qu'on paierait aujourd'hui des prix fabuleux. Ce manque absolu d'estime pour les faïences n'était point spécial à M. de Fonspertuis ; il fut commun à tous les curieux du XVIIIe siècle, qui réservaient comme lui aux porcelaines orientales une place importante dans leur cabinet. Pour celles-ci, rien ne paraissait trop beau ni trop coûteux, elles étaient garnies d'or et d'argent ou enrichies de montures en bronze, aux formes gracieuses amoureusement fouillées par le fin ciseau de Gouthière lui-même ou de ses émules.

Tous les amateurs du siècle dernier, disons-nous, ont eu des potiches. Après les princes du sang, après M. Du Vivier et le vicomte de Fonspertuis, c'est au milieu d'une foule d'autres que nous citerons le peintre Coypel dont la collection est vendue en 1753, puis M. de Jullienne, un grand industriel, dont le cabinet est livré aux enchères en 1767. Un an plus tard, ce fut le tour de la collection de M. Gaignat, secrétaire du roi, qui avait un goût particulier pour les céladons, les flambés et les craquelés ; dix ans après on vendait les nombreuses porcelaines qu'avait réunies M. de Randon de Boisset, receveur général des finances. Enfin, en 1781, c'est le cabinet de la duchesse de Mazarin qui passe par morceaux aux mains du plus offrant, et l'année suivante celui de son beau-père, le duc d'Aumont, type du grand seigneur ami et protecteur des arts, dont le riche ameublement réunissait tout ce que le goût français enfanta de mieux sous le règne du grand roi et sous celui de son petit-fils Louis XV.

Le cabinet du duc d'Aumont a fait l'objet d'un travail spécial par le baron Davillier auquel notre lecteur pourra se reporter. Il y verra les porcelaines orientales que possédait le duc et qui provenaient, pour la plupart, des collections plus complètes en ce genre de curiosités, sur lesquelles nous allons nous arrêter quelque peu et donner, ainsi que sur leurs créateurs, quelques détails.

La plus importante et la plus complète entre toutes était celle de M. de Jullienne, qui avait trouvé dans la curiosité la distraction chèrement appréciée d'une grande existence industrielle.

M. de Jullienne était un bourgeois, mais un bourgeois puissamment riche, ni plus ni moins que le propriétaire de ce qui est aujourd'hui la fabrique des Gobelins, où se trouvaient alors ses teintureries et ses fabriques de draps qu'il tenait de son oncle Gluck, fondateur de cette industrie.

Sorti d'une famille d'ouvriers, peu à peu élevé au-dessus de son origine par le travail et la fortune, il fut plus tard anobli par lettres du roi de 1736, anobli de cette petite noblesse sans conséquence, si fréquemment et si facilement donnée au siècle dernier. Noblesse de courtoisie, pour ainsi dire, que ceux qui en étaient revêtus avaient le bon sens de ne pas prendre très au sérieux, dont les grands seigneurs avaient le bon goût de ne point faire gorge chaude, et qui permettait aux uns et aux autres de se rencontrer sur le même terrain dans une égalité apparente, tout juste comme de nos jours l'habit noir confond dans un salon le millionnaire et le pauvre diable qui y est admis.

Cette noblesse avait un autre avantage ; c'est que quand le bourgeois était riche, comme c'était ici le cas, elle lui permettait quelquefois de monter un échelon de plus en aspirant à la main d'une fille pauvre, mais de bonne maison, heureuse de trouver un prétexte pour échapper à son triste sort sans paraître tomber trop bas. C'est ainsi que M. de Jullienne épousa Mlle de Brécy et que, devenant l'oncle par alliance de M. de Montullé, secrétaire des commandements de la reine, qui fut plus tard son héritier, il entra dans une famille dont les goûts artistiques durent encourager les siens et le rapprocher d'elle.

Il était né en 1686, et au début de sa vie s'était cru peintre. Mais il connut Watteau, se lia avec lui comme avec Lemoine, et quand il eut compris le talent de ses deux amis, il déposa sagement le pinceau, revint à l'industrie de sa famille, teignit beaucoup de laine, fit beaucoup de drap, gagna beaucoup d'argent, et sut en consacrer une partie à la longue et patiente formation d'une des plus belles collections de son temps.

On surprendrait profondément un amateur de nos jours si on lui disait qu'un des plus beaux cabinets d'objets d'art existant dans Paris a son sanctuaire dans le quartier Mouffetard, sur les bords de cette rivière souterraine et fangeuse qu'on appelle la Bièvre. Il verrait à ce seul mot passer devant ses yeux ces rues vulgaires et sales, ces tanneries qui empoisonnent l'air. Il s'étonnerait qu'un homme de goût, réservant à côté de ses préoccupations industrielles une partie de lui-même à des recherches plus raffinées, puisse vivre dans cette atmosphère, supporter le choquant contraste entre ce milieu repoussant et les trésors de l'art qu'il y aurait apportés. C'est là pourtant, et dans l'enceinte même de sa fabrique, que Jullienne avait amoureusement amassé ses richesses artistiques. Il n'avait qu'un pas à faire pour passer des ateliers où s'augmentait à chaque instant sa fortune dans sa galerie où il la dépensait si noblement. Mais il faut dire qu'en ce temps-là les Gobelins c'était la campagne, cette charmante et gracieuse campagne des environs de Paris entrecoupée çà et là de grands arbres et de nids de verdure qui dissimulaient alors plus d'une petite maison élégante et discrète où quelques grands seigneurs prodiguaient à d'illégitimes amours le luxe et les charmes d'une grande existence. Là pouvait vivre sans répugnance un délicat comme Jullienne, là pouvait venir partager ses loisirs et cultiver son amitié le peintre du *Départ pour Cythère* et de la *Fête galante*.

Avant toute chose, Jullienne eut des tableaux, des meilleurs, et, suivant le catalogue rédigé par Pierre Remy, *des plus ragoûtants*. On comprend que cet expert pût être en effet des plus *ragoûtés* quand il se trouvait avoir à énumérer des Raphaëls, des Corrèges, des

Jules Romains, et d'autre part, des Téniers, des Wouwermans, des Ostades. Il est remarquable que ce furent ces derniers, les Flamands, qui obtinrent le plus haut prix dans la vente de Jullienne. Elle était donc déjà en pleine activité, la réaction qui nous ramenait de l'injuste dédain de Louis XIV pour les bambochades flamandes.

A côté de ces tableaux (nous laisserons les porcelaines pour tout à l'heure), M. de Jullienne avait des dessins, des estampes, des vases, des armes, des meubles choisis avec un goût scrupuleux; tout cela fut, jusqu'à la dernière heure, la consolation des yeux et du cœur de ce galant homme, qui au milieu de sa grande fortune avait eu la douleur de perdre l'un après l'autre tous ses enfants. Après qu'il avait donné une partie de ses loisirs à la bienfaisance, il ne trouvait de plaisir qu'à se faire promener, alors même qu'il était devenu paralytique, au milieu de ses richesses artistiques, admirant, touchant, dérangeant chaque chose pour chercher à la mettre sous un jour meilleur.

Il mourut en 1766, entouré de l'estime générale, chevalier de Saint-Michel, membre honoraire de l'Académie des beaux-arts, qui l'avait appelé dans son sein en 1739 pour le remercier de la magnifique publication de l'œuvre gravée de Watteau, éditée par lui.

Sa fortune, sa manufacture et sa collection s'en allèrent à ce neveu par alliance, M. de Montullé, dont nous avons parlé. La collection fut vendue, M. de Montullé en garda quelques pièces, et si, de l'autre monde, M. de Jullienne put assister aux enchères dans ce grand salon carré du Louvre où se fit la vente, il dut être content des amateurs ses confrères, les Praslin, les Choiseul, les La Hire d'Aumont et tant d'autres qui s'arrachèrent au feu des enchères ses dépouilles opimes, et de lui-même aussi, dont le goût et le savoir-faire se trouvaient ainsi consacrés par tout ce que le monde de la curiosité comptait alors de plus éclairé.

Ce qui resta de ce cabinet précieux ne tomba point en des mains indignes, et puisque nous nous laissons aller ici à ce plaisir rétrospectif et plein de charme qui consiste à remuer les vieux souvenirs, à soulever un peu de cette poussière des temps passés qui contient pour les amateurs une sorte de parfum pénétrant et particulier, pourquoi ne pas rappeler en quelques mots ce gentilhomme, un vrai celui-là, quoique de robe, héritier de Jullienne dans tous les sens, qui eut ses goûts, ses aptitudes, et sut, lui aussi, réunir une foule de belles choses d'où la porcelaine de Chine n'était pas exclue. Il est une transition naturelle entre l'ouvrier enrichi dont nous venons de parler et qui sut s'élever par ses goûts à une sphère supérieure où l'argent n'eût point suffi à le faire entrer, et un collectionneur d'un autre genre, la duchesse de Mazarin, issue d'une famille princière, représentant une des personnalités les plus élevées de la grande société aristocratique, pour qui la réunion de toutes les belles choses semble une nécessité de la vie, un accompagnement naturel de la haute existence, le mobilier indispensable et usuel de ses palais, de ses châteaux, de ses hôtels. Pour la duchesse de Mazarin le goût des arts et de la curiosité fut comme un héritage transmis à travers tout un siècle de vicissitudes et d'aventures et venant en droite ligne du grand cardinal son ancêtre. M. de Montullé, lui, était conseiller au Parlement; il fut de cette race des présidents Hénault, de Brosses, Bouhier, qui ont jeté sur la magistrature du dernier siècle un reflet si séduisant d'épicurisme délicat. Ces présidents-là aimaient les arts, les cultivaient, pratiquaient les artistes, avaient de l'esprit, savaient au besoin manquer un peu de tenue, n'étaient jamais pédants, adoraient les bibelots, comme Sainte-Palaye qui collectionnait les boucliers de Pharamond, comme de Brosses, qui, après avoir envoyé d'Italie des lettres exquises, en rapportait une foule d'objets d'art, enfin comme ce Montullé lui-même, dont le goût a été consacré par les dédicaces que lui firent un grand nombre de graveurs du temps, qui reproduisirent les plus jolis tableaux de son cabinet.

Après avoir retracé cette existence de collectionneur autour de laquelle nous avons fait quelque peu l'école buissonnière, revenons à ce qui nous intéresse dans le cabinet de M. de Jullienne au moment où il fut livré aux enchères publiques. Nous avons dit déjà, que le catalogue des tableaux, dessins et estampes avait été fait par le peintre Pierre Rémy; celui des porcelaines, laques, meubles et autres objets précieux, fut rédigé par Julliot, marchand de curiosités, qui devint bientôt l'expert le plus autorisé de la fin du siècle dernier.

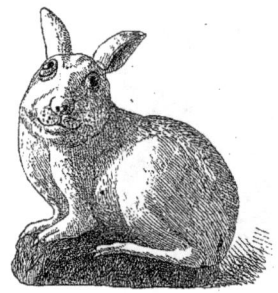

Fig. 70. — Col. de M. Fournier père, à Paris.

Nous ne le suivrons pas dans l'énumération des magnifiques porcelaines orientales que possédait M. de Jullienne et dont il fait l'éloge, en prenant soin d'indiquer loyalement les fêlures et autres défauts qui pouvaient déprécier certaines pièces aux yeux des acheteurs. Ainsi que nous l'avons fait pour M. de Fonspertuis, nous nous contenterons de citer quelques articles du volumineux catalogue dont les 250 numéros consacrés à la porcelaine de Chine et du Japon réalisèrent à la vente la somme, énorme à cette époque, de 90,000 livres environ.

Après les nombreux spécimens, d'ancienne première qualité du Japon, d'ancien et nouveau Japon, parmi lesquelles :

N° 1369. — Deux lapins d'ancien blanc, parfaits de naturel.

nous remarquons, au milieu d'une foule de pièces à couverte colorée :

N° 1400. — Deux grands vases, ancienne porcelaine céladon foncé du Japon, à feuillage et fleurs de relief, garnis d'anses à dragons et pieds de bronze. Hauteur, avec leurs ornements, 38 pouces. —Vendus 200 livres 5 sous.

N° 1413. — Un admirable vieillard, d'ancienne porcelaine truitée du Japon, sur un cheval de couleur bleuâtre ; il est coiffé d'un grand chapeau brun rabattu. — Adjugé au duc d'Aumont pour 840 liv.

N° 1417. — Une bouteille à long goulot de porcelaine de Chine céladon, à flammes et dragons qui serpentent sur la circonférence de la panse. Hauteur, avec les ornements, 33 pouces; diamètre, 26 pouces. — Adjugé à M. Julliot pour 1,996 livres.

Puis viennent des bleus turquoises, des violets, parmi lesquels, outre une foule de vases, de bouteilles à dragons en relief, d'animaux et de théières de formes bizarres, nous retrouvons :

N° 1423. — Deux grands lions (chiens de Fô, pl. XII, n° 58), d'ancien bleu céleste, fond uni, panachés de violet, chacun sur un piédestal en porcelaine de couleur violette. — Adjugés à M. Gaignat pour 4,800 livres.

N° 1427. — Deux vases de forme particulière (pl. XIII, n° 57), qui, vendus 600 livres à M. de Bresseval, passent ensuite dans la collection de Mme de Mazarin, où nous les retrouvons, au n° 101 du catalogue de la vente.

Deux vases gaufrés, à dessins d'écailles de carpe et entourés de deux serpents en relief formant les anses. Hauteur, 14 pouces avec la monture. — Ce fut M. le duc d'Aumont qui s'en rendit alors acquéreur au prix de 895 livres.

N° 1430. — Deux paniers à roseaux et petits feuillages en relief, d'ancien bleu céleste et violet.

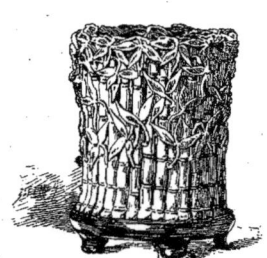 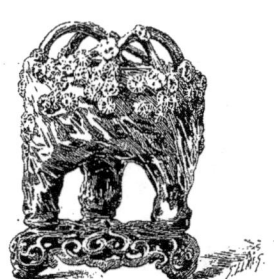

Fig. 71.   Fig. 72.

Col. de M. L. Poiret, à Paris.

Nous voyons ensuite figurer quelques vases fond bleu lapis (bleu fouetté), les uns rehaussés d'or, les autres à cartouches réservés, ornés eux-mêmes de branchages, de fleurs et de sujets en camaïeu bleu ou en émaux de la famille verte, qui atteignent des prix fort élevés.

Vient alors cette succession obligée dans toute collection, de vases grands et petits, bouteilles et pièces diverses, décorés de *broderies* et *bocages,* en bleu sous couverte, ou en émaux de couleurs, d'autres avec personnages et animaux chimériques. De ceux-ci nous citerons :

N° 1458. — Deux grands rouleaux d'ancien la Chine, fond rouge, à dragons diversement coloriés, garnis de cols et pieds de bronze. —Vendus 54 livres.

N° 1459. — Une bouteille à long goulot et grosse panse, d'ancien la Chine à dragons de couleur, garnie d'un pied de bronze. — Vendue 481 livres.

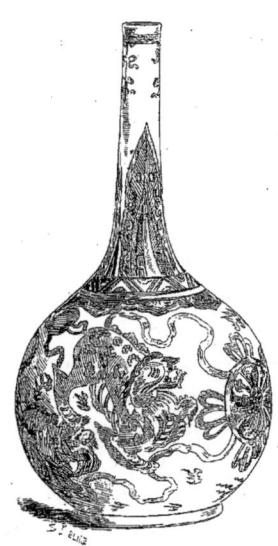

Fig. 73. — Col. O. du S.

Ce sont encore des truités, des craquelés, comme les vases :

N° 481. — Deux vases (pl. IX, n° 52) de porcelaine craquelée de la Chine; sur les rebords du haut des collets, sur la naissance de chaque panse et du bas des pieds, règne une dentelle brune d'ornements chinois en relief, et, sur les côtés, des masques de même genre.

Puis enfin, une quantité de statuettes de personnages ou d'animaux, des théières décorées sur biscuit de peintures vieille famille verte. Enfin le catalogue énumère une foule de pots pourris, d'aiguières, de plats et de pièces de service.

Après les porcelaines orientales viennent quelques pièces importantes de Saxe et de la manufacture de Sèvres dont nous n'avons point à nous occuper ici. De ces dernières, nous citerons pourtant trois paires de vases, pour que le lecteur puisse comparer les prix d'alors avec ceux auxquels les mêmes pièces se vendraient aujourd'hui.

N° 1554. — Deux vases de porcelaine de Sèvres, bleu céleste, à cartouches fond blanc, renfermant des trophées coloriés; leurs gorges, couvercles, sont à jour, sur lesquels règnent de petits feuillages verts en relief. — Retirés à 160 livres.

N° 1555. — Deux autres vases de semblable porcelaine, à cartouches d'oiseaux de couleur. —Vendus 60 livres.

N° 1561. — Deux vases de jolie forme et à oreilles, de porcelaine de Sèvres fond bleu turc, à mosaïque en or, avec cartouches à oiseaux et feuillages de diverses couleurs. —Vendus 402 livres.

La vente terminée, toutes ces richesses artistiques se dispersèrent, quittant les unes après les autres le salon carré du Louvre dont le Roi leur avait octroyé l'entrée, rendant par là hommage à leur mérite et à la mémoire de celui qui les avait réunies.

Les porcelaines avaient-elles été seulement tolérées comme accessoires du cabinet de M. de Jullienne et suivant timidement les chefs-d'œuvre de la peinture? Non, elles étaient entrées au Louvre la tête haute et en sortirent non moins fièrement, après y avoir obtenu les mêmes enchères qu'un *Saint Jean dans le désert* et une *Sainte Famille* de Raphaël Sanzio, qui se vendirent l'un 495 livres, l'autre 399 livres, l'*Enfant Jésus* de Guido Reni adjugé 1,100 livres, et tant d'autres toiles des meilleurs maîtres de toutes les écoles.

M. Gaignat, secrétaire du roi et receveur des consignations, ne jouit point longtemps des tableaux et des porcelaines qu'il avait achetés à la vente de M. de Jullienne; la mort le surprit tout à coup, et son cabinet, ainsi que sa bibliothèque, l'une des plus remarquables qu'on eût vues jusques alors, furent vendus en 1768.

Une soixantaine de tableaux des meilleurs peintres de toutes les écoles, parmi lesquels un Murillo vendu 17,535 livres, un Van Dyck 9,200 livres, un Van Ostade 10,800 livres, un David Téniers 18,030 livres, un P. Wouwermans 14,560 livres, cités au hasard au milieu de tant d'autres du plus grand mérite, si l'on en juge par l'énorme somme de 207,458 livres qu'ils produisirent à la vente, des meubles anciens, des bronzes, des bijoux, des porcelaines, formaient ce cabinet plus remarquable par la valeur des pièces que par leur nombre.

M. Gaignat n'avait point de porcelaines du Japon, il s'était uniquement occupé des produits chinois dont il avait réuni les plus beaux spécimens; un goût spécial lui avait fait rechercher tout particulièrement les décorations de grand feu et de demi-grand feu sur biscuit; aussi la plupart des soixante-dix morceaux de choix qu'il possédait étaient-ils des céladons de tous genres, des craquelés, des flambés, des bleus turquoises, des violets et des pièces décorées vieille famille verte.

Poursuivant jusqu'au delà de la vie la jalouse sollicitude qu'il avait eue pour ses collections et prévoyant le sort qui leur était réservé, M. Gaignat prit soin, dans son testament, de désigner Pierre Remy, qui avait sa confiance, pour en dresser le catalogue et en diriger la vente; celui-ci chargea Ch. Poirier, marchand de curiosités, de rédiger la partie consacrée aux porcelaines.

Les descriptions de Ch. Poirier sont d'une netteté et d'une clarté telles que nous reconnaissons à ne pas en douter quelques-uns des types que nous n'avions fait qu'entrevoir dans les collections dont nous avons déjà parlé, entre autres des couvertes de grand feu, rouges de cuivre flambées de bleu.

N° 80. — Deux bouteilles de porcelaine de la Chine, de couleur rougeâtre jaspée de bleu, garnies de bronze doré. Hauteur, 11 pouces. —Vendues 150 livres.

N° 81. — Deux grandes bouteilles, de même porcelaine et de même couleur. Hauteur, 21 pouces. —Vendues 1,771 livres.

N° 82. — Un pot pourri d'une belle forme, de porcelaine de la Chine, bleu et jaspé de rouge.

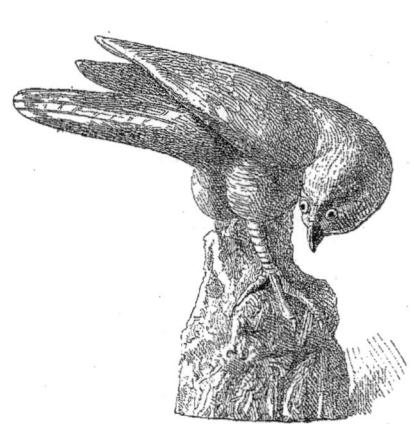
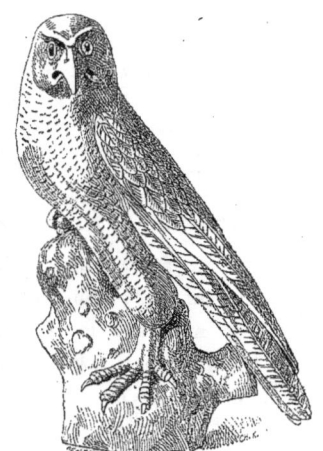

Fig. 74. — Appartenant à M. Berthelin, à Paris.   Fig. 75. — Appartenant à M. Esnault-Pelterie, à Paris.

Dans un autre genre nous retrouvons dans ce même catalogue :

N° 119. — Deux éperviers de porcelaine brune, sur leurs troncs. —Vendus 300 livres.

N° 120. — Deux beaux aigles de grandeur naturelle, fond gris panaché de brun sur leurs troncs. — Vendus 501 livres.

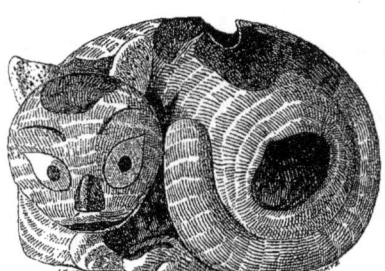

Fig. 76. — Col. de M. Fournier père, à Paris.

N° 123. — Deux chats de porcelaine du Japon, accroupis, coloriés et panachés en noir. — Vendus 102 livres.

Dix ans plus tard, en 1777, se vendait la collection de M. Randon de Boisset, fermier général, comprenant aussi des tableaux, des curiosités de toutes sortes, et surtout des porcelaines orientales. Nous avons dit déjà la prédilection de cet amateur pour l'ancienne première qualité du Japon, mais il avait aussi beaucoup de pièces chinoises et des plus belles, dont Julliot dressa le catalogue en deux cents articles. Nous n'en citerons que quelques-uns.

N° 555. — Deux grands aigles en regard, perchés sur un tronc de même porcelaine. Hauteur des oiseaux, 20 pouces. — (Musée du Louvre.)

N° 628. — Un fort chat bleu céleste, fond uni, les poils finement tracés, d'attitude assise, la tête levée, avec des yeux d'émail. Hauteur, 13 pouces. — Vendu 1,250 livres.

N° 634. — Une fontaine composée d'une petite urne sur un brancard de bronze porté par deux lions, avec petite cuvette soutenue de trois boules d'agate, et deux cygnes posés sur un plateau ovale; tout cet ensemble de même espèce de porcelaine bleu céleste. — Vendue 1,100 livres. — (Musée du Louvre, col. Marie-Antoinette.)

N° 651. — Deux lanternes à six panneaux découpés à mosaïque à jour, garnies de calottes à six pans. (Pl. XXXI, fig. 156.) — Vendues 240 livres.

Enfin, le cabinet de la duchesse de Mazarin, subissant le sort commun, fut à son tour vendu. Dans celui-là on avait toutes les raisons du monde de rencontrer de belles choses, des morceaux de choix, des morceaux de roi, dirons-nous, car la collection de Mme de Mazarin ne reconnaissait pas un moindre fondateur que son illustre ancêtre le cardinal. On sait que ni les préoccupations des affaires d'État, ni les grandeurs, ni les revers de la politique n'avaient empêché le cupide et spirituel Italien de pousser, à travers les plus diverses péripéties, le soin de sa fortune particulière. A sa mort, outre d'immenses richesses, il avait laissé à ses nièces un de ces cabinets de curiosités qu'on ne peut guère former que lorsqu'on est à la fois, comme il le fut, maître des trésors d'un royaume et du cœur de la souveraine. On n'ignore pas quelles furent les romanesques aventures des nièces de Mazarin. L'une d'elles, la fameuse Hortense, avait porté dans la famille du duc de La Porte sa part de ces richesses. Entre ses descendants et ceux d'une autre grande et noble famille, les Durfort-Duras, se nouèrent plusieurs alliances qui semblèrent fortifier chez eux le goût du luxe et des arts. Louise-Jeanne de Durfort-Duras, duchesse de Mazarin, fut la dernière descendante de ces unions diverses, et porta glorieusement le drapeau de la curiosité, d'accord en cela du reste avec son beau-père le duc d'Aumont. La vente faite en 1781, après sa mort, et où le même duc d'Aumont sembla vouloir se consoler d'avoir perdu sa belle-fille en se donnant au moins les joies de l'acheteur, fut une des plus belles, une des dernières, du reste, de l'ancien régime. La porcelaine y était représentée par 139 morceaux de choix dont Le Brun fut chargé de dresser le catalogue.

Le Brun (Jean-Baptiste-Pierre) était peintre; mais, soit qu'il ait reconnu la médiocrité de son talent, soit qu'il ait préféré la fortune à la gloire, il laissa de bonne heure la peinture et s'adonna au commerce des tableaux anciens, dont il était, d'ailleurs, excellent appréciateur, en même temps que l'un des meilleurs connaisseurs de son époque en toutes sortes de curiosités. On lui doit plusieurs ouvrages intéressants, entre autres la *Galerie des Peintres flamands, hollandais et allemands*, en trois gros volumes, et un *Almanach raisonné des architectes, sculpteurs, graveurs et ciseleurs*.

Dans l'introduction de son catalogue raisonné des nombreux objets d'art ayant appartenu à la duchesse, Le Brun exprime le regret qu'il éprouve de l'ignorance complète dans laquelle on était encore touchant l'origine et l'histoire des porcelaines orientales, dont les plus belles, croyait-il savoir, venaient de King-te-tchin, sans qu'il osât indiquer en quoi celles des premiers temps diffèrent des modernes. « Aussi, ajoute-t-il, ne me suis-je attaché dans ce catalogue qu'à décrire exactement les objets, sans m'astreindre à les vanter en détail, laissant aux amateurs le soin de décider eux-mêmes sur la valeur de chaque morceau. »

Nous citerons quelques-unes de ces descriptions pour montrer une fois de plus avec quel luxe les porcelaines étaient alors enrichies de montures et les prix énormes auxquels on se les disputait.

N° 39. — Deux jattes, d'ancienne première qualité coloriée, à huit pans et à fond rouge, dont quatre pans à légers dessins en mosaïque, et les quatre autres à fond blanc et plantes coloriées avec arbrisseaux, les bords bruns enrichis d'une frise de fleurs sur la gorge intérieure. Elles sont montées sur des pieds de bronze doré à quatre consoles. Hauteur : 6 pouces 6 lignes ; largeur : 7 pouces. — Adjugées 740 livres à Le Brun aîné.

N° 73. — Deux magots de couleur brune et à vêtements d'ancien céladon, ayant 8 pouces de proportion, posés sur un palanquin de laque orné de bronze chantourné. Hauteur totale : 14 pouces ; largeur : 12 pouces. — Acquis 1,200 livres par Julliot pour le comte de Merle.

N° 85. — Un cabaret, composé de quatre tasses et d'une théière à fond blanc piqué d'or, avec bouquet blanc en relief, et garnies de gorges et cercles d'or, sur un plateau de laque. — Vendu 290 livres au comte Durfort-Duras.

N° 91. — Un chat en ancien violet ; il est assis sur ses pattes, le regard en l'air, et posé sur un coussin à quatre glands, le tout sur une plinthe carrée avec renfoncement et frise en bronze doré. Hauteur du chat : 8 pouces (il y a une oreille restaurée). — Adjugé 1,800 livres à Le Brun jeune.

N° 105. — Deux paons bleu céleste, couchés sur leurs pattes, et dont le dos s'enlève à l'aide d'un jeune paon qui sert de bouton ; ils sont montés sur pied de bronze doré à six pans et enfilage de piastres. Hauteur : 10 pouces ; largeur : 10 pouces. — Payés 599 livres par Julliot pour Mme la princesse de Crouy.

N° 123. — Deux magots en porcelaine truitée ; ils sont assis, la tête en regard et tenant chacun un coq : l'un craquelé, d'un ton jaunâtre rehaussé d'or et colorié en bleu, rouge et vert, avec sourcils et cheveux noirs ; l'autre de même porcelaine, d'un ton plus grisâtre et sans ornements rouges ; ils sont posés sur des plinthes découpées à jour portées par quatre consoles en bronze doré. Hauteur totale : 7 pouces 6 lignes. — Adjugés 610 livres à Le Brun.

Si nous poursuivions ces citations, nous retrouverions bon nombre de pièces importantes des collections précédentes, nous les verrions passer une à une aux mains des derniers curieux du XVIIIe siècle, et ce ne serait point sans étonnement que nous remarquerions Le Brun ou son frère disputant chèrement chaque pièce et se rendant acquéreurs des plus belles, si nous ne savions qu'ils étaient les mandataires du roi et de Marie-Antoinette, qu'on revoit, l'année suivante, encore acheteurs des plus rares morceaux figurant à la vente du duc d'Aumont.

Beaucoup de ces porcelaines passaient sans doute à l'ameublement et à l'ornementation des appartements royaux. Mais beaucoup aussi s'accumulaient discrètement dans un coin réservé où le roi rassemblait les premiers éléments d'une collection publique.

Louis XVI avait en effet chargé Julliot de réunir chez lui le plus possible de belles et curieuses porcelaines de la Chine et du Japon pour en former une galerie spéciale dans l'un des musées; mais la Révolution vint renverser ce projet comme tant d'autres et les porcelaines achetées par ordre du roi restèrent à la garde de Julliot chez qui elles demeurèrent longtemps ignorées jusqu'à ce que, en 1809, la famille royale envoya d'Allemagne l'ordre de les vendre.

Le catalogue dressé par le fidèle dépositaire en dévoilait ainsi l'origine : *Cet ensemble de porcelaines,* lisait-on dans l'Introduction, *provient des magasins de Julliot, qui avait été chargé par feu le roi Louis XVI d'en faire le choix, le rassemblement et de les lui conserver. Le feu roi en avait ordonné l'acquisition pour former une galerie construite exprès dans l'un des musées.*

Pour des raisons politiques que l'on comprend aisément, la vente dut se faire sans bruit, presque secrètement. Le catalogue dans lequel nous avons retrouvé le vase qui avait appartenu à Sully ne fut pas imprimé, mais le manuscrit fait partie de la collection de M. le baron Pichon.

On se prend aujourd'hui à regretter que ce rassemblement ait été dispersé, et que le projet formé par Louis XVI de doter la France d'une collection de porcelaines orientales n'ait point été repris sur une échelle plus large que ce qui s'est fait pour le musée céramique de Sèvres.

Il ne faut pas croire qu'à l'époque où nous avons conduit le récit de nos relations avec l'extrême Orient, c'est-à-dire à la fin du siècle dernier, les grandes collections dont nous avons parlé offrissent le brillant aspect que le visiteur peut aujourd'hui trouver aux vitrines d'un moderne amateur.

Un courant nouveau s'est plus récemment établi, de ces contrées vers les nôtres, qui nous a dévoilé des merveilles que nous ignorions, nous a enrichis des spécimens les plus purs de l'art vraiment antique, et nous a révélé des formes nouvelles de ce génie ornemental qu'avaient aimé nos pères, sans en avoir connu comme nous toute l'étendue.

Il a fallu, pour amener ce résultat, pour jeter ainsi aux quatre vents du ciel et faire arriver dans nos mains ces derniers chefs-d'œuvre de l'art chinois, que de grands bouleversements se produisissent. Ce n'a point été trop, ni des révolutions, ni des guerres, ni des calamités qui, pas plus que la vieille Europe, n'ont épargné les pays lointains de l'Orient. Il est intéressant de rappeler en quelques mots quelle a été la série de ces événements, et de montrer par quelles conséquences ces grandes péripéties de l'histoire amenèrent l'augmentation et le complément de nos jouissances, à nous autres collectionneurs.

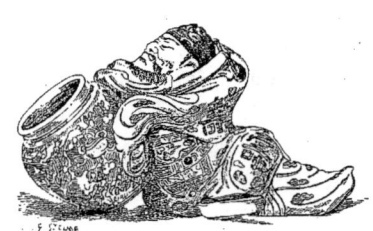

Fig. 77. — Encrier chinois, composé d'un petit pot, qu'un personnage coiffé du bonnet de lettré, tient incliné comme pour le présenter à l'écrivain. La pièce, d'un aspect original, a été décorée sur biscuit avec les émaux vieille famille verte; le récipient est à fond vert ondulé, imitant les flots, ayant en réserve des chevaux, des perles, et la pierre sonore, symboles de l'écriture, de la science et de la justice. Le personnage est vêtu d'une longue robe fond violet clair, parsemée de dessins et du caractère Longévité, émaillés en vert (fin de la III⁰ époque). Hauteur : 0ᵐ10. — Col. O. du S.

Nous avons dit quelles entraves la Chine avait constamment opposées au développement de ses relations avec l'Europe, quelles portes étroites elle ouvrait à cette civilisation occidentale qui venait frapper chez elle, et dont l'éloignait la méfiance instinctive qu'éprouve la décrépitude vis-à-vis de la force et de la jeunesse.

N'eût-ce été que l'intérêt platonique de la civilisation en elle-même et de son expansion sur le monde, il est bien à croire que les Chinois seraient restés longtemps tranquilles. Mais l'intérêt commercial et parfaitement positif du négociant européen était là, qui stimulait le zèle civilisateur et chrétien, et l'Angleterre, plus impatiente que les autres nations, vint battre en brèche cet isolement volontaire que son génie industrieux et commerçant ne pouvait accepter. En 1792, lord Macartney alla, en son nom, ouvrir avec l'empereur Kien-Long des relations diplomatiques. Il était accompagné de M. J. F. Davis, président de la Compagnie des Indes, qui, soit dit en passant, mêlant au but commercial qui l'attirait des préoccupations historiques, rapporte, dans un livre qu'il publia depuis, que le premier four à porcelaine dont il soit fait mention en Chine fut établi, vers le commencement du VII⁰ siècle, dans la province de Kiang-si.

En 1802, lord Amherst vint, à son tour, renouveler à l'empereur Kia-King les doléances de l'Angleterre, réclamer des engagements plus respectés, chercher en un mot à ouvrir enfin sérieusement à ses compatriotes cet immense marché tenu jusqu'alors d'une manière aussi stricte qu'artificielle en dehors des relations économiques générales. Les promesses qu'il obtint ne furent, paraît-il, que pour la forme, car on ne cessa ni de massacrer les missionnaires, ni de mettre au commerce extérieur les restrictions dont on l'avait jusques alors entouré, et lord Napier, qui avait succédé aux deux envoyés extraordinaires que nous venons de citer, mourait à Macao avant d'avoir pu se faire accréditer comme ambassadeur officiel. Un arrêt d'expulsion définitive fut au contraire rendu contre tous les étrangers résidant dans l'empire à un titre quelconque, sous prétexte de les soustraire aux dangers que pouvait leur faire courir la surexcitation populaire.

Canton fut le seul port resté en dehors de cette prohibition générale, et cela sous la clause absolue de ne point y introduire d'opium.

Mais l'opium était précisément la grande source des bénéfices de la Compagnie anglaise des Indes orientales. Elle n'avait garde de se soumettre à cette interdiction qui eût tari la source la plus claire de ses immenses profits. Chaque jour vit donc grandir et s'envenimer cette lutte, tantôt sourde et tantôt ouverte, du marchand qui réclamait le droit d'empoisonner le Chinois, contre le mandarin traquant de toutes parts le contrebandier, saisissant ses navires, brûlant ses cargaisons, le parquant dans ses factoreries, le privant de vivres et le menaçant de mort.

Cet état de choses devait amener une crise violente. L'éclat se fit en 1839. L'Angleterre déclara la guerre à la Chine une première fois, et lui imposa les traités de 1842 complétés par celui de 1844, auquel la France prit part et qui ouvrait enfin les portes du Céleste Empire.

Il n'est point de notre sujet de relater en détail les circonstances, toujours les mêmes d'ailleurs, qui déterminèrent en 1856 un nouveau conflit, où la France s'engagea cette fois, de concert avec l'Angleterre et qui amena la prise de Canton, puis, de victoire en victoire, l'armée franco-anglaise jusqu'à Tien-tsin aux portes mêmes de la capitale. Le gouvernement chinois, effrayé, demanda la paix qu'il obtint seulement au prix de concessions nouvelles, spécifiées par le traité de 1858 dont l'échange des ratifications devait avoir lieu à Pékin l'année suivante.

Mais lorsque les envoyés de France et d'Angleterre se présentèrent en 1859, ils trouvèrent l'embouchure du Pei-ho barrée, l'entrée leur en fut formellement défendue, et la tentative de passer outre repoussée par la force.

L'épilogue de cette longue lutte fut la guerre de 1860 pendant laquelle la perfidie des Chinois força les nations alliées à frapper, pour en finir, un coup vigoureux. Les armées combinées entrèrent à Pékin, après avoir culbuté les forces chinoises et pris le fameux Palais d'été, triste épisode qui se rattache à notre sujet d'une manière étroite.

C'est du Palais d'été que nous arrivèrent, en effet, dans quelques sacs de troupier, un petit nombre de pièces supérieures à ce qu'on avait connu jusque-là et qui ouvrirent à l'histoire de la Porcelaine chinoise en Europe une nouvelle période.

Ces arrivages *militaires* ne furent, il est vrai, qu'un appoint minime dans la masse des produits anciens qui vint bientôt après nous révéler dans toute sa réelle beauté l'art céramique chinois; mais ce fut le premier rayon de lumière qui nous apprit que jusque-là nous ne savions pas tout sur ce sujet. Il aurait dû cependant être une mine inépuisable, ce Palais merveilleux où toutes les richesses du Céleste Empire s'étaient jalousement accumulées depuis des siècles. Encore aujourd'hui, la pensée ne peut s'empêcher de faire un triste retour sur les destructions inutiles qu'explique sans nous en consoler l'entraînement de la victoire. Quelle imperceptible part de tant de trésors fut celle qui vint jusqu'à nous! Il n'est pas besoin d'être collectionneur pour ressentir péniblement la mordante ironie de cette parole d'un ministre chinois, le prince Kong, qui, peu de jours après, disait mélancoliquement à notre ministre, interrompant la lecture du traité, à la désignation des parties contractantes : « Auparavant nous vous appelions les Barbares, quel nom voulez-vous que nous vous donnions aujourd'hui ? »

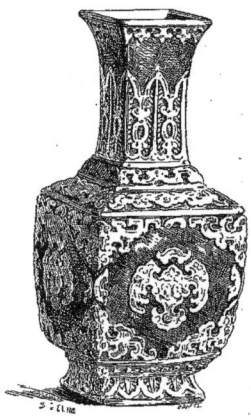

Fig. 78. — Petit vase quadrilatéral, à couverte noirâtre jaspée de tons bleu verdâtre, imitant une pierre dure et ornée de reliefs, frottés d'or, comme l'intérieur du col et le dessous du pied, où se trouve en cachet imprimé en relief le nien-hao-ta-Tbsing-Kien-long-nien-tchi (1736-1796). Hauteur : 0ᵐ15. — Col. O. du S.

La guerre étrangère n'étant point un état de choses favorable au développement d'une industrie de luxe, les événements que nous venons d'indiquer expliqueraient à eux seuls l'amoindrissement et le déclin des fabriques de porcelaine, si d'autres causes encore n'avaient frappé plus rudement peut-être l'art du potier en Chine.

En même temps qu'il avait à lutter contre les deux plus puissantes nations du monde, le Céleste Empire subissait à l'intérieur des convulsions terribles. Son vieil organisme craquait de toutes parts. Une insurrection grandissante contre l'autorité du Fils du Ciel se propageait du nord au sud avec une rapidité et une puissance effrayantes. Les Taï-pings, hordes innombrables de révoltés et d'envahisseurs, poussés par la misère et la cupidité, rançonnaient les bourgs, prenaient les villes, saccageaient et anéantissaient tout sur leur passage. L'antique et grande cité de Nankin, tombée en leur pouvoir, fut livrée au pillage et réduite en cendres. King-te-Tchin, le grand centre de la fabrication des porcelaines, où se trouvaient, au milieu d'une quantité d'autres fabriques, les fameuses manufactures impériales, King-te-Tchin, berceau et siège séculaire de l'art et des traditions céramiques du Céleste Empire, fut, lui aussi, envahi par les Taï-pings; sa population, qui comptait plus de deux cent mille ouvriers potiers, peintres ou décorateurs, fut chassée et la ville détruite de fond en comble. Dans cette tourmente effroyable, tout disparut sous les coups du plus sauvage vandalisme; les fabriques furent rasées ou brûlées, les tables sur lesquelles étaient inscrits les secrets et les formules de préparation des pâtes et des couleurs, brisées et jetées au vent.

Ces crises violentes venaient malheureusement à point nommé pour achever l'œuvre de la crise commerciale amenée dans cette industrie par la découverte faite en Europe des moyens de fabriquer la porcelaine. La conséquence immédiate de ce fait avait été de produire une diminution dans les achats, que d'autres événements vinrent momentanément faire cesser complétement à la fin du siècle dernier.

Ce fut pendant la lutte gigantesque de la France contre l'Europe entière que l'Occident oublia pour un moment les porcelaines orientales. La Chine et le Japon, forcés d'éteindre une partie de leurs fours, négligèrent leur art, en perdirent les secrets et arrivèrent rapidement à la décadence la plus complète de leur séculaire et incomparable industrie céramique. Est-ce à dire que lorsque le goût des arts et des belles choses reprit chez nous son légitime empire sur les esprits délicats, lorsque naquit des cendres chaudes encore des curieux d'autrefois ce qu'on appelle aujourd'hui les bibeloteurs, ceux-ci durent se contenter de ramasser les épaves des siècles derniers, et qu'ils n'avaient plus rien de nouveau à attendre des pays de l'extrême Orient ? Heureusement non ; toutes les porcelaines anciennes n'étaient pas venues encore, il en restait beaucoup là-bas, et des plus belles, dont toutes les guerres, toutes les misères dont nous venons de rappeler le souvenir, devaient singulièrement faciliter l'envoi vers l'Europe en échange d'un peu de notre or.

En effet, à la suite de tant de calamités, il s'est naturellement produit dans la société chinoise un trouble violent qui, bouleversant les fortunes particulières, fit rentrer dans la circulation générale une foule d'objets et de richesses précieusement conservés dans les familles. Nos pères ont vu pareille chose. Quand, à la fin du XVIIIe siècle, l'ancienne société française fut secouée sur sa base, toutes les merveilles dont les palais de la royauté et de la noblesse étaient remplis vinrent peu à peu s'échouer aux mains des brocanteurs, pour y être reprises ensuite par de nouvelles générations de possesseurs qui n'eussent jamais, sans cela, vu sous leurs toits ni les bois sculptés de la Renaissance, ni les bronzes florentins, ni les tapisseries flamandes, ni les meubles de Boule, ni les ciselures de Gouthière. Versailles, Fontainebleau, Trianon, ces grandes réserves de l'art, virent leurs murailles dénudées, les châteaux des grands seigneurs perdirent tableaux et tentures, les parcs qu'avait dessinés Le Nôtre furent veufs de leurs divinités de marbre, et tout cela se retrouve aujourd'hui en des mains multiples, menue monnaie d'un luxe à jamais détruit. Il en fut de même dans ce lointain pays de la Chine. Les familles puissantes, les riches marchands, les hauts mandarins durent céder devant la nécessité, composer avec leur amour des choses anciennes et livrer pièce à pièce aux revendeurs de leur pays les raretés de toutes sortes, ornements de leurs demeures. Ces dépouilles d'une splendeur passée, étalées dans les bazars des villes désormais ouvertes aux investigations et aux recherches des étrangers, passent vite en leurs mains et sont aussitôt dirigées sur nos marchés. Là les amateurs chaque jour plus nombreux se les disputent et les enlèvent à des prix de plus en plus élevés, qui permettent aux importateurs de tenter jusqu'aux plus rebelles des détenteurs chinois. Et voilà pourquoi depuis peu d'années sont arrivées de l'extrême Orient ces porcelaines rares, parmi lesquelles des types inconnus jusqu'alors en Europe, qui ont enrichi nos collections et leur ont apporté un nouvel élément d'intérêt.

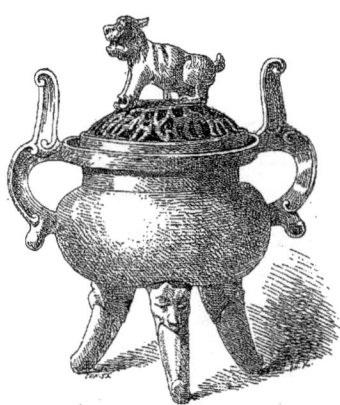

Fig. 79. — Ting ou brûle-parfums, à trois pieds et couvercle réticulé, surmonté d'un animal fantastique. La pièce est émaillée sur biscuit d'un beau fond bleu turquoise truité (IV⁰ époque). Hauteur : 0ᵐ17. — Col. O. du S.

Malheureusement, cette source d'approvisionnement pour nos cabinets s'épuise rapidement et les symptômes se multiplient qui annoncent qu'au lieu de produits anciens, on ne nous enverra bientôt plus que de mensongères contrefaçons, insolemment marquées de Nien-hao des XVᵉ et XVIᵉ siècles, quoique toutes couvertes encore de la cendre des fours dont on vient de les retirer.

Au Japon, l'or d'Occident ne paraît pas avoir été moins habile à drainer peu à peu à notre profit les laques, les bronzes et les merveilleuses ciselures de ses inimitables artistes d'autrefois. De là aussi nous sont venues beaucoup de vieilles porcelaines décorées de peintures exécutées en émaux de l'une ou l'autre des palettes verte ou rose des Chinois : vieilles porcelaines qui sont chinoises et vendues comme telles par les brocanteurs japonais, sans que jamais ils en aient revendiqué aucune comme originaire de leur pays. C'est là une preuve nouvelle que nous notons au passage, de ce fait établi précédemment, que ces sortes n'ont été fabriquées qu'au Céleste Empire.

Du Japon comme de la Chine, les amateurs n'ont presque plus rien à espérer, car le goût des anciennes choses s'y est tout à coup réveillé, les grands seigneurs collectionnent, accaparent tout ce qu'ils peuvent trouver encore dans le pays, et cherchent même à reconquérir ce qu'ils se sont insouciamment laissé enlever. Le gouvernement impérial, entre autres, fait peu à peu racheter en Europe des vieux laques et autres objets rares pour le musée d'antiquités nationales récemment créé à Yedo.

On comprendra sans peine l'intérêt qu'il y avait pour nous à étudier avec soin ces importations d'anciennes porcelaines venant directement de nos jours des pays de l'extrême Orient; aussi rendons-nous grâces à M. Sichel et aux autres importateurs qui nous ont permis d'examiner un très grand nombre des envois qui leur étaient faits. L'aspect général de ces arrivages nous surprit tout d'abord. C'étaient des objets de formes spéciales aux usages chinois, des vases, des bouteilles, des gourdes, des pitongs de toutes sortes, des bols, et des coupes singulières, les unes destinées, assure-t-on, aux sacrifices religieux, les autres aux libations des fêtes de mariage.

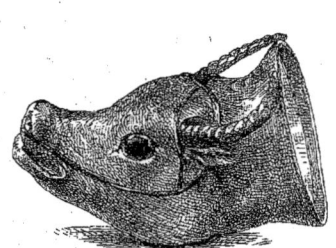 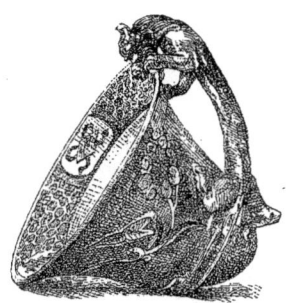

Fig. 80. — Coupe de mariage rappelant par sa forme les rhytons grecs. Celle-ci représente une tête de bœuf, elle est émaillée sur biscuit d'un gris violacé fortement irisé et ombré de petits traits noirs imitant le pelage. Les cornes et les yeux sont noirs, les paupières, la bouche et le dedans des oreilles roses, la bride jaune; enfin à l'intérieur règne une petite bordure verte. Pièce curieuse à décor (*tien-pé*), vieille famille verte, de la fin de la IVe époque. Longueur : 0^{m}12.

Fig. 81. — Coupe de mariage ayant la forme d'une cloche et sur laquelle s'enroule en haut relief un dragon en sorte d'anse émaillé jaune. Elle est décorée sur biscuit de peintures vieille famille verte, à l'intérieur, d'une large bordure mosaïque à réserves d'emblèmes, et à l'extérieur d'un fond vert, piqueté, avec tiges de liseron à fleurs ornementales réservées et émaillées gros vert, jaune et violet (IVe époque). Hauteur : 0^{m}12.

Col. O. du S.

Tout cela généralement décoré au grand feu de couvertes colorées ou en bleu cobalt, et presque par exception, de peintures vieille famille verte, ou exécutées sur la glaçure avec les cinq couleurs du temps des Ming. Les décorations aux multiples émaux des époques Khang-hy, Yong-tching, y figuraient plus rarement encore, tandis qu'on y trouvait de nombreux échantillons de la période Kien-long et quelques morceaux de choix de fabrication moderne.

Ces ensembles, à part les caractères indéniables d'une même origine, différaient donc très sensiblement de ce qui constituait le fond ordinaire des collections du siècle dernier et de celles qu'on trouve encore de nos jours chez certains amateurs. Ils nous apportaient l'expression de l'art chinois dans toute son originalité et sa pureté de style, point n'était question de pots pourris, pas davantage de soupières, de plats et d'assiettes avec bords rabattus en marly, de tasses avec soucoupes, c'est-à-dire, de pièces imitées de nos formes à nous, et ornées de peintures dans lesquelles les artistes chinois, en s'efforçant de travailler au goût de leurs acheteurs, réunissaient parfois les éléments disparates du genre oriental et du dessin européen. Il n'y avait pas non plus, et ceci était intéressant à

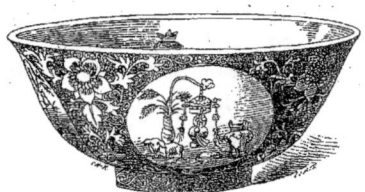

Fig. 82. — Bol à dessin bleu sous couverte à l'intérieur et décoré extérieurement de peintures finement exécutées avec les émaux de la famille rose, se détachant sur fond rouge d'or émaillé gravé à la pointe avant cuisson. Marque en forme de cachet, bleu sous couverte. Ta-Thsing-Tao-kouang-nien-tchi (1821-1851). — Diamètre : 0m15. — Col. O. du S.

noter, de bols, de tasses ou d'assiettes en belle et fine porcelaine coquille d'œuf dont les admirables décors n'ont que le défaut d'être souvent un peu trop surchargés. En un mot on n'y voyait aucune de ces pièces fabriquées anciennement pour l'exportation et emballées au sortir des fours par les mêmes mains qui les avaient faites pour être aussitôt livrées et embarquées. Enfants exilés dès qu'ils avaient vu le jour, et qui sont restés ignorés dans leur propre patrie.

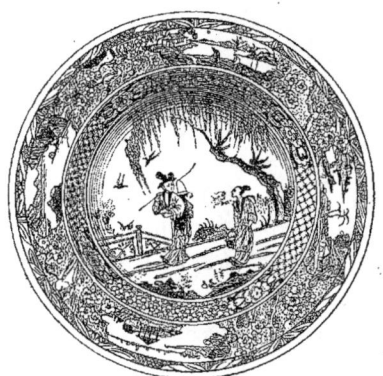

Fig. 83. — Assiette décorée de peintures de la famille verte avec quelques touches de rose (IVe époque).
Col. Testard, à Paris.

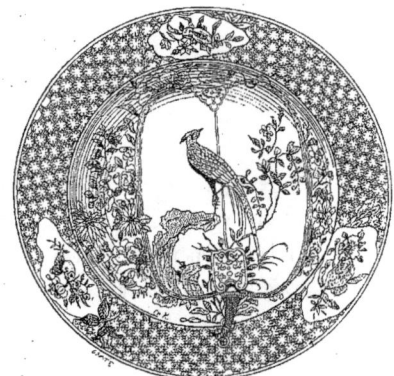

Fig. 84. — Assiette richement décorée en émaux de la famille rose (Ve époque).

Aussi quel n'est pas l'étonnement des Chinois en trouvant chez nous des spécimens qu'ils n'ont jamais vus dans leur pays! L'un d'eux, un antiquaire, tout nouvellement débarqué en Europe, visitait pour la première fois en notre présence une collection. Nous n'essaierons pas de dépeindre sa surprise, lorsque d'un rapide coup d'œil il reconnut toutes les merveilles de l'art céramique oriental symétriquement appendues ou soigneusement rangées dans des vitrines. Remis de sa première impression, non exempte d'un certain sentiment d'orgueil satisfait, il examina successivement en détail toutes les belles choses qui l'entouraient. Tout à coup, il resta comme ébloui : c'était devant une vitrine contenant une des plus remarquables réunions de tasses fines, d'assiettes coquille d'œuf et autres pièces à décors de la famille rose. Après un premier regard

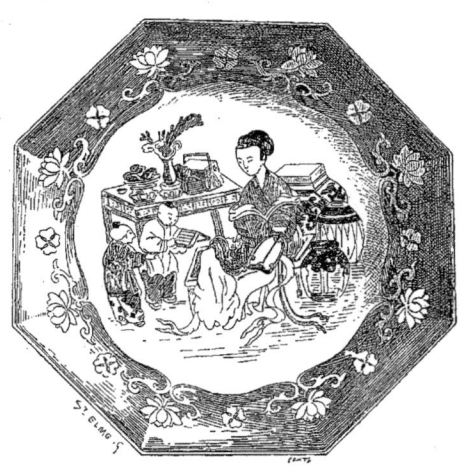

Fig. 85. — Assiette octogonale décorée d'une large bordure rouge d'or, à dessins réguliers de fleurs ornementales, encadrant un sujet familier peint avec les émaux de la famille rose (V^e époque). — Col. Testart, à Paris.

interrogateur jeté vers ceux qui l'accompagnaient : « D'où viennent ces admirables porcelaines? » demanda-t-il timidement, et pour les voir de plus près il demanda qu'on les lui mît en main ; les ayant alors tournées et retournées en tous sens et surtout fait sonner à plusieurs reprises en les frappant d'une façon particulière de ses longs ongles, il déclara qu'elles étaient incontestablement chinoises, mais que n'en ayant pas rencontré de semblables dans son pays, il ne pouvait dire ni où ni quand elles avaient été fabriquées.

Il ne faudrait pas croire que Ma-Tiem-pao, ce visiteur exotique, n'y entendait rien. Nous avons dit qu'il était antiquaire, de plus, comme son père, l'un des principaux marchands de curiosités de Shang-hai. C'est lui qui, depuis plusieurs années, fouille partout en Chine pour réunir les éléments des importantes expéditions qu'il fait à

M. Sichel, et qui a présenté, à l'Exposition universelle de 1878, l'ensemble le plus remarquable d'anciennes porcelaines.

Notre Chinois résolvait donc sans s'en douter, et de la même manière que nous nous sommes efforcé de le faire nous-même, la double question qui s'est posée depuis peu au sujet des tasses et des assiettes coquille d'œuf, en affirmant, lui aussi, qu'elles sont chinoises et non japonaises, et implicitement qu'elles ont été fabriquées exclusivement pour l'exportation.

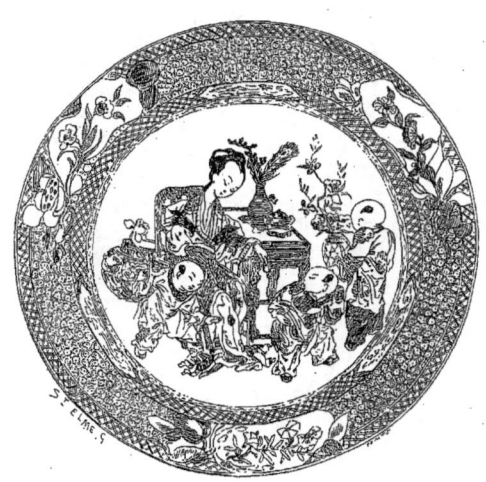

Fig. 86. — Assiette en fine porcelaine coquille d'œuf décorée de riches bordures et d'un sujet familier peints en émaux de la famille rose; le revers est rouge d'or. — Col. O. du S.

Cette appréciation d'un connaisseur indigène se trouve d'ailleurs pleinement confirmée par l'auteur de l'histoire de King-te-chin qui nous apprend que *depuis les Ming on y fabriquait des Tho-taï-khi, vases sans embryon, minces comme une coquille d'œuf et des Pouan-tho-taï-khi, vases dont l'embryon a été enlevé en moitié* (ou demi-coquille d'œuf). D'autre part, il constate que de son temps, 1780 environ, *les porcelaines que recherchaient avidement les peuples étrangers qui habitent en dehors des quatre frontières de la Chine étaient les fines porcelaines qu'on fabriquait à King-te-Tchin.*

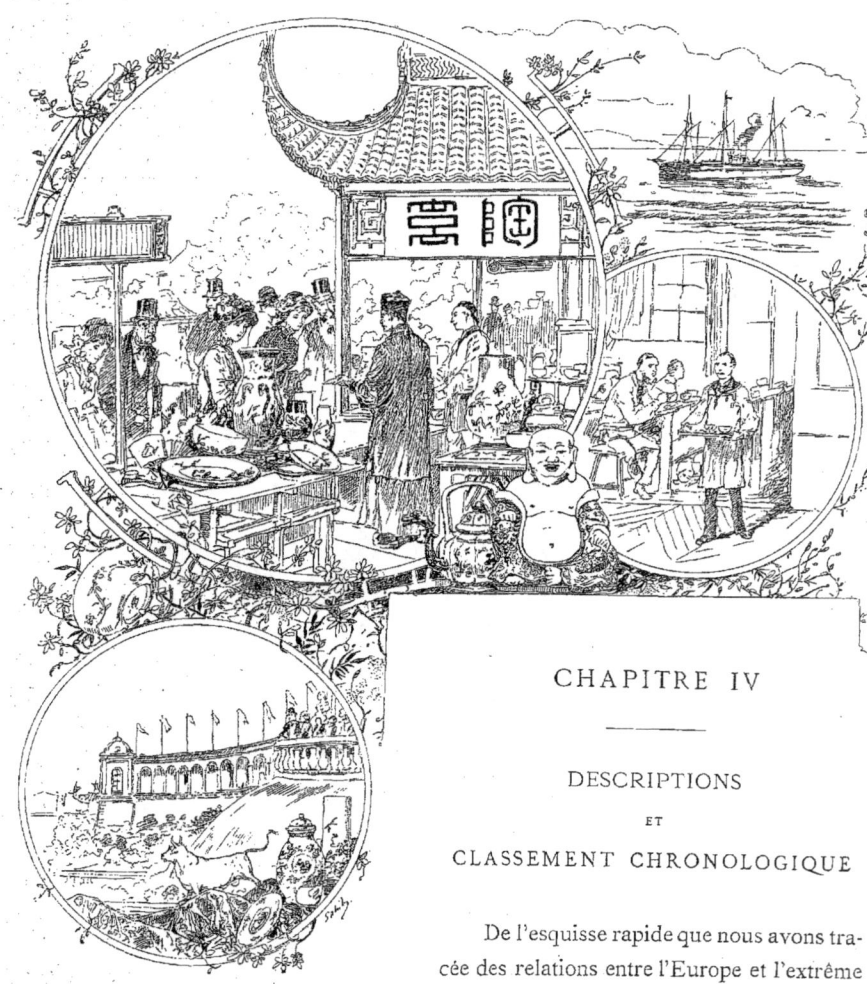

CHAPITRE IV

DESCRIPTIONS
ET
CLASSEMENT CHRONOLOGIQUE

De l'esquisse rapide que nous avons tracée des relations entre l'Europe et l'extrême Orient, du coup d'œil rétrospectif jeté sur les collections d'autrefois, le lecteur a pu tirer un enseignement qui nous paraît le commencement de la sagesse : c'est une salutaire défiance de l'antiquité exagérée trop facilement attribuée à la plupart des porcelaines de Chine. Désireux, au point où nous sommes arrivé, de décrire et classer suivant leur âge réel les types qui depuis plus de trois siècles sont venus former le stock de nos richesses, nous avons cherché à appuyer ce que nous avaient appris nos propres recherches sur des guides plus sûrs et plus autorisés, et ceux-ci, nous les avons trouvés dans les auteurs chinois eux-mêmes.

D'autres y avaient découvert, non sans peine, des formules et des indications techniques intéressantes. Nous leur avons demandé, quant à nous, de nous livrer les secrets du temps, de nous dévoiler dans quel ordre se sont succédé les progrès de la fabrication et de la décoration de la porcelaine en Chine.

Parmi ces ouvrages, il en est un qui porte avec lui un caractère particulier d'authenticité et comme un cachet officiel, c'est l'histoire des porcelaines fabriquées à King-te-tchin, et tout spécialement dans les manufactures impériales, depuis leur création jusqu'à la fin du siècle dernier. Or, nous l'avons dit déjà, King-te-tchin a été de tout temps le grand centre de production. Tout en venait, tout y aboutissait. Les ouvriers les plus habiles se formaient dans ses ateliers, ou y arrivaient de toutes parts pour y développer et mûrir leur talent. C'était là que les ordres de l'empereur appelaient les meilleurs artistes au profit des manufactures qui travaillaient pour le palais.

Il résultait nécessairement de cette situation particulière que King-te-tchin était le foyer d'où rayonnaient sur le reste de l'empire toutes les découvertes et les innovations, et si quelque progrès était fait ailleurs, il venait immédiatement s'y faire éprouver, y chercher son développement et sa consécration. On peut donc considérer que dans l'histoire de ses produits se reflète d'une façon absolument exacte celle de la porcelaine chinoise en général.

Ce que nous avons appris jusqu'ici nous servira de fil pour nous conduire dans ce labyrinthe de comparaisons énigmatiques, de flottantes métaphores, de formes imagées et de descriptions laconiques qui constitue le genre exclusif et caractéristique des auteurs chinois. Grâce à ce que nous savons déjà, nous reconnaîtrons d'une manière sûre et précise, sous cette phraséologie qui dérouterait un novice, certains des types que nous connaissons. Si alors nous rétablissons dans l'ordre des temps les passages qui nous en signalent l'apparition, nous aurons des points de repère en quantité suffisante pour dresser ce catalogue raisonné dont l'établissement est le rêve de tout amateur sérieux. Nous le composerons de la description de quelques spécimens appartenant à chacune des époques que nous aurons déterminées, spécimens que nous avons fait graver pour les mettre sous les yeux du lecteur en nous tenant aux grandeurs moyennes. Cette image d'une collection choisie, idéale pour ainsi dire, rangée dans un ordre chronologique, servira de conclusion naturelle à notre travail sur les anciennes porcelaines de Chine.

L'étude des auteurs chinois, au point de vue de l'apparition successive de certains types ou des faits indiquant de nouveaux progrès, nous montre que, en dehors des temps primitifs dont les spécimens nous sont inconnus, l'art du porcelainier en Chine a traversé cinq époques distinctes, depuis le règne des Siouen-te (1426), jusqu'à la fin de celui de l'empereur Kien-long (1796), précisément de la même manière que se sont groupés les marques et nien-hao que nous avons relevés. Nous n'attribuerons que peu de pièces au premier temps des Ming, guère plus aux périodes suivantes, et nous deviendrons plus large seulement aux époques Kang-hy, Yong-tching et Kien-long, c'est-à-dire de 1662 à 1796.

Ni les formes, ni les décors, ni les marques, ne nous seront un motif de nous départir d'une légitime sévérité, car de tout temps, et principalement après les époques classiques Siouen-te et Tch'ing-hoa, les fabricants et les manufactures impériales elles-mêmes s'attachaient tout spécialement à copier et à reproduire sans cesse les modèles anciens. Faut-il alors s'étonner outre mesure si, dans leur ardeur imitative, ils ont pu aller parfois jusqu'à retracer fidèlement les marques et nien-hao des modèles qui les inspiraient? Était-ce de leur part supercherie pure et simple, ou voulaient-ils seulement indiquer que les pièces livrées aux acheteurs étaient décorées dans le style de telle ou telle époque? Nous le saurons peut-être un jour. Nous maintenons, en attendant, que tout ce que nous avons appris sur l'estime qu'on faisait en Chine des pièces remontant aux XVe et XVIe siècles et le prix qu'on y attachait démontrent suffisamment que les nombreux spécimens parvenus en Europe portant des marques et nien-hao de ces époques sont pour la plupart nécessairement apocryphes.

On ne devra donc point voir dans les pièces que nous indiquons comme antérieures au règne de l'empereur Wan-li (1573-1620) des spécimens authentiquement fabriqués en ces temps reculés. Il est très certain, au contraire, qu'à de rares exceptions près, leur existence propre ne remonte pas si haut; mais ce qui nous autorise à les cataloguer comme nous le faisons, c'est qu'elles sont dans tous les cas de très exactes reproductions de ce qui se faisait anciennement et qu'il est dès lors peu important, pour l'étude de la fabrication des porcelaines en Chine, qu'elles ne soient peut-être que des copies exécutées pendant les IIIe, IVe et Ve époques.

ÉPOQUE PRIMITIVE

(618-1426 DE J.-C.)

On ne s'attend certainement pas à ce que nous puissions montrer des spécimens de ces premiers temps. Nous résumerons cependant ce que nous en disent les auteurs chinois.

L'histoire des porcelaines fabriquées à King-te-tchin commence à la dynastie des Thang (618-907), époque à laquelle un homme du nom de Thao-yu faisait des porcelaines qu'on appelait Thao-yao, *parmi lesquelles une espèce particulière de vases, un peu minces, de couleur blanche et luisante, étaient désignés par kia-yu-khi* (vases de jade factice), *qu'on offrait en tribut à l'empereur.*

Ce nom de Thao-yu, qu'on pourrait traduire par *potier en jade*, serait-il un surnom de métier donné en raison du talent qu'avait cet ouvrier de fabriquer des vases de jade factice? et celui de Thao-yao, *porcelaine Thao,* qui désignait ses produits, indiquerait-il que Thao fut l'inventeur de cette nouvelle espèce de poterie Yao (porcelaine) dont l'auteur nous fait l'historique depuis cette époque jusqu'à la fin du siècle dernier, en lui conservant, sous toutes ses formes et ses décors variés à l'infini, le même nom de Yao? Nous n'avons pas plus l'espoir d'élucider ces questions que de voir jamais des Thao-yao. Mais ce début de l'auteur chinois confirme ce que nous avons établi au sujet de l'époque à laquelle il convient de faire approximativement remonter l'invention, en Chine, de la porcelaine dure proprement dite.

Les premières Yao (porcelaines) dont on fait mention sont invariablement blanches et luisantes, jusqu'au moment où il est question des fameuses Pi-se-yao, décorées bleu sous couverte, si prisées par l'empereur King-te (1004-1007).

Puis, au temps où régnait la seconde branche de la dynastie des Song, dite du Midi (1126-1260), nous trouvons la description d'un genre déterminé de porcelaines qu'on fabriquait au pays de Tsin. C'étaient, nous dit-on, *des écuelles et des tasses d'un blanc pur d'ivoire, ayant un petit pied, des poissons et des fleurs en relief, et dont la glaçure présentait des veines imitant les rides de l'eau.*

Ces renseignements nous paraissent se rapporter exactement à la seule pièce très ancienne que nous connaissions; nous la placerons donc ici comme point de départ.

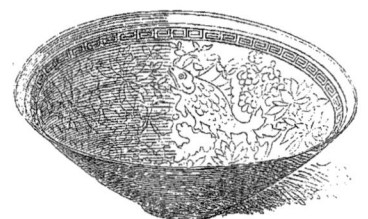

Fig. 87.

N° 1. — Fig. 87. — Écuelle conique à petit pied, en porcelaine dense, sonore, opaque et d'un blanc d'ivoire. Ornée intérieurement de nélumbos en fleur et de poissons dessinés par des traits en relief. Hauteur : 0^{m}08. Diamètre : 0^{m}20. — Col. O. du S.

En examinant cette écuelle avec attention il est facile de voir qu'elle a été fabriquée par un procédé des plus primitifs, sans qu'on ait eu recours au tournassage dont elle ne porte aucune trace. Pour l'obtenir, on s'est servi d'un moule en forme de cône tronqué, orné extérieurement du dessin gravé en creux que nous retrouvons en sens inverse à l'intérieur de la pièce. Sur ce moule, l'ouvrier a étendu à la main une couche de pâte en l'appuyant fortement pour qu'elle prenne bien l'empreinte de la gravure, puis il a ajouté la bague du pied. Ainsi façonnée, suffisamment séchée et enduite de couverte, l'écuelle a été cuite posée dans le four, non sur son pied, mais renversée; le pourtour du bord, resté par conséquent sans glaçure, porte la marque du cercle de métal dont il était garni pour dissimuler ce défaut.

Les auteurs chinois font remonter à ces mêmes époques l'application des couleurs sur la porcelaine, ainsi qu'il résulte clairement des passages où, après avoir mentionné *les émaux blanc de lune, bleu clair, gros vert et autres qui se posaient sur les vases à excipient de métal,* c'est-à-dire sur les vases cloisonnés qu'on faisait alors, ils nous disent qu'*on savait aussi émailler les porcelaines en blanc de riz, en violet de pierre précieuse et violet aubergine, en rouge couleur de fleur du poirier du Japon, en bleu couleur de prune et bleu clair, en couleur foie de mulet et poumon de cheval.*

D'autre part, on nous cite, *les porcelaines de Siang, qu'on décorait de jaune; les violettes Tse-ting, que fabriquait la famille Chou avec des matières grossières, mais qui étaient très estimées et qu'on payait fort cher;* puis celles qu'avaient exécutées les frères Tchang au pays de Tch'ou, *qui n'étaient ni cuites ni vernissées dans les règles. Il y en avait de pâles et de foncées, les plus belles étaient celles bleu noir.* Il n'y a aucun doute qu'il ne soit ici question de porcelaines cuites en biscuit et recouvertes ensuite d'émaux de couleur, comprenant le violet, le jaune et un commencement de la série des bleus turquoise. Nous en trouvons d'abord la preuve dans la description des vases de Tchang aîné, dont le talent surpassait celui du frère cadet, ainsi que nous l'assure le chroniqueur chinois qui donne cette description. *Les vases de Tchang aîné,* dit-il, *étaient extrêmement minces, tantôt de couleurs pâles, tantôt de couleurs foncées. Ils offraient tous des fêlures cachées, imitant les œufs de poisson. Ceux couleur de riz et bleu pâle étaient les plus estimés.* Et il ajoute : *Quant aux veines des vases appelés Tsouï-khi, elles offraient de grandes ou de petites craquelures.* Or les vases Tsouï ne sont autres que ceux que nous connaissons sous la désignation de bleus turquoise.

Nous citerons enfin l'opinion de M. Salvetat au sujet des porcelaines violettes Tse-ting : *Elles devaient,* dit-il, *être cuites en biscuit, puis recouvertes d'un émail plombeux coloré par le manganèse, qui était fixé par une seconde cuisson à un feu équivalent au feu de moufle.*

Enfin voici la description des porcelaines qu'on fabriquait à Long-tsiouen pendant la dynastie des Song : *C'étaient des vases faits d'une argile fine et blanche. Ils étaient grossiers et épais, et leur couleur était d'un bleu extrêmement foncé. Il y en avait aussi de diverses nuances de bleu et sans craquelures.*

Les fabricants de King-te-tchin ne tardèrent pas à imiter les produits inventés par la famille Chou et les frères Tchang, et *dès 1260-1368, durant la dynastie des Yuen, Mongols de la Chine, ils faisaient, en outre, des porcelaines bleues et des porcelaines blanches sur lesquelles ils avaient le talent de mouler, de ciseler des fleurs et des personnages qu'ils coloraient ensuite.*

Dès les premières périodes des Ming, la fabrication prend un développement et une importance considérables, accusés par la création de nouvelles fabriques et l'agrandissement des manufactures impériales dont on augmente le nombre des fours pendant la période Hong-wou (1368-1399). C'est alors, nous dit-on, *qu'on en construisit plusieurs pour la fabrication des porcelaines destinées au palais, qu'on appelait Kouan-tse-Yao, c'est-à-dire porcelaines des magistrats, pour les distinguer de celles qui sortaient des fabriques particulières. Il y avait des fours pour les jarres ornées de dragons, d'autres pour les vases bleus et pour les vases de diverses couleurs.* On ajoute enfin que sous le règne de l'empereur Yong-lo (1403-1425) *on commença à faire des vases un peu épais, d'un blanc pur, ornés de couleurs et ciselés à la pointe.*

DESCRIPTIONS ET CLASSEMENT CHRONOLOGIQUE

D'après ces citations, on pensera, comme nous, que c'est aux premiers temps des Ming que doit remonter l'apparition des vases du genre de ceux nos 2, 3 et 4.

N° 2. — Pl. II et III. — Jarre à mettre le vin, en porcelaine grise et épaisse. Le décor, de style archaïque, coloré en émaux de demi-grand feu sur biscuit, se compose de bordures à faux godrons, celle du haut soutenant des lambrequins ornés de fleurs et reliés entre eux par des cordons de perles avec pendeloques.

Le corps du vase est occupé par un paysage courant, présentant sur deux faces opposées un personnage symbolique.

Ce décor, dessiné par des filets en relief, est en partie resté en biscuit avec quelques teintes jaunâtres et en partie bleu turquoise, sur fond bleu foncé. Hauteur : 0^{m}42. — Col. O du S.

C'est seulement depuis peu que quelques vases de cette forme singulière et toute spéciale aux usages chinois ont été apportés en Europe, où ils n'étaient connus que par leur représentation sur des tentures ou sur d'autres porcelaines. La peinture nous les montre contenant une branche de corail, une fleur, une plume de paon, et quelquefois surmontés d'une sorte de chapeau comme celui qui recouvre le vase n° 26, Pl. IX. Ce chapeau est muni intérieurement d'un tube assez long qui, entrant dans le col du vase, semble destiné à plonger jusque dans le liquide qui y serait contenu de façon à garantir celui-ci du contact de l'air et faire ainsi office de bouchon. Ce couvercle et certains passages des auteurs chinois nous ont conduit à penser que ce sont bien là les fameuses jarres à vin qu'on fabriquait aux 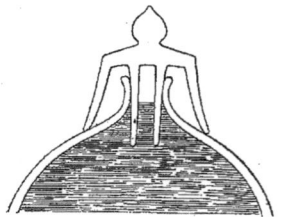 premiers temps des Ming, et dont la beauté et l'ancienneté ont, en dépit de leur forme, fait changer la destination première en celle de vase de luxe.

N° 3. — Pl. II. — Potiche analogue au vase précédent, décorée de nélumbos en fleur. Hauteur 0^{m}35. — Col. Léon Fould, à Paris.

N° 4. — Pl. II. — Autre potiche de même espèce, mais dont le décor, sur fond bleu turquoise, présente quelques parties émaillées violet clair. La panse est occupée par un paysage courant, avec sujet hiératique montrant Chéou-Lao entouré des emblèmes de la longévité, et recevant la visite mystérieuse des saints personnages ses disciples, les Pa-Chen. Hauteur : 0^{m}35. — Col. O. du S.

Pour compléter la description de cette sorte de vases anciens, nous ne pouvons omettre de signaler ceux à double paroi, dont celle extérieure est réticulée. Nous citerons entre autres une remarquable potiche appartenant à M. le Vte de Borrelli ; elle est fond bleu foncé, avec bordures analogues à celles des n°s 2 et 3, et sur la panse se trouve reproduit le même sujet hiératique du n° 4. Le découpage à jour de certaines parties du fond fait ressortir le décor et en augmente le relief.

Ces premiers spécimens, originaux ou reproductions, peu importe, sont les seuls qui nous paraissent se rapporter aux descriptions de certains types fabriqués en ces temps reculés ; nous ne croyons donc pas devoir parler des pièces sous le pied desquelles nous avons, comme d'autres, trouvé des nien-hao indiquant les premières périodes des Ming, parce que ces pièces sont ou des poteries dont nous n'avons pas à nous occuper, ou des porcelaines très certainement d'époques bien postérieures.

DESCRIPTIONS ET CLASSEMENT CHRONOLOGIQUE

PREMIÈRE ÉPOQUE

(1426-1465)

PORCELAINES SIOUEN-TE

DYNASTIE DES MING	Siouen-te.	1426-1436.
	Tching-tong	1436-1450.
PÉRIODES	King-taï	1450-1457.
	Thien-chun	1457-1465.

Ce que nous appelons première époque commence à l'avènement de l'empereur Siouen-te, dont elle emprunte le nom, parce que son règne marque un point culminant dans la marche progressive de l'art céramique en Chine. Puis à cette courte et brillante période succède une stagnation qui dure pendant les trois règnes de Tching-tong, King-taï et Thien-chun, c'est-à-dire jusqu'au moment où avec la période Tch'ing-hoa en 1465 l'industrie du porcelainier entre dans une ère nouvelle d'innovations heureuses qui caractérisent la seconde époque.

Pendant les années Siouen-te, disons-nous, la fabrication de la porcelaine et l'art de la décorer prirent tout à coup leur essor, les découvertes se succédèrent rapidement les unes aux autres, à la fois importantes et nombreuses, et les progrès réalisés furent tels, qu'on peut les considérer comme contenant le germe de tous ceux que nous aurons à constater par la suite; ceux-ci n'étant plus que le corollaire naturel des trouvailles d'alors, le perfectionnement de procédés connus, ce quelque chose enfin de plus parfait que l'expérience et la pratique apportent forcément à toute industrie qui se développe en présence de besoins chaque jour grandissants.

Les écrivains chinois célèbrent tout particulièrement l'époque Siouen-te, qui est restée pour eux celle de l'art classique; ils n'ont pas assez d'éloges pour ses fabricants et ses peintres, que leurs successeurs ont habilement imités sans les surpasser jamais.

Pour nous c'est à cette période que commence véritablement l'histoire des porcelaines chinoises que nous connaissons. A partir de ce moment, en effet, l'obscurité des âges précédents se dissipe peu à peu, les renseignements de toute nature se multiplient, se précisent, et nous apparaissent d'une clarté complète parce qu'ils se rapportent à des types que nous avons vus, et auxquels par conséquent nous pouvons appliquer les descriptions que nous en retrouvons dans les auteurs dont nous allons poursuivre l'étude.

Sans nous arrêter aux espèces connues antérieurement et dont ils signalent les reproductions, nous noterons de suite que tous s'accordent sur un premier point qui caractérise les porcelaines décorées bleu sous couverte du règne de Siouen-te. *On fabriquait pendant cette période*, nous disent-ils, *des porcelaines fines, décorées de peintures bleues d'une beauté et d'une intensité de ton remarquables, à cause de la qualité exceptionnelle de la couleur Sou-ni-po* (bleu cobalt de qualité supérieure) *dont on se servait alors. Les vases ornés de fleurs étaient particulièrement estimés, et parmi ceux-ci on préférait ceux d'une teinte pâle.*

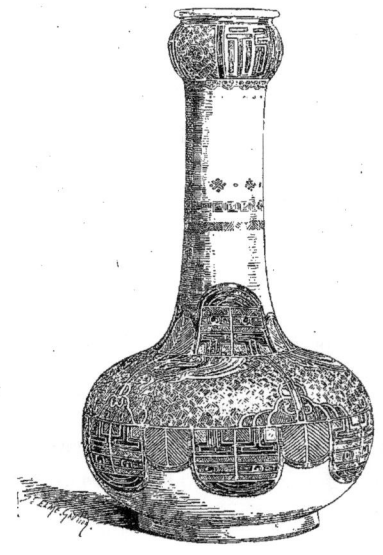

Fig. 88.

N° 5. — Fig. 88. — Grande bouteille à panse écrasée et long goulot droit surmonté d'un renflement sphérique. Elle est ornée de dessins archaïques, peints en beau bleu agatisé sous couverte; sur le renflement de l'orifice se trouve trois fois répété le signe Fô (bonheur) en vieux caractères Siao-tchouan. Marque : 2-2-2. *Ta-Ming-Siouen-te-nien-tchi*. Hauteur : 0ᵐ43. — Appartenant à M. Beurdeley, à Paris.

N° 6. — Pl. XVIII. — Vase forme balustre, décoré, beau bleu agatisé sous couverte, au col, de deux têtes de chimères, et sur la panse fond bleu, de filets réservés simulant les nervures des bronzes antiques. Hauteur : 0^m35. — Col. O. du S.

N° 7. — Pl. XVIII. — Vase forme bouteille à large goulot, orné de rinceaux feuillus, portant des chrysanthèmes ornementaux en beau bleu agatisé sous couverte. Marque : 2-2-2. *Ta-Ming-Siouen-te-nien-tchi*. Hauteur : 0^m35. Col. O. du S.

C'est à cette même époque qu'on commença à employer le Tsi-hong (rouge de cuivre), *en l'incorporant à l'émail; au sortir du feu, la forme du dessin se détachait en rouge du milieu de l'os,* c'est-à-dire du corps du vase, avant qu'il ait été mis en couverte. La couleur était donc à la fois et mélangée avec de l'émail et posée sur cru. Or, comme l'oxydule de cuivre ne prend sa couleur rouge qu'au grand feu de cuisson, il ne peut y avoir aucun doute que le *tsi-hong* dont on nous parle était bien le rouge de cuivre posé sous couverte, *dont on composait*, nous dit-on aussi, *des couvertes colorées de grand feu qui étaient d'un rouge vif*.

N° 8. — Pl. XX. — Potiche décorée de bordures à mosaïques reliées par trois bandes semblables, qui divisent la panse en trois compartiments occupés par un chien de Fô jouant avec une boule.
Ce décor est peint sur cru, en rouge de cuivre et en beau bleu alternativement clair et foncé. H. 0^m42. — Col. O. du S.

On signale encore l'emploi d'un autre rouge, *Pao-chi-hong* (rouge de pierre précieuse), que M. Salvetat a reconnu pour de l'oxyde de fer mélangé à un fondant, et qui pouvait par conséquent s'appliquer sur biscuit ou sur couverte. Nous reconnaîtrons donc dans cette nouvelle couleur, *Pao-chi-hong*, le vermillon ou rouge de fer.

Nous lisons aussi *qu'on faisait à cette époque des vases du genre Ou, avec une argile rouge et plastique, qu'on recouvrait d'émail bleu de ciel, tse-tsouï* (bleu turquoise), *dont la surface était granulée comme la chair de poule, ou l'écorce de l'orange appelée Kio.*

N° 9. — Pl. V. — Petit vase de forme antique, en porcelaine brune recouverte d'un émail granulé bleu turquoise céleste posé sur biscuit. Hauteur : 0^m19. — Col. O. du S.

On nous parle également de *vases craquelés dont la couverte était fendillée comme la glace*, d'autres *à fleurs ciselées sur fond jaune, ou ayant des raies rouges, comme le sang d'anguille*. Ces raies rouges, que l'auteur compare ici à celles qu'on produirait avec du sang d'anguille, et plus loin à celles qui se trouvent sur les pattes de certains crabes, indiqueraient-elles des couvertes flambées de rouge? Cela est possible; mais, comme nous n'avons jamais rencontré de vases de cette sorte portant des marques ou des nien-hao de périodes aussi anciennes, nous nous contenterons d'attribuer à cette première époque les deux spécimens suivants auxquels s'appliquent très exactement les premières descriptions de ce passage.

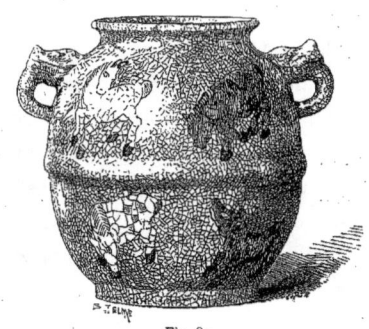

Fig. 89.

N° 10. — Fig. 89. — Petit vase à anses, décoré sur cru de chevaux bleu cobalt et rouge brun, et dont la couverte est finement craquelée. Sous le pied, couleur brun-rouille, dans un médaillon en creux, se trouve le nien-hao : 2-2. *Siouen-te-nien-tchi*, en bleu, sous glaçure ordinaire non craquelée. Hauteur : 0^{m}16. — Col. O. du S.

N° 11. — Pl. IX. — Jarre à vin, décorée de rinceaux à chrysanthèmes gravés dans la pâte. La pièce a été ensuite recouverte d'un fond jaune émaillé sur biscuit. Marque : 2-2-2. *Ta-Ming-Siouen-te-nien-tchi*. Hauteur : 0^{m}32. — Col. O. du S.

Enfin, on nous signale un genre nouveau de décoration, lorsqu'on nous parle des vases *Tien-pê, faits d'une porcelaine blanche qu'on regardait comme ordinaire, et dont le fond blanc était destiné à être entièrement recouvert de peintures,* ainsi que l'indique leur nom, *tien-pê* (remplir ou recouvrir le blanc). *On en distinguait,* ajoute-t-on, *deux sortes, les uns d'un travail fin et délicat, les autres d'un travail grossier. Quant aux peintures de différentes couleurs qui les décoraient, on les aimait épaisses et foncées.*

Nous voyons ici apparaître pour la première fois l'idée de peintures de différentes couleurs, dont il eût certainement été difficile de nous rendre bien compte si on n'avait pris soin de spécifier qu'elles étaient exécutées sur une espèce particulière de porcelaines dont elles couvraient toute la surface, de sorte que, ne pouvant les confondre avec les peintures sous couverte en bleu cobalt ou en rouge de cuivre dont on décorait les porcelaines ordinaires, nous sommes par là même assuré que les couleurs des *Tien-pê* étaient autres que celles-ci, toujours posées sous la glaçure.

Or, si on se souvient qu'on ne connaissait alors que le jaune, les bleus pâles ou foncés, le vert, le violet qui, depuis les frères Tchang, s'appliquait sur des porcelaines *cuites et vernissées en dehors des règles ordinaires*, c'est-à-dire cuites en biscuit, ainsi que le détermine la nature même de ces couleurs reconnue par M. Salvetat, et enfin le rouge de fer Pao-chi-hong, récemment découvert et préparé de façon à pouvoir, lui aussi, être appliqué sur biscuit, on reconnaîtra dans les Tien-pê-khi, vases Tien-pê, ceux décorés sur biscuit de peintures que nous avons appelées vieille famille verte.

Il ne pourrait, en effet, être question ici de peintures émaillées sur pièces cuites en blanc, puisqu'on ne connaissait encore que le rouge de fer propre à ce genre de décoration. Ce rouge, à lui tout seul, pouvait bien suffire à peindre ou plutôt à dessiner *les fleurs, les lions jouant avec une boule, ou le dragon accompagné d'un phénix*, sujets qui se trouvaient dessinés en dimensions microscopiques, nous assure-t-on, *au fond des coupes et des tasses destinées aux empereurs de cette époque*, mais non à exécuter des peintures qualifiées de différentes couleurs.

Il ne faudrait pas cependant conclure de là que les nombreux spécimens de vieille famille verte qu'on trouve aujourd'hui dans les collections datent tous du XVe siècle. Nous verrons plus loin que la plupart d'entre eux ont été fabriqués à des époques postérieures.

Nous ne connaissons que bien peu de spécimens de porcelaines Tien-pê qu'on puisse avec quelque certitude attribuer à la période Siouen-te, ou plus rationnellement encore considérer comme de fidèles reproductions de ce qui se fabriquait alors.

L'un d'eux est une théière qui faisait partie de la collection de M. Barbet de Jouy, vendue à Paris en 1879. Le savant céramiste M. Paul Gasnault, qui s'était chargé de la rédaction du catalogue, en fait ainsi la description :

N° 126. — Théière rectangulaire à corps renflé et anse supérieure imitant la vannerie; fonds mosaïques variés sur chaque face et portant des médaillons ronds occupés par des fleurs. En dessous, tracée en caractères noirs, l'inscription : *Siouen-te* (1426-36). Pièce gravée dans l'*Histoire de la Céramique*, d'Albert Jacquemart. — Hauteur : 0^{m}140; largeur : 0^{m}100.

Elle fut adjugée au prix énorme de 1,305 francs à M. Maurice Gentien.

Les amateurs, en se disputant cette pièce à grands coups d'enchères, affirmèrent une fois de plus, à cette vente, combien était complète la réaction contre l'opinion des écrivains qui avaient cru voir dans les vases Tien-pê des porcelaines de seconde qualité, car la lutte qui s'était engagée n'était point un fait isolé, conséquence d'un engouement irréfléchi pour ce rare spécimen, mais un exemple entre mille de ceux qu'on pourrait invoquer, s'il entrait dans notre sujet de parler des ventes contemporaines, auxquelles nous verrions des morceaux de ce genre vendus dans les mêmes conditions et des vases plus importants atteindre jusqu'à 20,000 francs.

En présence de ces appréciations si différentes, il n'est pas sans intérêt de chercher à nous rendre compte de ce que, de leur côté, pensaient les collectionneurs chinois. Il était dans l'ordre naturel des choses qu'au moment de leur apparition, les porcelaines du genre Tien-pê fussent en grande vogue ; elles étaient alors la manifestation des derniers progrès réalisés au point de vue décoratif, et la pâte dont elles étaient faites, sorte de grès kaolinique, plutôt que porcelaine proprement dite, réunissait à la propriété de pouvoir se souder intimement les précieuses qualités d'être peu rétractiles et d'acquérir par la cuisson une solidité extrême. Mais lorsque plus tard on fabriqua en Chine les blanches et gracieuses porcelaines décorées de peintures sur couverte, les amateurs indigènes dédaignèrent-ils les Tien-pê, ou au contraire continuèrent-ils à les tenir en grande estime? Il suffira, pour répondre à cette double question, de dire de suite que, sous tous les empereurs qui se sont succédé depuis Siouen-te jusqu'à Yong-Tching (1723-1736), la fabrication des vases Tien-pê s'est poursuivie avec un soin spécial. Aussi retrouve-t-on de cette sorte des vases de premier ordre, les statuettes les plus remarquables que nous connaissons et une foule d'objets de curiosité auxquels les Chinois eux-mêmes attachaient certainement un grand prix, puisqu'ils les conservaient précieusement, même endommagés, les réparaient soigneusement et remplaçaient artistement un appendice brisé par un autre en ivoire ou en argent.

Un spécimen extrêmement curieux nous servira ici d'exemple, et de preuve concluante du cas qu'on a toujours fait en Chine des vases Tien-pê.

Ce spécimen, unique peut-être, est précisément aussi une théière qui ne porte point de nien-hao, mais dont la date de fabrication doit remonter à la période Wan-li (1573-1620). Haute de 22 centimètres, elle simule, avec le bouchon qui lui sert de couvercle, un caractère d'écriture chinoise qu'on aurait découpé dans une plaque de porcelaine ayant 4 centimètres d'épaisseur vers le haut, et un peu plus de 6 centimètres à la base. Mais, au lieu d'être d'une masse pleine, toutes les parties sont creuses et forment récipient. Le caractère représenté est composé de ceux Fô, bonheur, et Cheou, longévité, en écriture tchouan ; il exprime par conséquent le double souhait de bonheur et longue vie. Au centre de cette sorte de talisman chinois se trouve un cartouche délimité par un filet

DESCRIPTIONS ET CLASSEMENT CHRONOLOGIQUE

en relief; enfin, un long et gracieux déversoir et une anse au large contour complètent cette singulière théière.

Les peintures qui la décorent, exécutées en émaux sur biscuit, rentrent dans les données ordinaires du genre Tien-pê. Sur l'une et l'autre faces, les parties représentant le double caractère Fô-Cheou sont ornées d'une guirlande courante de rinceaux vert foncé, à grandes pivoines violettes sur fond jaune clair, et l'intérieur du cartouche est occupé par un paysage à sujet peint avec les mêmes couleurs. Dans le personnage principal de ce

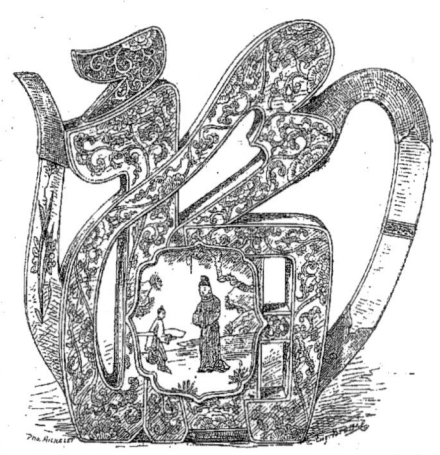

Fig. 90. — Grande théière, ayant la forme d'un caractère d'écriture chinoise. Elle est décorée sur biscuit de peintures vieille famille verte; l'anse est en ivoire avec monture d'argent, et le couvercle en corne de cerf laquée et dorée. (IIIe époque.) Hauteur : 0^{m}22. — Col. O. du S.

sujet, il est facile de reconnaître un seigneur vêtu et coiffé selon l'usage du temps des Ming. Toutes les surfaces répondant à l'épaisseur de la pièce sont vert clair. Enfin, l'extrémité du bec ayant été brisée, il a été refait en argent, et l'anse entière a été remplacée par une en ivoire à anneau médian gravé et fixé à la pièce par une armature en argent; quant au couvercle, perdu sans doute, on y a suppléé par un autre en corne de cerf laquée à rinceaux dorés en relief.

Cette monture, d'un travail déjà ancien et fort remarquable, exécutée en Chine, ou peut-être au Japon, montre suffisamment le prix qu'on attachait à cette pièce.

Ainsi que le rappelle le catalogue que nous venons de citer, M. Jacquemart mentionne la théière de M. Barbet de Jouy parmi les pièces sur lesquelles il a avant nous relevé le nien-hao : 2-2-2. *Ta-Ming-Siouen-te-nien-tchi* (fabriqué dans les années 1426-1436). Conséquent avec lui-même, il la range tout naturellement dans ce qu'il a appelé porcelaines de la famille verte, parce que le vert est précisément la couleur dominante dans le décor de ce vieux spécimen dont voici l'un des similaires, peut-être tout aussi ancien quoique ne portant point de nien-hao.

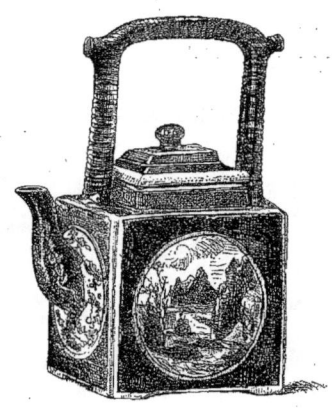

Fig. 91.

N° 12. — Fig. 91. — Théière à anse de panier, décorée sur biscuit de peintures Tien-pê. (Vieille famille verte.) — Col. Cernuschi, à Paris.

Nous le répétons, sauf les colorations proprement dites, les Tien-pê n'ont aucune analogie avec les porcelaines décorées en émaux ou couleurs appliqués sur couverte, qui ne furent inventées en Chine qu'à l'époque suivante. Nous insisterons sur ce point, quoique M. Jacquemart, que nous prenons involontairement à partie, cite deux autres exemples du nien-hao Siouen-te trouvés par lui sur des porcelaines cuites en blanc et décorées en émaux de la famille verte. Ces porcelaines sont deux jardinières à sujets à personnages, et, ainsi qu'on le verra plus loin, ces sujets à personnages sont précisément eux-mêmes une preuve concluante que ces nien-hao sont apocryphes.

D'après ce que disent les auteurs chinois des porcelaines fabriquées pendant les trois règnes suivants : Tching-tong, King-tai et Thien-chun, compris dans cette première époque, nous voyons que, pendant ces périodes, l'industrie est restée complètement stationnaire. L'honneur des découvertes et des progrès que nous venons de signaler revient donc exclusivement à la période Siouen-te (1426-1436), à partir de laquelle les Chinois connaissaient déjà la plupart des méthodes et des procédés pratiqués de nos jours.

DEUXIÈME ÉPOQUE

(1465-1567)

PORCELAINES TCH'ING-HOA

DYNASTIE DES MING
PÉRIODES
{ TCH'ING-HOA. . . . . 1465-1488.
HOUNH-TCHI. . . . . . . 1488-1506.
TCHING-TE. . . . . 1506-1522.
KIA-TSING . . . . 1522-1567.

A l'époque où nous arrivons, un fait matériel vint apporter un trouble profond dans la fabrication. Le fameux bleu cobalt, Sou-ni-po, dont pendant quarante années la beauté avait fait les délices des amateurs chinois, se trouva tout à coup épuisé. Force fut donc d'employer des bleus de qualité inférieure dédaignés jusque-là. *Sous ce rapport, les porcelaines de la période Tch'ing-hoa, qui commence cette deuxième époque et lui donne son nom, furent loin d'égaler celles qu'on avait fabriquées précédemment. On cite cependant comme remarquables les vases ornés de fleurs bleues légèrement et gracieusement esquissées.*

S'il résulte clairement de ce passage que l'infériorité matérielle plus ou moins appréciable du bleu cobalt employé est un signe distinctif des porcelaines de Tch'inghoa décorées de peintures sur cru, nous y voyons aussi que la légèreté et la grâce du dessin pourront par fois nous servir d'indice pour en reconnaître quelques-unes; l'amélioration notable du dessin, jointe à un art plus grand dans la disposition des couleurs, est d'ailleurs l'un des caractères des peintures de cette époque. Aussi tous les auteurs chinois s'accordent-ils à louer les artistes d'alors, *qui apportaient un grand soin à tout ce qu'ils faisaient et imitaient avec une rare perfection les modèles anciens, de sorte que toutes les porcelaines de ce temps y compris les vases Tien-pê étaient des plus remarquables.* Mais ce n'était là qu'un mérite dû au talent des peintres, talent qui ne pouvait compenser dans la série des décorations en bleu cobalt, si prisées des Chinois, la pureté et l'éclat de couleur des vases d'autrefois. Il restait sans doute bien d'autres moyens connus d'orner les porcelaines, et cela sans compter l'émail Yeou-lou-yeou, *émail vert d'huile,* que nous notons ici comme première innovation de la période Tch'ing-hoa.

Cet émail se posait en couche générale sur des pièces préalablement ornées de dessins en noir, ou peut-être dans certains cas en rouge de fer, couleur qui, en se combinant pendant la cuisson avec l'oxyde de cuivre de l'émail vert d'huile, donne un beau noir. De ce genre extrêmement rare nous citerons le spécimen suivant.

N° 13. — Pl. III. — Vase cylindrique, dit rouleau, en vieille porcelaine à peine enduite d'une légère glaçure; il est orné de bordures et d'un grand paon sur un rocher fleuri autour duquel voltigent d'autres oiseaux. Le tout dessiné en noir, après quoi le vase a été recouvert d'un émail vert d'huile, en réservant les filets saillants qui en accentuent les contours. Hauteur : 0^{m}48. — Col. O. du S.

Soit que l'esprit d'initiative, peu satisfait de se traîner dans de stériles imitations, ait résolument cherché des voies nouvelles, soit que le hasard de l'heureuse trouvaille de l'émail vert d'huile ait conduit à l'application sur couverte des couleurs dont on se servait pour décorer les vases Tien-pê, nous avons à constater dans les premières années de la période Tch'ing-hoa l'apparition des peintures sur porcelaines cuites en blanc.

Ce fait important de la découverte du fondant nécessaire à la préparation des couleurs ou émaux de demi-grand feu, qui venait sous une autre forme combler le vide occasionné dans les ateliers de décoration par la perte du beau bleu Sou-ni-po, et qui ouvrait aux peintres des horizons inconnus, nous est signalé de la manière la plus précise par l'historien des porcelaines de King-te-tchin.

Les porcelaines fabriquées à King-te-tchin pendant la période Tch'ing-hoa, écrit-il, *étaient faites d'une terre grasse et plastique. On estimait beaucoup les vases minces, et l'on mettait au premier rang ceux qui étaient ornés d'émaux ou-tsaï* (cinq couleurs). *Leur mérite tenait à la finesse des matières colorantes et à l'habileté des peintres. Les plus appréciés étaient ceux où l'on voyait des sauterelles, des pivoines et des poules avec leurs poussins pleins de vie et de mouvement.*

Fidèles aux errements de leurs prédécesseurs, les artistes si vantés de la période Tch'ing-hoa s'étaient d'abord contentés de reproduire les images sacrées et symboliques, les fleurs, les plantes et les animaux; mais un jour vint où ces données ordinaires ne leur suffirent plus, et leur génie plus libre y introduisit un élément nouveau puisé aux sources de la religion, de la légende, de l'histoire, dont leur pinceau traduisit et éternisa les scènes variées en les peignant sur l'émail inaltérable des porcelaines. *C'est à cette époque,* nous dit encore le même historien, *qu'on commença à figurer des personnages sur les vases ou-tsaï*, et il nous cite les célèbres coupes à vin, *fines comme du papier et ornées, les unes de sauterelles ou de raisins en émail, les autres de personnages et de lotus.* Se résumant ensuite au sujet des produits de la période Tch'ing-hoa, il dit que *les porcelaines de couleur pâle ou foncée étaient remarquables par leur ton pur et brillant non moins que par leur solidité, et que celles ornées d'émaux ou-tsaï* (cinq couleurs) *avaient une égale réputation, de sorte que les porcelaines fabriqués pendant ce règne méritent d'être classées, comme les secondes, après celles de la période Siouen-te.*

Ces citations nous paraîtraient prouver surabondamment que c'est bien à cette époque que furent inventées les peintures émaillées sur couverte, si les deux jardinières à décors à personnages exécutés en émaux de la famille verte et portant le nien-hao Siouen-te, dont parle M. Jacquemart, ne pouvaient, comme d'autres pièces analogues qu'on rencontrera peut-être, servir d'objection à cette opinion ainsi qu'au texte des auteurs chinois. Nous ajouterons donc que de tous les nien-hao antérieurs aux années Tch'ing-hoa relevés par nous, il ne s'en est point trouvé sur des porcelaines décorées en émaux de la famille verte qui ne fussent incontestablement de fabrication beaucoup plus récente, sinon tout à fait moderne, et que, de son côté, M. A. W. Franks ne semble pas en avoir rencontré qui lui aient paru authentiques, puisqu'il n'en cite aucun. Enfin, comme preuve décisive et dernière, nous rappellerons les annales officielles de la province de Feou-Liang, dans lesquelles se trouve la liste complète des différents *vases et émaux anciens qu'on reproduisait à King-te-tchin* au commencement du siècle dernier, et où sont consignés après ceux de la période Siouen-te, comprenant les Tien-pê et autres que nous avons signalés, les *ou-tsaï-khi*, vases ornés d'émaux, qu'on a grand soin de qualifier DE LA PÉRIODE TCH'ING-HOA aussi bien lorsqu'il est question de ceux fabriqués pendant cette période qu'en parlant des imitations qui en furent faites du temps de Tching-te (1506-1522), Wan-li (1573-1620) et Khang-hy (1662-1723).

Enfin, les mêmes annales, et avec elles le R. P. d'Entrecolles, en décrivant le mode de fabrication des *ou-tsaï-khi*, nous disent que, *pour faire ces vases ornés d'émaux encore et toujours qualifiés* DE LA PÉRIODE TCH'ING-HOA, *on prend des vases de porcelaine blanche cuits et terminés, sur lesquels un premier ouvrier est chargé de faire l'esquisse et un second d'appliquer les couleurs.* A ses débuts, c'est-à-dire au point où nous en sommes, la palette des peintres comprenait le noir, qui ne servait pour ainsi dire qu'à esquisser, le rouge de fer, souvent bien glacé vif et brillant, le violet d'un ton généralement terne, le jaune brun allant jusqu'au brun lui-même, le vert de tons différents et chatoyants, et le bleu, mal développé et toujours d'un ton noirâtre. Aussi ce

168   LA PORCELAINE DE CHINE

dernier émail était il souvent remplacé par du bleu ordinaire, posé à l'avance, sous couverte, en grosses masses, tantôt sous forme de rochers ou de terrasses, tantôt recouvrant les longs plis d'une robe. Les émaux verts, violets et jaunes étaient fortement irisés, et parfois entourés d'une sorte d'auréole diaprée.

Nous montrerons maintenant quelques exemples des plus beaux types fabriqués à cette époque, en rappelant au lecteur que nous ne les tenons pas tous pour des originaux du temps, mais seulement pour de fidèles et magnifiques reproductions déjà relativement anciennes. Ainsi les vases n° 14 et 15, malgré les nien-hao inscrits sous le pied, ne sont très certainement que des copies, ou des imitations exécutées pendant les premières années de la période Khang-hy (1662-1723).

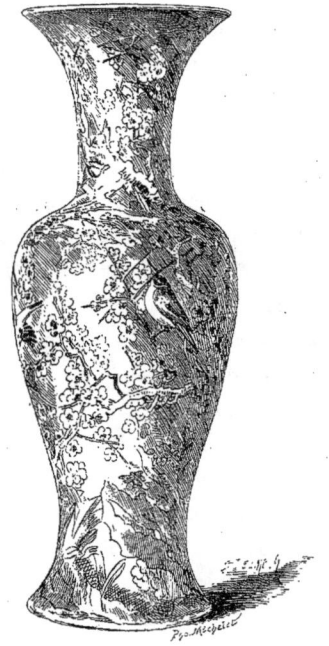

Fig. 92.

N° 14. — Fig. 92. — Grand vase, peint sur couverte de rochers d'où partent des buissons d'aubépine dont les rameaux, chargés de petites fleurs blanches émaillées, s'étendent sur toute la surface du vase, fond vert d'huile. Marque : 2-2-2. *Ta-Ming-Tch'ing-hoa-nien-tchi*. Hauteur : 0^{m}72. — Col. G. Salting, à Londres.

N° 15. — Pl. IV. — Grand et magnifique vase orné d'un décor analogue au précédent, mais à fond noir émaillé. (Marque : 2-2-2. *Ta-Ming-Tch'ing-hoa-nien-tchi.*) Hauteur : 0m.70. — Col. G. Salting, à Londres.

N° 16. — Pl. XXI. — Vase en forme de bouteille carrée, à goulot cylindrique légèrement évasé. Il est richement décoré sur le col de deux cartouches fond jaune à paysage animé d'un chien de Fô, et sur chacune des faces, qui sont fond noir, de rochers et buissons à fleurs blanches.

Le dessous du pied, resté en biscuit, ne porte point de marque. Hauteur : 0m49. — Appartenant à M. Bing, à Paris.

N° 17. — Pl. VI. — Vase de même forme que le précédent, décoré en plein sur couverte, au col, d'un paysage courant dans lequel se trouve la grue de Ky-lin, la tortue sacrée et une sorte de salamandre tenant entre ses dents un Ling-tchy; l'épaulement du vase, fond lilas, est orné de quatre cartouches à dragons ornementaux sur fond jaune; aux quatre angles, une fleur jaune surmontée du signe Bonheur, en caractères tchouan.

Le corps du vase porte, haut et bas, une large bordure à lambrequins, fond lilas et rinceaux verts. Ces lambrequins sont disposés de manière à former sur chaque face une grande réserve, dont deux opposées, fond jaune, sont ornées de paysages, l'une avec dragon à quatre griffes dans les nuages, menaçant un tigre au naturel, l'autre avec habitation sur le bord d'un lac. Les réserves des autres faces sont occupées par des modèles sur fond vert. Pour cette décoration, d'une grande finesse d'exécution et d'un ensemble harmonieux qui dénotent une habileté extrême, le peintre s'est borné à l'emploi de trois couleurs, le jaune, le lilas clair d'un ton un peu terne et le vert plus éclatant, en trois teintes différentes.

Le dessous du vase, non émaillé, permet de juger la pâte, qui est à grains serrés et légèrement grisâtre comme celle des pièces décorées sur biscuit; au centre, dans un carré en creux, la marque : 3-3. *Ta-Ming-Th'ing-hoa-nien-tchi*, peinte en bleu sous couverte. Hauteur : 0m49. — Col. L. Poiret, à Paris.

N° 18. — Pl. XXII. — Petit plat décoré en plein sur biscuit d'une peinture vieille famille verte (*Tien-pé*), représentant un paysage au bas duquel se trouve un pêcheur. Diamètre : 0m20. — Col. O. du S.

N° 19. — Pl. III. — Grande jarre à vin, à fond bleu turquoise olivâtre finement truité, décoré en relief de deux dragons impériaux à cinq griffes, l'un entouré de nuages et de flammes; l'autre, placé au-dessous, émerge des flots qui occupent la partie inférieure du vase. Hauteur : 0m65. — Col. de Mme L. Cahen d'Anvers, à Paris.

N° 20. — Pl. VII. — Grand vase orné de deux dragons à quatre griffes au milieu de flammes rouge de fer ; ils sont dessinés au trait noir sur couverte et colorés en émaux fortement irisés, tête jaune, crinière et échine gros bleu, corps vert et ventre violet clair. A la base se trouvent des rochers émergeant des flots de la mer. Marque en bleu sous couverte : 2-2-2. *Ta-Ming-Tch'ing-hoa-nien-tchi.* Hauteur : 0^{m}75.— Appartenant à M. Beurdeley, à Paris.

N° 21. — Pl. VII. — Grand pitong carré, posé dans son pied ajouré ; il est décoré en haut relief d'une branche de pêcher chargée de fruits qui s'étend sur les quatre faces et de peintures sur couverte en émaux de la famille verte fortement irisés. Outre les grues, emblème de la longévité, disséminées sur les quatre faces du vase, on remarque dans la bordure supérieure, qui est fond vert piqueté, le caractère Chéou (longévité). Hauteur : 0^{m}40. — Col. O. du S.

N° 22. — Pl. VII. — Bouteille en forme de gourde, décorée en émaux de la famille verte, de bordures et de légers dessins symétriquement disposés, parmi lesquels le caractère Chéou est plusieurs fois répété.
Elle porte sous le pied, gravé en creux sous couverte, le nien-hao : 3-3. *Ta-Ming-Tch'ing-hoa-nien-tchi.* Hauteur : 0^{m}25. — Col. O. du S.

N° 23. — Pl. X. — Vase ovoïde décoré sur couverte avec la palette aux cinq couleurs (*ou-tsaï*) de bordures et de quatre grands médaillons de buissons fleuris, se détachant sur un fond mosaïque rouge. Hauteur : 0^{m}30. — Col. O. du S.

N° 24. — Pl. XIV. — Bol blanc, dont l'extérieur est en partie non émaillé et gaufré de dessins réguliers dits bâtons rompus.
Sous le pied, le nien-hao : 3-3. *Ta-Ming-Tch'ing-hoa-nien-tchi.* Hauteur : 0^{m}20. — Col. O. du S.

Aucun des auteurs chinois ne parle des porcelaines fabriquées pendant le règne de Houng-tchi qui succéda à l'empereur Tch'ing-hoa ; on rencontre cependant, assez rarement il est vrai, ce nien-hao. C'est alors le plus souvent sur des pièces à fond jaune jonquille, dit jaune impérial, émaillé soit sur couverte, soit sur biscuit ; dans ce dernier cas il est moins éclatant et tirant sur le brun. Nous donnons ici l'un de ces spécimens, qui est peut-être une copie fidèle d'un type original de cette période, mais dont l'existence ne paraît pas remonter au delà du règne de l'empereur Khang-hy.

DESCRIPTIONS ET CLASSEMENT CHRONOLOGIQUE

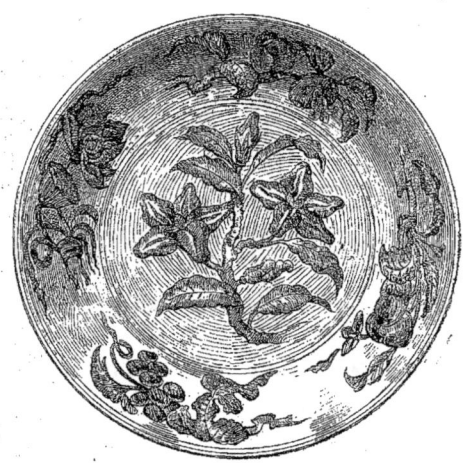

Fig. 93.

N° 25. — Fig. 93. — Plat jaune impérial, émaillé sur couverte, ayant en réserve un lis en fleur entouré de quatre tiges chargées de fruits (grenadier, pêcher, vigne et nélumbo) peints en bleu sous couverte; sur le rebord extérieur court une guirlande de fleurs bleues sur même fond, émaillé jaune impérial. Marque en bleu sous couverte : 3-3. *Ta-Ming-Houng-tchi-nien-tchi* (1488-1506). Diamètre : 0^{m}26. — Col. O. du S.

Arrivé à la période Tching-te (1506-1522), on nous apprend qu'*en ce temps-là, le gouverneur de Yun-nan s'étant procuré du bleu cobalt de première qualité que les marchands arabes apportaient des pays d'Occident, et que pour cette raison on appelait Hoeï-tsing* (bleu des musulmans), *on put refaire des vases foncés qui rappelaient ceux du règne de Siouen-te, quoique leur étant inférieurs. On nous dit encore qu'on fabriquait aussi des porcelaines ornées de peintures de diverses couleurs, émaillées sur biscuit, ainsi que les vases Ou-tsaï décorés de peintures sur couvertes de la période Tch'ing-hoa, et toutes sortes de couvertes colorées, parmi lesquelles les plus belles étaient celles d'une teinte rouge, qu'on appelait Tsi-hong. Il y en avait deux sortes : l'une rouge de cuivre, Tsi-hong, et l'autre rouge de fer, Pao-chi-hong.*

Pendant la période suivante, Kia-tsing (1522-1567), le goût du bleu s'était ravivé à cause des belles teintes franches qu'on obtenait avec le Hoeï-tsing (bleu des musulmans), les meilleurs artistes abandonnèrent la peinture en diverses couleurs sur biscuit et sur couverte; de sorte que *les Tien-pé de la période Siouënte-te, et les Ou-tsaï, de la période*

Tch'ing-hoa qu'on faisait alors étaient loin d'égaler les anciennes; on n'en fabriquait que fort peu de ces deux sortes. D'autre part, *la couleur rouge de cuivre étant venue à manquer, on ne faisait plus que des vases rouges d'alun, bien inférieurs aux anciens rouges.*

En résumé, cette seconde époque Tch'ing-hoa est marquée dès son début par l'invention des peintures sur couverte, exécutées avec des couleurs ou émaux de demi-grand feu, c'est-à-dire de ce genre spécial qui est l'une des principales originalités de l'art céramique chinois.

Nous décrirons encore quelques spécimens de types divers que nous croyons pouvoir attribuer à cette deuxième époque.

N° 26. — Pl. IX. — Jarre à vin munie de son couvercle formant bouchon. Le décor bleu sur fond jaune impérial, analogue au n° 25, composé de rinceaux fleuris, au milieu desquels se trouve le Fong-hoang.

La pièce porte, écrit sur le pourtour du col, le nien hao : *Ta-Ming-Kia-tsing-nien-tchi* (1522-1567). Hauteur : 0ᵐ48. — Col. O. du S.

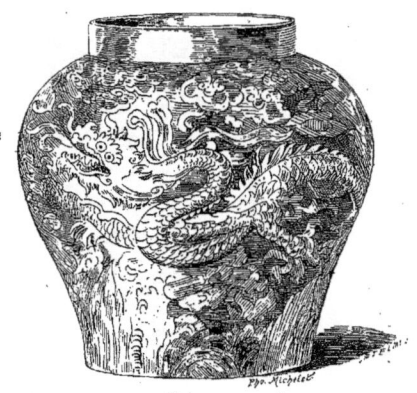

Fig. 94.

N° 27. — Fig. 94. — Petit vase forme potiche, fond rouge de fer, d'un ton brun (rouge d'alun), sur lequel se détachent en jaune des dragons à cinq griffes, entourés de flammes et de nuages, le tout émaillé sur couverte.

Marque : 3-3. *Ta-Ming-Kia-tsing-nien-tchi*. Hauteur : 0ᵐ14. — Col. Hendlé, à Paris.

N° 28. — Pl. XIII. — Statuette en porcelaine ferrugineuse de couleur brune (*Ou-yao*), représentant un personnage assis sur un large siège à dossier élevé, le tout faisant corps avec le socle de forme quadrangulaire. L'ensemble est décoré de bleu turquoise, la

DESCRIPTIONS ET CLASSEMENT CHRONOLOGIQUE 173

tête, les mains et quelques autres parties sont restées en biscuit, et le dessus du socle a été émaillé bleu foncé. Hauteur : 0ᵐ35. — Col. Fournier père, à Paris.

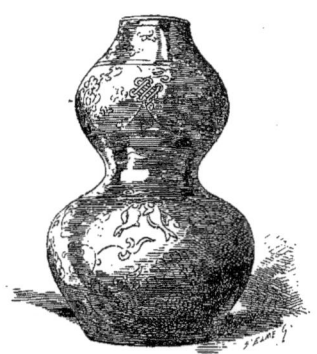

Fig. 95.

N° 29. — Fig. 95. — Gourde bleu turquoise truité, décorée de rinceaux courants à chrysanthèmes et attributs divers gravés dans la pâte. Marque en bleu sous glaçure : 3-3. *Ta-Ming-Kia-tsing-nien-tchi.* Hauteur : 0ᵐ23. — Col. O. du S.

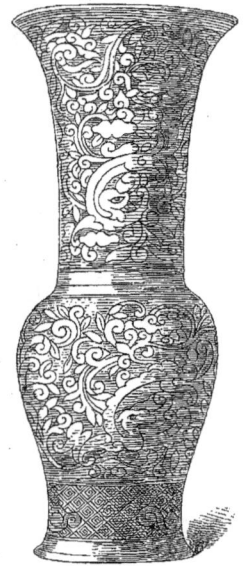

Fig. 96.

N° 30. — Fig. 96. — Vase cornet, à rinceaux feuillus et dragons ornementés ciselés sur cru et munis d'une couverte colorée céladon vert d'eau. (Marque en bleu sous couverte : 2-2-2. *Ta-Ming-Kia-tsing-nien-tchi*. Hauteur : 0^m45. — Col. O. du S.

Nous limiterons à ces quelques pièces celles que nous croyons devoir indiquer comme représentant des types de l'époque Tch'ing-hoa. On s'étonnera peut-être de ne voir figurer dans cette courte nomenclature aucun spécimen décoré de peintures bleues sous couverte, alors qu'on en rencontre un si grand nombre de cette espèce, portant des nien-hao qui indiquent précisément des dates de fabrication répondant aux périodes comprises dans cette deuxième époque. C'est, nous l'avons dit, que nous n'avons pas une confiance bien grande dans l'authenticité de ces marques, et surtout parce que nous n'avons rien trouvé dans les auteurs chinois qui puisse nous guider sûrement dans le choix qu'il faudrait faire. Ceux-ci, en effet, nous parlent bien des diverses qualités de bleu cobalt successivement employées ; ils nous répètent, sous des formes différentes, que *les porcelaines bleues de couleur foncée, des règnes de Tching-te et de Kia-tsing, étaient particulièrement estimées, tandis que celles des périodes Tch'ing-hoa et Houng-tchi étaient peu recherchées*. Mais ils ne signalent ni un dessin ni un genre nouveau de décoration. En sorte que, depuis les Pi-sê-yao du Xe siècle jusqu'aux vases décorés de bleu Sou-ni-Po ou de bleu Hoeï-tsing du commencement du XVIe, nous ne pouvons nous reconnaître au milieu de toutes ces porcelaines ornées de peintures sur cru, invariablement désignées dans les textes chinois par porcelaines bleues, pâles ou foncées. D'ailleurs, notre but n'est point de décrire toutes les pièces qu'à tort ou à raison nous croyons de telle ou telle époque, mais seulement de montrer, dans l'ordre chronologique de leur apparition en Chine, des spécimens de tous les genres de porcelaines et de décorations, sans en multiplier outre mesure les exemples.

DESCRIPTIONS ET CLASSEMENT CHRONOLOGIQUE

TROISIÈME ÉPOQUE

(1567-1644)

PORCELAINES WAN-LI

DYNASTIE DES MING

PÉRIODES

{
Long-khing . . . . 1567-1573.
Wan-li . . . . 1573-1620.
Taï-tchang . . . . 1620-1621.
Thien-ki . . . . 1621-1628.
Tsoung-tching . . . . 1628-1644.
}

Les mines d'où les Arabes tiraient le bleu cobalt, si estimé des Chinois qu'ils le payaient plus cher que son poids d'or, s'étaient-elles épuisées tout à coup, ou bien les marchands musulmans qui l'apportaient aux habitants du Céleste Empire ne venaient ils plus trafiquer avec eux? Toujours est-il que pendant la période Long-Khing (1567-1573), qui commence la troisième époque, le Hoeï-tsing (bleu des musulmans) disparut inopinément, tout comme, un siècle plus tôt, l'avait fait le fameux bleu Sou-ni-po. Aussi, après avoir signalé le fait, les auteurs disent-ils que les peintures bleues sous couverte ayant dès lors perdu l'éclat et la beauté qu'avaient celles des périodes précédentes, cette décoration ne fut plus employée que pour des objets grossiers et des porcelaines de qualité ordinaire. Pour les vases de luxe on en revint au genre Tien-pê, c'est-à-dire à la vieille famille verte et aux Ou-tsaï-khi, vases ornés de peintures sur couverte de la période Tch'ing-hoa. Parmi les produits les plus remarquables de ce genre qu'on fabriquait à King-te-tchin sous le règne de l'empereur Wan-li (1573-1620), on nous cite de grandes jarres ou vasques destinées à contenir des plantes et des arbustes ou à servir de bassins. Dans ces bassins les dames chinoises entretenaient quelques-uns de ces poissons aux couleurs éclatantes ou de formes singulières pour lesquels l'extrême Orient professe un goût bizarre. Ces jarres étaient généralement *décorées, bleu sous couverte, de grandes fleurs aquatiques ou de dragons s'enroulant et s'entre-croisant sur la panse.* Le décorateur *entourait ensuite ces images sacrées de flammes, de nuages ou des flots de la mer,* en couleurs rouge et verte de demi-grand feu, de sorte que ces animaux fabuleux semblaient se jouer dans les espaces supérieurs ou dans les profondeurs océaniques.

Il existe en Europe un certain nombre de ces pièces. Quelques-unes portent des marques ou des nien-hao indiquant presque toujours la période Wan-li.

Ce même genre de décoration fut, à cette époque, appliqué à toutes sortes de vases et pièces de moindres dimensions. Ces pièces sont donc facilement reconnaissables à cette particularité que les bleus, assez foncés, ont été posés sur cru, tandis que le reste du décor a été complété sur couverte avec les émaux de la famille verte.

N° 31. — Pl. XV. — Bouteille piriforme à long col portant un renflement sphérique près de l'orifice. Elle est ornée de rinceaux feuillus, au milieu desquels se trouvent symétriquement placés deux dragons à cinq griffes et deux Fong-hoang.

Tous les bleus sont peints sous couverte, et après cuisson de la pièce on a complété ce décor avec du vert, du jaune et du rouge de fer, fixés au feu de moufle. A l'extrémité du col, près de l'orifice, se trouve en bleu sous couverte le nien-hao : *Ta-Ming-Wan-li-nien-tchi*. Hauteur : 0^{m}47. — Col. O. du S.

N° 32. — Pl. X. — Cornet à anneau médian en relief, décoré de peintures famille verte, dont les bleus ont été posés à l'avance sur cru. La partie supérieure est occupée par un sujet familier, femmes et enfants dans un jardin ; l'anneau et la base sont ornés de branches fleuries. Hauteur : 0^{m}49. — Col. O. du S.

Le spécimen que nous venons de décrire peut être considéré comme type de ce genre bien connu de porcelaines épaisses, toujours d'un blanc douteux, et décorées de peintures (*Ou-tsaï*) aux cinq couleurs, tantôt de sujet familiers et de jeux d'enfants, tantôt de dragons entourés de flammes, ou bien encore d'arabesques, de fleurs ou de poissons. Ces porcelaines, assez nombreuses en Europe, sont généralement peu recherchées des amateurs, tandis qu'on en fait grand cas en Chine, où on les désigne par le nom de porcelaines des Ming.

Il n'est pas douteux qu'elles aient fait leur apparition au Céleste Empire vers l'époque que nous indiquons. Mais, comme tant d'autres, elles furent depuis lors sans cesse reproduites, et toujours avec une perfection telle qu'il est presque impossible de fixer sûrement la date de fabrication des nombreux échantillons qu'on en rencontre, à moins qu'ils ne portent un nien-hao révélateur. Parmi ces derniers il en est qui donnent tout particulièrement tort aux écrivains d'après lesquels les peintures en émaux de la famille verte indiqueraient des porcelaines relativement plus anciennes que celles ornées d'émaux roses. On pourrait en effet citer beaucoup de pièces parfaitement identiques à

DESCRIPTIONS ET CLASSEMENT CHRONOLOGIQUE

celle que nous avons choisie comme type, et sur lesquelles est inscrit le nien-hao de la période Yong-tching (1723-1736), pendant laquelle florissait dans toute sa splendeur l'école qui a produit les meilleures peintures de la famille rose.

La bouteille figure 97, par exemple, à part peut-être un peu moins d'intensité de ton dans les émaux, ne diffère pas sensiblement du spécimen n° 32.

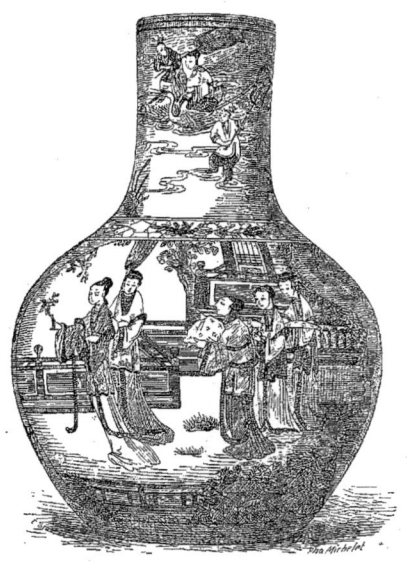

Fig. 97. — Bouteille pataude à col droit, ornée de sujets peints avec les cinq couleurs primitives de la famille verte (ou-tsaï) dont les bleus ont été posés à l'avance sur cru. Elle porte sous le pied le nien-hao : 3.-3. *Ta-Thsing-Yong-tching-nien-tchi*, en caractères Kiay-chou tracés en bleu sous couverte. Hauteur : 0m35. — Col. du vicomte Borrelli, à Paris.

Signalons encore un troisième exemple de *Ou-tsaï-khi* de la période Wan-li : celui-ci (fig. 98) emprunte un intérêt spécial à l'irisation exceptionnelle des émaux verts qui entrent dans sa décoration peu remarquable d'ailleurs par elle-même. Cette irisation d'une intensité extraordinaire absorbe la couleur verte sous les reflets d'un beau rouge métallique qui lui donne l'apparence et l'éclat de certaines couleurs oréo-cuivreuses si appréciées sur les faïences italiennes du XVIe siècle.

Il faut, sans aucun doute, attribuer cette irisation à un simple accident de fabrication, déterminé, si l'on veut, par une surélévation de température ou par des courants réducteurs dans le four de cuisson des peintures ; mais le fait n'en est pas moins extrêmement curieux, et cette pièce, unique peut-être, est un exemple de ce qu'il serait permis d'obtenir si l'on pouvait à son gré produire cette irisation.

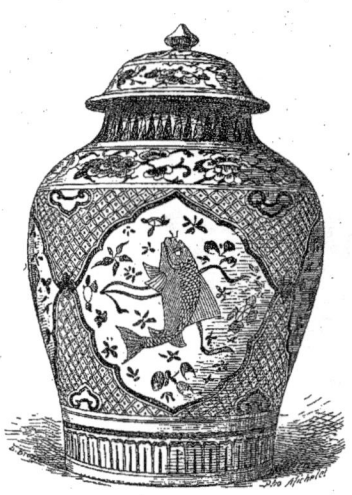

Fig. 98. — Potiche pataude, ornée sur le col de dents de loup au-dessous desquelles, entre des filets bleus sous couverte, se trouve une bordure de rinceaux feuillus verts, à grandes pivoines rouges ; à la base, également entre deux filets bleus, règne une seconde bordure à faux godrons verts. La panse est décorée fond filigrane quadrillé en rouge, à quatre réserves, renfermant chacune un poisson nageant au milieu de plantes aquatiques. Cette décoration, exécutée avec du bleu sous couverte, du rouge de fer et du vert émaillé, est remarquable par l'extrême irisation de cette dernière couleur à reflets d'un beau rouge oréo-cuivreux? Hauteur : 0m31. — Musée céramique de Sèvres.

En poursuivant nos recherches dans les auteurs chinois, nous trouvons la description de certaines coupes dont se servait l'empereur Wan-li lorsqu'il sacrifiait sur les autels. Elles étaient *d'un blanc pur comme celui du jade, de forme aplatie, et ornées de poissons. Ces petites coupes d'autel, qui étaient d'une beauté extraordinaire, ainsi que de petites boîtes à fleurs pour mettre le fard, pouvaient être classées parmi les plus jolis objets de curiosité.*

Nous relevons ensuite les noms de plusieurs fabricants renommés de cette époque, en même temps que la description de leurs plus remarquables produits, parmi lesquels nous retrouvons des objets bien connus de presque tous les amateurs et dont l'époque de fabrication est ainsi parfaitement déterminée.

Ce sont d'abord Tsouï-kong et Tcheou, *qui tous deux reproduisaient avec un rare talent les vases fabriqués par les procédés anciens des périodes Siouen-te et Tch'ing-hoa.*

DESCRIPTIONS ET CLASSEMENT CHRONOLOGIQUE

Le second excellait tout particulièrement dans l'imitation des Tings, des trépieds et des réchauds de l'antiquité, ainsi qu'à refaire les coupes sacrées à figures d'animaux et à anse, ayant la forme du fer de la lance.

Le lecteur reconnaîtra comme nous dans cette simple description les petites coupes dites à sacrifice et autres du même genre, toujours richement décorées de peintures émaillées sur biscuit ou sur porcelaines cuites en blanc.

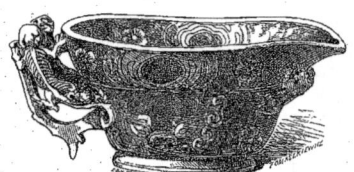

Fig. 99.

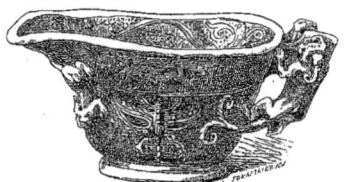

Fig. 100.

N° 33. — Fig. 99. — Coupe dite à sacrifice, décorée sur biscuit, de peintures vieille famille verte. Hauteur : 0m5. — Col. Hendlé, à Paris.

N° 34. — Fig. 100. — Coupe dite à sacrifice, décorée, sur couverte, de peintures famille verte. Hauteur : 0m5. — Col. O. du S.

Puis vient le fameux Ou-kong, qui s'était surnommé lui-même *le Vieillard qui vit dans la retraite* et dont l'habileté à fabriquer les porcelaines fines était telle que certaines de ses tasses ne pesaient pour ainsi dire rien. Ce qui nous intéresse davantage, c'est d'apprendre qu'*il faisait aussi des vases, des coupes et des tasses dont l'émail* (la couverte) *était feuille-morte claire ou foncée.*

Enfin les auteurs nous disent, en le déplorant, que ce fut tout spécialement à l'époque dont nous nous occupons que les artistes s'adonnèrent partout en Chine, et jusque dans les manufactures impériales de King-te-tchin, au genre libre et licencieux, à la représentation des jeux secrets, comme disent les Chinois, soit en peinture sur porcelaine blanche, soit sous forme de groupes en biscuit à demi cachés dans l'intérieur de jonques, de pagodes ou de boîtes décorées extérieurement de peintures (*Tien-pé*) vieille famille verte parfaitement identiques à celles des pièces de cette espèce, vases, boîtes, théières ou statuettes, qui figurent dans les collections.

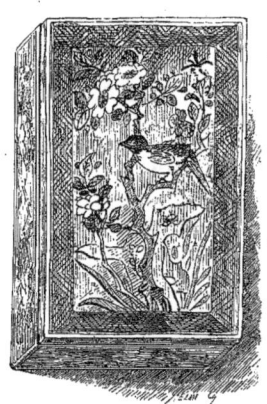 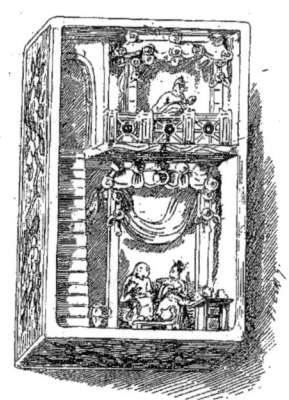

Fig. 101.

N° 35. — Fig. 101. — Boîte décorée à l'extérieur de peintures vieille famille verte, et offrant en dedans la représentation en relief de l'intérieur d'une maison chinoise. Longueur : 0ᵐ14. — Profondeur : 0ᵐ04. — Col. O. du S.

Bien que les spécimens à sujets obscènes, intentionnellement détruits ou mutilés chez nous, soient fort rares, nous ne pouvions nous dispenser d'en faire mention, parce que l'époque de leur fabrication, indiquée par les auteurs, détermine en même temps celle à laquelle nous devons attribuer bon nombre des pièces vieille famille verte que nous possédons.

D'ailleurs, le retour au vieux Tien-pê de la période Siouen-te trouve son explication naturelle non seulement dans la disparition du beau bleu des musulmans, mais aussi dans un fait plus grave encore que signalent les auteurs. *L'argile Ma-tsang, dont on faisait la porcelaine fine, se trouva tout à coup épuisée, en même temps que les autres terres à porcelaine devenaient de moins bonne qualité qu'auparavant*, de sorte qu'on ne pouvait plus faire que des porcelaines grisâtres dont on dissimulait l'infériorité par une décoration surchargée. Aussi arriva-t-il qu'à l'exemple des fabricants de mérite exceptionnel dont nous parlions tout à l'heure, *tous les peintres et décorateurs se mirent à imiter et reproduire les beaux types Tien-pê et Ou-tsaï*.

Les auteurs chinois ne nous signalent rien qui mérite d'être rapporté touchant les porcelaines qui furent fabriquées à King-te-tchin ou dans les autres lieux de production, depuis l'avènement de l'empereur Tai-tchang (1620) jusqu'en 1662, c'est-à-dire pendant tout le temps que les Thsing mirent à conquérir l'empire contre les derniers rejetons de la grande dynastie des Ming. Cette troisième époque de l'histoire de la porcelaine, qui comprend cependant tout un siècle, se résume donc tout entière dans les produits de la période Wan-li et, à ce titre, elle en peut prendre le nom. D'ailleurs, en raison du manque presque absolu de spécimens portant d'autres nien-hao, c'est à ce règne que nous devons attribuer la plus grande partie des pièces que nous allons décrire.

N° 36. — Pl. XI. — Plateau-drageoir composé de neuf compartiments mobiles dont la réunion affecte la forme d'une fleur de nélumbo; il est décoré de peintures vieille famille verte, fleurs et oiseaux sur fond jaune. Grand diamètre : 0"60. — Col. O. du S.

N° 37. — Pl. VIII. — Statuette de Wen-chan, ministre sous les Song, dont les Chinois honorent la mémoire. Il est représenté assis, les mains posées sur les genoux et coiffé du bonnet de grand lettré; les vêtements sont richement décorés sur biscuit avec les émaux de la vieille famille verte. Hauteur : 0^{m}42. — Collection Fournier père, à Paris.

N° 38. — Pl. VIII. — Petit vase couvert, forme balustre elliptique, posé sur socle à quatre pieds. Ce vase, à côtes longitudinales et saillantes, simule un faisceau de bambous, dont l'espace compris entre chaque nœud est alternativement fond vert, jaune ou violet, chargé de fleurettes inversement colorées.

Au col, et formant bordure, une couronne de feuillages violets en relief semble relier les bambous entre eux. Couvercle et socle à décors assortis. Le tout émaillé sur biscuit. Hauteur totale : 0^{m}27. — Col. Léon Fould, à Paris.

N° 39. — Pl. VIII. — Petit vase de forme et décor analogues au précédent. Celui-ci est fond mosaïque à quatre rosaces de chrysanthèmes ornementaux, avec bordure de feuillages violets en relief au col et au-dessous de la panse, formant bordure inférieure, de larges feuilles tombantes alternativement vert clair et foncé. Hauteur totale : 0^{m}27. — Col. L. Poiret, à Paris.

N° 40. — Pl. XXII. — Petit plat, décoré sur biscuit, fond vert feuille de camélia, remarquablement irisé, sur lequel sont réservés des attributs disposés en bordure, et au centre un vase de fleurs. Ces ornements, dessinés au trait gravé dans la pâte, sont émaillés jaune et violet.

Le dessous du plat, entièrement feuille de camélia, porte le nien-hao gravé en creux : 3-3. *Ta-Ming-Wan-li-nien-tchi* (1573-1620). Diamètre : 0^{m}22 : — Col. O. du S.

N° 41. — Pl. IX. — Grande gourde à rinceaux courants, portant des chrysanthèmes ornementaux gravés dans la pâte et émaillés en jaune sur biscuit. Le fond, posé de même, est violet clair. Hauteur : 0^{m}36. — Col. L. Poiret, à Paris.

N° 42. — Pl. VI. — Vase en forme de bouteille carrée, à col cylindrique et s'évasant à l'orifice. Il est décoré en émaux de la famille verte d'un fond vert piqueté chargé de fleurs et de papillons, avec réserves de formes différentes, ornées elles-mêmes de fleurs, de modèles ou de paysages.

Sous le pied, resté en biscuit, se trouve un carré émaillé sur lequel est gravée à la pointe dure la marque : 82. Ou-Lu-tche. — *Composé par un compagnon de Ou* qui vivait sous l'empereur Wan-li (1573-1620).

Le peintre Lu a d'ailleurs pris le soin de dessiner dans son décor un petit lapin posé sur une feuille qui se trouve dans la réserve supérieure, marque n° 85, C, usitée à cette époque. Hauteur : 0^{m}50. — Col. O. du S.

N° 43. — Pl. VI. — Sorte de presse-papier creux, ajouré aux deux extrémités et décoré en plein sur biscuit de rinceaux fleuris sur fond gris violacé piqueté de noir. Longueur : 0^{m}34. — Col. O. du S.

QUATRIÈME ÉPOQUE

(1644-1723)

PORCELAINES KHANG-HY

DYNASTIE DES MING } Chun-tchi. 1644-1662
PÉRIODES   } Khang-hy. 1662-1723

Nous abordons ici la dernière des époques de l'art ancien. Elle est en même temps la plus remarquable de toutes par l'importance de la production, la beauté et la pureté de style des admirables porcelaines qu'on fabriquait alors à King-te-tchin et dans tout le reste de l'empire. Les nombreux spécimens que nous possédons en seraient par eux-mêmes un témoignage plus que suffisant, quand bien même les auteurs chinois, qui ne parlent point des produits fabriqués sous le règne de Chun-tchi, n'auraient pas pris soin de l'affirmer et de faire l'éloge le plus pompeux des vases et pièces de toute sorte de la période Khang-hy.

A cette époque, dit l'un d'eux, *les fabricants de King-te-tchin suivaient encore complètement les procédés anciens ; les porcelaines étaient remarquables à la fois par la forme, la finesse de la pâte, la beauté des couleurs et l'habileté des ouvriers et des peintres. Les vases qui sortaient des manufactures impériales l'emportaient de beaucoup sur ceux des anciens.*

Puis, énumérant toutes les belles choses de ce temps-là, il nous parle de couleurs nouvelles sous une forme imagée qui ne permet point de les reconnaître toutes exactement. Sans donc nous préoccuper outre mesure du vert peau de serpent, du jaune d'anguille, de l'émail parsemé de points jaunes, laissant aussi de côté tous les types anciens que nous connaissons déjà et qu'on reproduisait avec une si admirable perfection, relevons seulement avec soin toutes les nouveautés qu'on nous signale.

Ce sont d'abord *les vases et plats décorés de fleurs ou d'animaux fantastiques, gravés en relief et recouverts de l'émail antique Long-thsiouen, sorte de vert pâle d'un ton bleuâtre*, connus en Europe sous le nom de céladons gravés, puis ceux à couverte colorée bleu par le manganèse peroxydé cobaltifère, *dont les teintes claires et douces étaient désignées par Tsi-tsing-Yéou (bleu du ciel après la pluie)* du nom ancien des vases légendaires *Tsing-khi* ou *Tsoui-khi*, dont l'empereur Chi-tsong aurait, un beau jour de l'an 954, décrété l'invention en ordonnant que les porcelaines à l'usage du palais seraient bleues comme le ciel qu'on aperçoit après la pluie entre les nuages.

Si l'on en croyait la légende, les fabricants se seraient empressés d'obéir, et certains d'entre eux auraient inscrit en guise de marque, sous le pied de leurs vases, les paroles mêmes de l'empereur Chi-tsong : *Yu-Kouo-tien-tsing*. Mais cette inscription toute fantaisiste qu'on rencontre sur certains de ces vases à couverte *bleu du ciel après la pluie*, les uns unis, les autres décorés de fleurs ornementales ou de dragons impériaux gravés à la pointe sur la couverte bleue de façon à faire apparaître le dessin en blanc avant de recouvrir la pièce d'une seconde et légère glaçure blanche ordinaire; cette inscription, disons-nous, pas plus d'ailleurs que les nien-hao Tch'ing-hoa, Tching-te ou autres, n'infirme que ces spécimens appartiennent réellement à l'époque Khang-hy.

Viennent ensuite *les coupes et les bols feuille-morte, jaune pâle et vert pâle, avec des fleurs ciselées dans la pâte*, puis les vases bien connus et, à juste titre, si estimés chez nous, *dont l'émail rouge ou bleu était soufflé*.

Ce sont enfin *les coupes fort épaisses, à bords déprimés, les belles statuettes de Bouddha et autres qu'on fabriquait alors à e-Thoa (province de Fo-kien) avec une sorte de porcelaine blanche Pé-tse, ayant beaucoup de lustre et de poli*. Il est impossible de ne pas reconnaître ici les premiers spécimens apportés en Europe de cette porcelaine demi-dure, d'un ton crémeux, à glaçure vitreuse et d'une transparence extrême, connue sous le nom de blanc de Chine.

Quoique nous n'ayons pas encore parlé de cette fabrication, il est certain qu'elle existait en Chine depuis le commencement des Mings. Les auteurs chinois nous ont, en effet, entretenus déjà des porcelaines de Kien, des Pé-ting, des Tse-Cheou et de bien d'autres vases blancs sortant des ateliers de King-te-tchin ou de fabriques particulières; mais qu'étaient ces tings, ces bols, ces trépieds dont nous ne possédons pas d'échantillons? nous n'en savons rien; tandis qu'il est hors de doute que les blancs de Chine, que nous appelons anciens, et dont l'apparition en Espagne, en France et en Hollande remonte à la seconde moitié du XVIIe siècle, sont bien ceux qu'on fabriquait à Te-hoa pendant le règne de Khang-hy, et que ceux moins transparents et d'un ton bleuâtre sont du règne de Kien-long ou de fabrication toute récente, chinoise ou japonaise.

Malgré tout ce que nous avons dit déjà au sujet des *Ou-tsaï-khi* (vases ornés d'émaux), nous devons encore attirer sur eux l'attention de notre lecteur. C'est qu'en effet, à l'époque où nous sommes arrivés, pendant cette longue période Khang-hy (1662-1723), les décors de la famille verte se partagent en deux variétés très distinctes, ou, pour mieux dire, les artistes qui peignaient avec ces émaux formèrent, à partir de ce moment, deux écoles. L'une, s'inspirant des modèles anciens, donna naissance à cette foule de produits ornés de fleurs aux larges contours, qui s'élancent hardiment d'un rocher, remplissent la surface d'un vase ou d'un plat et y laissent à peine la place nécessaire pour permettre à des oiseaux ou des insectes de voltiger autour des pétales brillants. Cette composition, presque toujours la même, est enveloppée d'une bordure à mosaïque chargée de fleurs. Tout cela est exécuté avec des émaux d'une grande intensité de ton et du rouge de fer répandu à profusion. A cette école, dont tous les effets purement décoratifs sont demandés au coloris sans préoccupation du dessin en lui-même, il faut attribuer la plupart des porcelaines ornées dans le genre turc, arabe ou persan.

La seconde de ces écoles a trouvé sa voie dans l'extrême recherche de la composition tantôt simplement décorative, tantôt empruntant ses sujets à la religion ou à l'histoire. Le dessin est remarquablement soigné, comme si l'influence des missionnaires peintres entretenus grâce à leur talent à la cour de Pékin se fût déjà fait sentir jusque dans les ateliers des manufactures de King-te-tchin et des autres parties de l'empire.

C'est à ce moment que les dessinateurs chargés de faire les esquisses commencèrent à employer le rouge de fer au lieu du noir. Sur d'autres vases encore, sur ceux à fond bleu, par exemple, uni ou fouetté, ils dessinaient sur cru au trait bleu. La palette des coloristes qui venaient ensuite compléter le décor, quoique portant les mêmes couleurs que celle des peintres de l'école rivale, s'en distinguait cependant par la délicatesse des tons, généralement moins foncés.

Ce commencement de sentiment artistique qui se manifestait alors aurait peut-être entraîné les décorateurs chinois dans des voies nouvelles, si la défense de peindre sur porcelaine rien qui rappelât les grands hommes ou les saints personnages n'était venue, en 1677, les arrêter dans leurs aspirations et enfermer leur talent naissant dans la perpétuelle reproduction des fleurs, des arabesques et des animaux chimériques.

La sève du progrès montait toujours cependant. Arrêtée dans son expansion normale, on la vit animer d'une végétation vigoureuse les branches accessoires et inférieures de l'art. Les grandes compositions étaient interdites au talent. Celui-ci se donna carrière dans l'accumulation des détails finement exécutés, mais dont la variété touffue, surchargeant les décors autorisés, nuisit parfois à l'harmonie de l'ensemble. Ces décors n'en sont pas moins fort remarquables, et, ne pouvant leur donner la qualification d'artistique, nous nous contenterons de les désigner par le nom de *décors riches de la famille verte*. Nous comprendrons dans ce groupe les vases de formes diverses, mais affectant plus généralement un contour ovoïde, les bols et les tasses, dont la couverte légèrement teintée en vert clair un peu jaunâtre est en outre décorée de peintures en émaux de cette famille.

Ce dernier genre de porcelaine, qui était largement représenté dans les anciennes collections, est maintenant fort rare, ce qui prouve une fois de plus combien vite un type spécial peut disparaître et combien doivent être clair-semées, sinon tout à fait introuvables, les véritables porcelaines des époques Siouen-te, Tch'ing-hoa et Wan-li.

C'est à l'école des décorateurs dont nous venons de parler que nous attribuons les premiers objets, fontaines, aiguières, pots et services de table exécutés en Chine, à la fin du XVIIe siècle, d'après les modèles envoyés d'Europe.

Enfin, il ne faut point se le dissimuler, c'est de cette époque que datent beaucoup de statuettes, théières et vases de toutes formes décorés sur biscuit de peintures vieille famille verte; les figurines si connues de personnages en costumes hollandais et français du temps de Louis XIV en sont une preuve suffisante.

La longue période Khang-hy avait donc été, dès ses premières années, une ère de développement et de progrès pour l'industrie qui nous occupe, et, à ce seul titre, elle eût tenu une place importante dans l'histoire de la porcelaine, quand bien même l'apparition des émaux de la famille rose ne fût pas venue doter la céramique chinoise d'une conquête nouvelle. C'est en effet pendant la seconde partie de ce règne, vers 1690, qu'on découvrit le secret de la préparation du carmin tiré du chlorure d'or, du jaune franc obtenu de l'antimoine, et du blanc provenant de l'acide arsénieux. Ces couleurs apportèrent aux ateliers de décoration un contingent nouveau d'admirables ressources et complétèrent dans les mains des peintres chinois l'incomparable palette que nous leur envions encore.

Mais le Hoa-hong, carmin pourpre, ou le Yen-tchi-hong, rouge de fard, comme on l'appelait aussi, le Kin-hoang-yeou, jaune d'or, et par-dessus tout le Pé, blanc mat et opaque, dont l'invention est, pour ainsi dire, le dernier mot de l'art céramique en extrême Orient, n'entrèrent d'abord dans les peintures sur couverte que dans une juste mesure et toujours purs, tels qu'on les obtenait des différents métaux que nous venons d'indiquer. On dirait que les peintres n'avaient point compris tout de suite le parti qu'ils pouvaient tirer des mélanges du blanc avec les autres couleurs. C'est donc à eux et à leur époque qu'il faut attribuer les décorations qu'on peut appeler intermédiaires ou de transition entre la famille verte et la famille rose, et qui se reconnaissent aisément à ce que les émaux des deux familles s'y rencontrent sagement répartis et équilibrés et toujours sans mélange de blanc.

DESCRIPTIONS ET CLASSEMENT CHRONOLOGIQUE 187

Si le lecteur veut bien se rappeler que, précisément à l'époque dont nous venons de l'entretenir, de nombreux navires arrivaient annuellement des mers de la Chine décharger en Hollande, en Angleterre et jusqu'en Danemark leurs cargaisons de porcelaines, qu'enfin la France avait aussi ses vaisseaux qui venaient directement approvisionner ses marchés; s'il tient compte enfin que, depuis quelque vingt ans, la Chine nous a cédé une grosse part de ce qu'elle possédait encore, il comprendra que ce sont les spécimens de cette époque que nous pouvons lui présenter en plus grand nombre.

N° 44. — Pl. XX. — Cornet à anneau médian, décoré sur cru de peintures en bleu et rouge de cuivre avec partie céladonnées légèrement en relief et gravées; le sujet qui se trouve en haut du vase représente un sorcier, vêtu de la robe dite de toutes les nations, exécutant une opération magique.

Cette pièce, quoique très certainement de la période Khang-hy, n'en porte pas moins sous le pied le nien-hao: 3-3. *Ta-Ming-Siouen-te-nien-tchi* (1426-1436). Hauteur: 0^{m}45. — Col. O. du S.

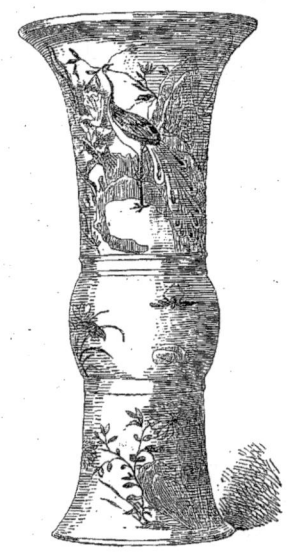

Fig. 102

N° 45. — Fig. 102. — Cornet de forme semblable et décor analogue. Celui-ci est marqué: 3-3. *Ta-Thsing-Khang-hy-nien-tchi*. Hauteur: 0^{m}45. Col. O. du S.

N° 46. — Pl. XXI. — Potiche de forme élancée, décorée sur couverte en émaux de la famille verte de rochers fleuris au milieu desquels voltigent des oiseaux ; le tout se détachant sur fond noir émaillé. Hauteur : 0ᵐ47. Col. Fournier père, à Paris.

N° 47. — Pl. X. — Grand cornet à anneau médian orné de bordure et filets bleus sous couverte et décoré en outre de peintures en émaux de la famille verte ; la partie supérieure est occupée par un groupe de guerriers poursuivant de toute la vitesse de leurs chevaux d'autres cavaliers armés.

Le renflement qui forme anneau est fond vert, piqueté de noir, parsemé de fleurettes bleues, et présente quatre réserves de paysages avec animaux ; enfin, dans le paysage qui couvre la partie inférieure, se trouve un grand mandarin suivi d'un vieillard entouré des emblèmes de la longévité. Hauteur : 0ᵐ54. — Col. O. du S.

N° 48. — Pl. XII. — Plat décoré, en émaux de la famille verte, d'une bordure mosaïque à réserve d'attributs et d'un paysage dans lequel un seigneur coiffé du chapeau du lettré reçoit de Chéou-lao en personne la pêche de longévité. Marque en bleu sous couverte n° 91-B. (la pierre sonore enrubannée). Diamètre : 0ᵐ36. Col. O. du S.

N° 49. — Pl. VII. — Bouteille en forme de gourde, à double renflement ; elle est décorée de bordures et de fleurs en émaux de la famille verte, à l'exception du renflement intermédiaire, qui est fond rouge de fer à rinceaux feuillus, réservés et dorés. Hauteur : 0ᵐ24. — Col. O. du S.

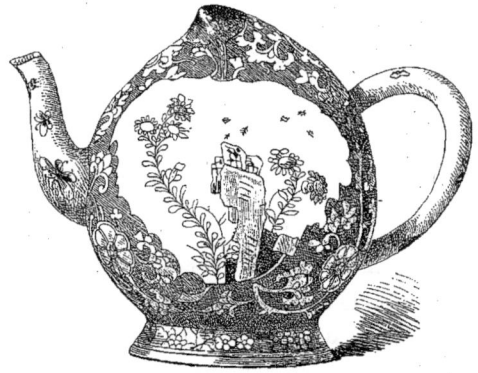

Fig. 103.

N° 50. — Fig. 103. — Réservoir destiné à contenir l'eau dont les peintres et les écrivains ont constamment besoin pour délayer l'encre de Chine.

Celui-ci simule une théière sans couvercle ni ouverture apparente et ayant la forme d'une pêche.

C'est sous le pied que se trouve l'étroite ouverture par où l'on introduit le liquide ; elle correspond à un tube intérieur assez élevé pour que l'eau ne puisse s'échapper lorsque le vase est placé sur sa base, tandis qu'elle peut s'écouler par l'orifice du bec, lorsqu'on l'incline de ce côté.

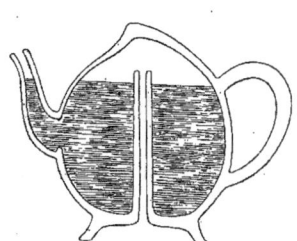

On rencontre assez souvent de ces sortes de réservoirs affectant des formes diverses. Ils sont généralement fond bleu turquoise et violet ou ornés de peintures bleues sous couverte. Celui que nous avons choisi comme type est décoré sur couverte d'un fond rouge de fer à rinceaux réservés en blanc et de deux grands médaillons en forme de feuille occupés par des rochers fleuris peints avec les émaux de la famille verte. Hauteur : 0^{m}15. — Col. O. du S.

N° 51. — Pl. IX. — Bouteille sphérique à long col droit, décorée au grand feu d'une couverte brune fortement irisée et régulièrement craquelée, sur laquelle avant cuisson le peintre a dessiné la silhouette d'un buisson d'aubépine en fleur avec de la barbotine qu'il a ensuite rehaussée de bleu cobalt. Hauteur : 0^{m}43. — Col. O. du S.

N° 52. — Pl. IX. — Potiche ovoïde allongée, à couverte grise craquelée et décorée d'appliques faites d'une pâte noire non vernissée, qui ont été ensuite dorées au petit feu. Le couvercle est surmonté d'un chien de Fô en biscuit. Hauteur : 0^{m}40. — Col. Fournier père, à Paris.

N° 53. — Pl. V. — Petit vase aplati, à couverte craquelée et flambée de rouge éclatant, sur fond gris bleuâtre. (Variété des *Tsi-hong* des Chinois.) Hauteur : 0^{m}18. — Col. O. du S.

N° 54. — Pl. V. — Petit vase en forme de gourde aplatie, à couverte craquelée, diaprée de rouge et flambée de bleu sur fond gris marbré de teintes verdâtres.

Spécimen du genre de couvertes variées à l'infini auxquelles, selon les couleurs obtenues, les Chinois ont donné les noms singuliers de :

Lo-feï-yeou. — Couverte poumon de mulet ;

Ma-feï-yeou. — Couverte poumon de cheval ;

Lo-kan-yeou. — Couverte foie de mulet;
Ma-kan-yeou. — Couverte foie de cheval.
Hauteur : 0ᵐ18. Col. O. du S.

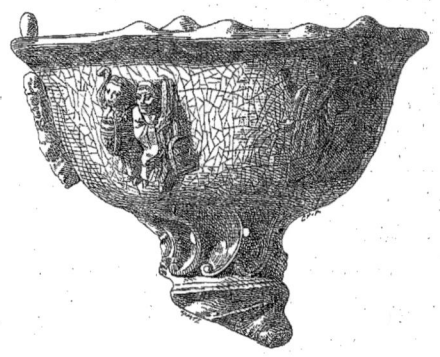

Fig. 104.

N° 55. — Fig. 104. — Sorte de bol en forme de conque marine, fait d'une pâte brune, munie d'une couverte céladon foncé et craquelée, autour de laquelle ont été appliquées les statuettes en haut relief des saints personnages *Pa-Chen*, faites de même pâte et laissées en biscuit. Hauteur : 0ᵐ14. — Col. Cernuschi, à Paris.

N° 56. — Pl. XIII. — Petit vase forme bouteille, gravé de rinceaux et émaillé sur biscuit bleu turquoise olivâtre finement truité. Hauteur : 0ᵐ26. — Col. O. du S.

N° 57. — Pl. XIII. — Vase balustre à surface gaufrée en écailles de poisson et sur laquelle sont symétriquement enroulés deux serpents en relief dont les têtes forment anses. Ce vase, recouvert d'un fond bleu turquoise truité, est posé sur socle assorti. Hauteur du vase : 0ᵐ27. — Hauteur totale : 0ᵐ42. — Col. O. du S.

N° 58. — Pl. XIII. — Grand chien de Fô (chimère) bleu turquoise et violet; l'animal assis, ayant une patte appuyée sur une boule ajourée, est posé sur un socle violet. Hauteur : 0ᵐ48. — Appartenant à M. Ferdinand Bischoffsheim, à Paris.

N° 59. — Pl. XIV. — Statuette de la déesse Kouan-in en blanc de Chine. Hauteur : 0ᵐ42. — Col. O. du S.

DESCRIPTIONS ET CLASSEMENT CHRONOLOGIQUE

N° 60. — Pl. XVII. — Statuette de Brahma : le Dieu créateur, premier membre de la Trimourti des Indous, est assis sur un lotus; il porte une série de bras tenant en main les emblèmes des dons du Ciel et de la terre. Remarquable pièce en blanc de Chine. Hauteur : 0m25. — Musée de Limoges. — Col. P. Gasnault.

N°s 61 et 61 *bis*. — Pl. XVII. — Groupes en blanc de Chine. Hauteur : 0m10. — Col. O. du S.

N°s 62, 63, 64 et 65. — Pl. XIV. — Buire, théière et coupe en blanc de Chine, décorées en relief de branches de pêcher en fleur. — Col. O. du S.

N° 66. — Pl. XVI. — Grand vase richement décoré, avec émaux de la famille verte, de rochers et d'arbustes fleuris, au milieu desquels se trouvent un faisan doré, d'autres oiseaux et des insectes. Au pied du vase, à la naissance du col et à l'orifice, on remarque un double filet bleu sous couverte. Hauteur : 0m72. — Col. L. Poiret, à Paris.

N° 67. — Pl. X. — Plat à décor exécuté avec la palette de la famille verte aux cinq couleurs; bordures et rochers fleuris, avec le même faisan doré que sur le vase précédent. Marque en bleu sous couverte 3-3 : *Ta-Thsing-Khang-hy-nien-tchi*. Diamètre : 0m33. — Col. O. du S.

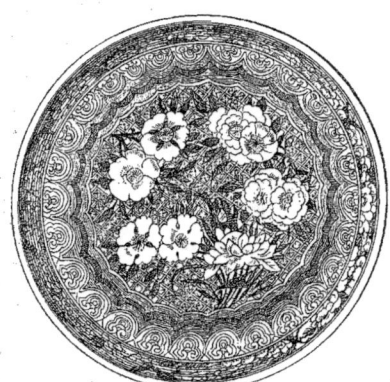

Fig. 105.

N° 68. — Fig. 115. — Plat à décor analogue au précédent, mais dont l'intérieur est occupé par un semis de fleurs sur fond mosaïque rouge de fer. Marque (n° 89) : *Soui-*

tsou-tang (Maison du prospère commencement). Diamètre : 0ᵐ28. — Col. A. Pannier, à Paris.

N° 69. — Pl. XI. — Statuette représentant un bonze assis, le pied droit déchaussé posé sur le genou gauche et dormant, la tête appuyée dans la main droite. Il porte une longue robe croisée sur la poitrine, émaillée sur biscuit, fond noir à rinceaux verts et parsemée de nélumbos jaune clair dont les pétales sont bordés de violet; le pied déchaussé est blanc, les souliers violet clair et les chairs sont restées en biscuit. Le noir de la robe a été obtenu par la superposition d'une couche de manganèse sur fond vert dont on a réservé les rinceaux. Hauteur : 0ᵐ20. — Col. L. Poiret, à Paris.

N° 70. — Pl. XI. — Statuette à décor analogue et faisant pendant à la précédente. Elle représente aussi un bonze; celui-ci riant du rire nerveux que détermine chez lui le chatouillement d'un bâtonnet dont il se gratte le nez. Hauteur : 0ᵐ20. — Col. L. Poiret, à Paris.

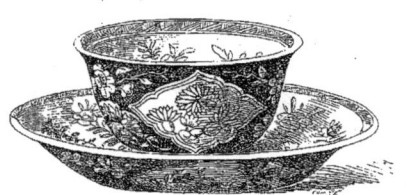

Fig. 106.

N° 71. — Fig. 106. — Tasse et soucoupe ornées l'une et l'autre intérieurement de bordures et d'un léger décor bleu sous couverte, complété au feu de moufle par des fleurs rouges de fer sur tiges à feuilles vertes.

L'extérieur cuit en biscuit a été décoré à cette deuxième cuisson d'un fond noir à fleurs d'aubépine réservées, sur lequel se détachent des réserves vernissées de blanc et occupées par des chrysanthèmes jaunes et violets sur leurs tiges.

Cette pièce présente donc, au point de vue des peintures, l'ensemble des trois modes employés en Chine, peinture sur cru, peinture sur biscuit (*Tien-pé*) et peinture sur émail (*Ou-tsaï*). Elle porte en bleu sous couverte la marque n° 100-B (la fleur de nélumbo). Col. O. du S.

DESCRIPTIONS ET CLASSEMENT CHRONOLOGIQUE

N° 72. — Pl. XI. — Petit chien de Fô décoré sur biscuit avec du vert, du jaune et du violet clair. Le tube destiné à contenir le bâtonnet parfumé (*ngan-si-niang*) est jaune clair et porte, plusieurs fois répété, le caractère *Cheou* (longévité); ce même caractère se retrouve sur le front de l'animal. Hauteur : 0m20. Col. O. du S.

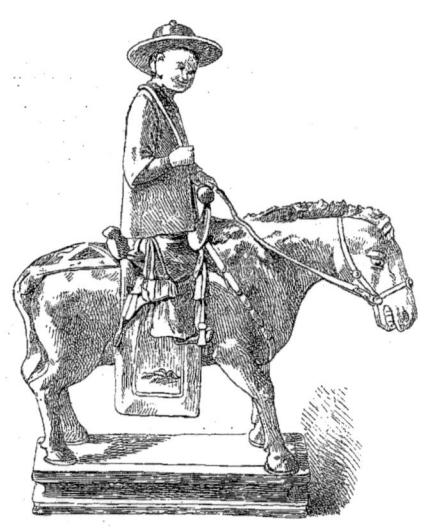

Fig. 107.

N° 73. — Fig. 107. — Statuette équestre décorée sur biscuit. Elle représente un Chinois en voyage, vêtu et coiffé, selon la mode adoptée à partir de l'avénement de Thsing : casaque verte, culotte jaune, accessoires violet clair ou vert; le cheval est uniformément coloré d'un beau noir brun. Hauteur : 0m19. — Appartenant à M. Graham, à Londres.

Cette figurine présente une grande analogie de fabrication avec celle du même genre, figure 66.

N° 74. — Pl. XII. — Grande potiche pataude, à couvercle surmonté d'un bouton; elle est richement décorée de peintures en émaux de la famille verte fortement irisés et d'une grande intensité de ton. Le couvercle et la bordure inférieure sont occupés par des rochers fleuris et des animaux divers; la panse fond vert, à rinceaux noirs avec fleurs et Fong-hoang éployés, présente quatre grandes réserves à paniers fleuris. Hauteur : 0m62. — Col. O. du S.

N° 75. — Pl. XXII. — Petit plat à couverte céladon craquelé décoré d'un buisson fleuri (type dit céladon fleuri). Diamètre : 0m25. — Col. O. du S.

N° 76. — Pl. XXII. — Vase ovoïde allongé, à couvercle capsulaire; même décor que le numéro précédent, sur couverte céladon non craquelée. Hauteur : 0m20. — Musée céramique de Sèvres.

N° 77. — Pl. XV. — Potiche fond bleu agatisé, ayant en réserve des branches d'aubépine en fleur. — Hauteur : 0m42. — Appartenant à M. Sichel, à Paris.

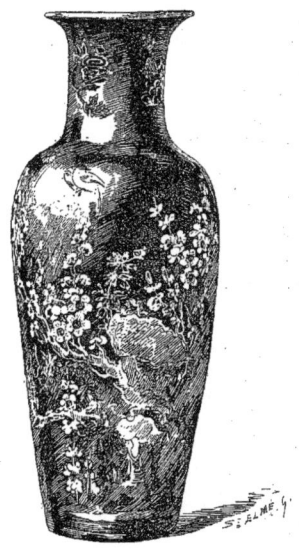

Fig. 108.

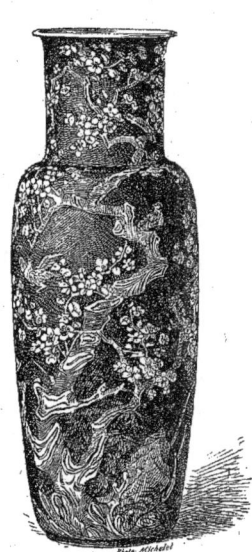

Fig. 109.

N° 78. — Fig. 108. — Vase à fond noir, décoré de rochers et de buissons d'aubépine à fleurs teintées vert pâle. Il porte sous le pied, en bleu sous couverte, le nien-hao (apocryphe) : 2-2. *Tch'ing-hoa-nien-tchi* (1465-1488). Hauteur : 0m40. — Col. O. du S.

N° 78 bis. — Fig. 109. — Magnifique vase de forme cylindrique, à fond noir, décoré d'une aubépine dont les branches chargées de fleurs blanches, couvrent toute sa surface. Hauteur : 0m65. — Col. G. Salting, à Londres.

N° 79. — Pl. VII. — Bol campanulé en fine porcelaine; il est décoré de peintures famille verte, à l'intérieur, d'une riche bordure mosaïque à réserve d'attributs, et au fond, d'un personnage assis. L'extérieur est occupé par un sujet de roman. *Nien-hao* (apocryphe) : 3-3. *Ta-Ming-Tch'ing-hoa-nien-tchi* (1465-1488). Diamètre : 0ᵐ20. — Col. O. du S.

N° 80. — Pl. XV. — Vase cylindrique dit rouleau, fond soufflé rouge de fer (*tchouï-hong*), à réserves de modèles peints en émaux de la famille verte. Hauteur : 0ᵐ45. — Col. L. Poiret, à Paris.

N° 81. — Pl. XV. — Vase rouleau, fond soufflé bleu lazuline, dit fond bleu fouetté (*tchouï-tsing*), rehaussé d'un dessin frotté d'or sur lequel a été réservé un sujet représentant un lettré entouré des emblèmes de la prospérité et de la longévité, peints avec les émaux de la famille verte. Hauteur : 0ᵐ43. — Col. O. du S.

N° 82. — Pl. XV. — Vase balustre, fond bleu fouetté, rehaussé d'or, ayant en réserve des poissons peints en rouge de fer. — Hauteur : 0ᵐ40. — Col. O. du S.

N° 83. — Pl. XV. — Vase rouleau à médaillons bleu fouetté, de formes diverses et ornés de dessins en or; il est en outre richement décoré, avec les émaux de la famille verte, de bordures et d'un fond de rinceaux feuillus à grandes fleurs épanouies. Hauteur : 0ᵐ45. — Col. O. du S.

N° 84. — Pl. XX. — Potiche de forme ovoïde, décorée fond bleu lazuline, à grandes réserves de formes variées ornées de camaïeu bleu, avec parties en rouge de cuivre. Dans la réserve qui fait face, se trouve représenté un lion fantastique debout sur la cime d'un rocher qui émerge des flots. Le lion est peint en rouge de cuivre et le reste en bleu cobalt. Hauteur : 0ᵐ46. — Col. O. du S.

N° 85. — Pl. XVIII. — Potiche élancée à col droit et couvercle élevé en forme de toit surmonté d'un bouton. Elle est richement ornée de dessins dits à broderie en beau bleu cobalt sous couverte, agatisé en certains endroits. Le décor se compose de bandes fond bleu à rinceaux feuillus et pivoines réservés en blanc. Ces bandes s'entre-croisent en une sorte de réseau dont les mailles simulent autant de réserves occupées par des rochers fleuris et des oiseaux. Marque n° 96, la célosie à crête feuillue. Hauteur : 0ᵐ67. — Col. O. du S.

N° 86. — Pl. XXIV. — Aspersoir, sorte de bouteille à eau de senteur en usage dans l'Orient, dont le col étroit permet de répandre et de projeter le contenu goutte à goutte.

Ce vase est décoré, sur la panse, d'une couverte céladon gravée de stries en spirales, et, sur la partie supérieure du goulot, de dessins bleus sous glaçure blanche ordinaire. Hauteur : 0^{m}20. — Col. O. du S.

N° 87. — Pl. XXIV. — Plat à dessin cachemire, en émaux de la famille verte. Il est garni d'un cercle en cuivre à petits godrons qui paraît être un travail persan. Diamètre : 0^{m}36. — Col. O. du S.

N° 88. — Pl. XXIV. — Aspersoir à couverte feuille-morte (*tse-kin-yeou*), avec réserves décorées de fleurs bleues peintes sous couverte blanche ordinaire. Hauteur : 0^{m}20. — Col. O. du S.

N° 89. — Pl. XXIV. — Bouteille piriforme à col étroit s'évasant brusquement et se terminant par un orifice hexagonal. Elle est décorée d'un fond à écailles dessinées au trait bleu sous couverte, ayant, en réserves, neuf rosaces de style persan qui ont été recouvertes d'une applique en biscuit grisâtre réticulée et représentant le chrysanthème ornemental des Chinois, ce qui donne lieu de croire que cette pièce, aussi remarquable que rare, a été fabriquée en Chine pour les pays d'Orient. Hauteur : 0^{m}30. — Col. O. du S.

N° 90. — Pl. XXIV. — Buire de forme persane, à riche décor de la famille verte, dans lequel se trouve plusieurs fois répété le caractère cheou (longévité). Hauteur : 0^{m}37. — Col. O. du S.

N° 91. — Pl. XIX. — Bouteille à col droit, décorée bleu sous couverte; sur la panse se trouvent des parties gaufrées à bâtons rompus restées en biscuit qui séparent des légendes en caractères arabes tracés en bleu sous la glaçure. Hauteur : 0^{m}27. — Col. P. Gasnault, à Paris.

N° 92. — Pl. XIX. — Porte-lumière décoré bleu sous couverte de dessins style persan et d'un paysage courant à personnages. Hauteur : 0^{m}30. — Col. O. du S.

N° 93. — Pl. XIX. — Bouteille de caliouns ornée d'un dessin à peine esquissé en bleu, sous une couverte grisâtre finement craquelée; elle est munie de sa monture en argent. Style oriental. Hauteur : 0^{m}23. — Col. O. du S.

N° 94. — Pl. XIX. — Bouteille à long goulot portant un renflement médian. Le décor bleu sous couverte, de style persan, présente sur la panse un paysage courant dans lequel sont réunis les saints personnages chinois (Pa-Chen). Hauteur : 0^{m}45. — Col. O. du S.

N° 95. — Pl. XIX. — Bouteille décorée comme la précédente, mais dont le sujet représente un grand seigneur chinois suivi de ses serviteurs. Hauteur : 0^{m}42. — Col. O. du S.

N° 96. — Pl. XIV. — Bouteille piriforme, en porcelaine épaisse, décorée d'un dragon en relief enroulé sur le col. La pièce est restée en blanc. Hauteur : 0^{m}32. — Col. O. du S.

N° 97. — Pl. XIV. — Bouteille analogue à la précédente, mais de forme différente et dont le dragon est plus en relief. Hauteur : 0^{m}24. — Col. O. du S.

N° 98. — Pl. XIV. — Vase blanc, de forme élancée, légèrement octogonale, décoré sur la panse d'un paysage animé, en relief et non émaillé. Hauteur : 0^{m}26. — Col. O. du S.

N° 99. — Pl. XXIII. — Fontaine applique avec son bassin, forme européenne, style Louis XIV, richement décorée de fleurs et d'oiseaux peints en émaux de la famille verte. Hauteur de la fontaine : 0^{m}45. — Col. O. du S.

N° 100. — Pl. XXIII. — Buire en forme de casque, avec bassin à décor famille verte. Hauteur de la buire : 0^{m}28. — Col. O. du S.

N° 101. — Pl. XIII. — Petit vase décoré sur biscuit d'un fond bleu turquoise truité, et flambé de bleu foncé obtenu par du bleu cobalt frité et mélangé avec le même fondant de l'émail bleu turquoise. Hauteur : 0^{m}24. — Col. O. du S.

N° 102. — Pl. XIII. — Ting sphérique à anses élevées et couvercle surmonté d'un chien de Fô; il est émaillé sur biscuit fond beau bleu turquoise finement truité. Hauteur : 0^{m}27. — Col. O. du S.

N° 103. — Pl. XIII. — Cornet à anneau médian et décor en relief imité des bronzes antiques; il est émaillé sur biscuit fond beau bleu turquoise truité. Hauteur : 0^{m}38. — Col. O. du S.

N° 104. — Pl. XXII. — Petit vase en forme de jarre à vin; sa couverte céladon vert d'eau est décorée d'un cailloutis rouge de fer parsemé de fleurs blanches et de feuilles vertes émaillées. Hauteur : 0^{m}20. — Musée de Sèvres.

N° 105. — Pl. XXII. — Petit vase balustre, à couverte épaisse, transparente, colorée vert émeraude et finement craquelée. Cette espèce de couverte a été improprement désignée par le nom de vert feuille de camélia qui n'appartient qu'à certains fonds vert foncé appliqués sur biscuit. Hauteur : 0^{m}19. — Musée de Limoges. (Col. P. Gasnault.)

N° 106. — Pl. XXII. — Pot ovoïde décoré au grand feu d'une couverte céladon clair sur laquelle ont été réservées quatre brindilles de pêcher à feuilles bleu cobalt, portant trois fruits colorés en beau rouge de cuivre. Le couvercle est orné d'un pareil groupe de pêches. Hauteur : 0^{m}24. — Col. O. du S.

N° 107. — Pl. VII. — Vase fuselé sur la surface duquel le décorateur a peint sur couverte des vases de toutes formes, des boîtes et objets divers, en variant les couleurs de façon à réunir toutes celles de la palette verte ancienne aux émaux rose et jaune clair récemment découverts.

Ce décor, dit à modèles, se détache sur un fond général composé de bouclettes juxtaposées, dessinées au trait avec du rouge brun.

L'orifice et le pied du vase sont ornés de bordures singulièrement imaginées. Hauteur : 0^{m}45. — Col. O. du S.

N° 108. — Pl. XXIV. — Buire de forme persane décorée sur chaque face d'un pot fleuri entouré de rinceaux feuillus qui s'étendent sur toute la panse; au col et à la base se trouvent des bordures à godrons. Ce décor est bizarrement coloré de bleu sous couverte posé à l'avance et de vert, de jaune et de rouge de fer peints sur émail et fixés au feu de moufle. Hauteur : 0^{m}38. — Col. O. du S.

N° 109. — Pl. XXV. — Vase cornet, fond jaune émaillé, chargé de rinceaux verts à fleurs roses, au milieu desquels se trouvent symétriquement rangés des rosaces formées par des grues essorantes ou par le caractère longévité.

L'épaulement du vase est occupé par une zone fond rouge de fer à rinceaux et chrysanthèmes réservés. De cette zone pendent de larges lambrequins verts à rinceaux fleuris. Ces mêmes lambrequins sont répétés à la partie supérieure du col. Hauteur : 0^{m}41. — Col. L. Poiret, à Paris.

N° 110. — Pl. XXIII. — Compotier décoré de deux bordures, rinceaux et guirlandes de fleurs, style européen, époque Louis XIV. Le milieu est occupé par une grande armoirie à deux écussons, le tout peint en émaux de la famille rose. — Col. du vice-amiral B. Jaurès, à Paris.

CINQUIÈME ÉPOQUE

(1723-1796)

PORCELAINES KIEN-LONG.

DYNASTIE DES THSING { Yong-tching . . . . 1723-1736.
PÉRIODES { Kien-long . . . . 1736-1796.

En fouillant de notre mieux le passé pour y retrouver quelques-uns des signes auxquels on peut reconnaître les anciennes porcelaines de Chine et déterminer approximativement la date de leur fabrication, nous avons exécuté l'objet principal de notre étude. Nous espérons cependant que le lecteur ne nous accusera pas d'étendre outre mesure les limites de notre cadre, si nous venons l'entretenir encore des porcelaines fabriquées au siècle dernier. Nous avons déjà fait pressentir notre pensée à leur sujet, quand nous avons dit de l'époque précédente qu'elle était la dernière de l'art céramique ancien en extrême Orient. Nous ajouterons ici que, si les produits postérieurs au règne de l'empereur Khang-hy nous semblent devoir être considérés comme modernes, c'est moins à cause de leur âge qu'en raison de ce qui les distingue de tous ceux qui les ont précédés.

En effet, faisant même abstraction de l'introduction des émaux de la famille rose dans les peintures, on ne peut méconnaître qu'à partir de la période Yong-tching un grand changement se soit produit dans le goût et la manière des artistes chinois.

C'est à peine si dans les pièces de choix, les seules qui nous occupent, on retrouve encore quelque chose du caractère archaïque et de l'originalité typique des temps anciens. La forme des vases s'assouplit et devient plus gracieuse; les grands effets décoratifs font place à des compositions plus cherchées; les couleurs elles-mêmes perdent leur éclat pour s'adoucir en teintes plus harmonieuses et se rapprocher de ce que nous appellerions volontiers le sentiment européen. Après Yong-tching, sous l'empereur Kien-long, ces modifications s'accentuent de plus en plus, s'affirment et se complètent à tel point que, vus dans leur ensemble, les produits de la cinquième époque se rapprochent bien plus de ceux qu'on fabrique de nos jours que des porcelaines anciennes. Cette cinquième époque est donc bien la sœur aînée de celle actuelle et la première de l'école moderne.

Cela ne veut pas dire que, antiquaire exclusif, nous n'admettions point que les porcelaines du XVIIIe siècle ne méritent une place importante dans nos collections. Parmi elles, au contraire, l'amateur judicieux trouvera l'occasion de faire ample moisson de précieux et magnifiques spécimens. Il en est d'ailleurs que les fabricants chinois ne semblent point en mesure de refaire de sitôt, à moins que le courant qui les entraîne vers la plus complète décadence ne s'arrête tout à coup sous l'influence d'une régénération soudaine dont les signes précurseurs n'apparaissent pas encore.

A côté des porcelaines Mandarin, de celles de la Compagnie des Indes, sous la masse des pièces aux colorations criardes et des commandes européennes, le chercheur découvrira d'abord toute une suite d'objets auxquels leurs admirables décors ont à juste titre fait donner le nom de porcelaines artistiques, puis les pièces non moins remarquables dites coquille d'œuf, avec leurs peintures fines comme des miniatures, enfin des types nouveaux et quelques échantillons des merveilleux tours de force exécutés à King-te-tchin pour le palais de l'empereur Kien-long.

L'historien de King-te-tchin ne parle que d'une manière générale des porcelaines qu'on y fabriquait pendant la période Yong-tching, sous l'habile direction du praticien Nien. *C'est*, dit-il, *la véritable époque à laquelle on a commencé à imiter les anciens et à inventer de nouveaux procédés*. Il ne mentionne en particulier que les vases du genre Tcho (travailleurs de jade). Veut-il exprimer par là que les *Tcho-khi* ressemblaient au jade par leur transparence? En tout cas, il ajoute qu'*ils étaient couleur d'œuf, brillants comme l'argent, de formes arrondies, et ornés de fleurs peintes, ciselées ou mates*. Nous verrons donc, dans cette description, les porcelaines fines, transparentes, toujours de forme sphérique, qui est la moins sujette à déformation pendant la cuisson, porcelaines connues sous le nom de coquille d'œuf.

Quant aux nouveaux procédés auxquels l'auteur fait allusion, ce sont évidemment toutes les colorations obtenues avec les émaux de l'une et de l'autre palette, verte et rose, dont on avait appris à composer une foule de teintes, en les combinant entre eux ou en les mélangeant avec plus ou moins de blanc opaque.

Quoi qu'il en soit, c'est pendant le règne Yong-tchin (1723-1736) qu'apparaissent dans toute leur splendeur les décorations dites de la famille rose, et qu'on commence à exécuter ces merveilleuses peintures où les fleurs, les animaux et les arabesques les plus compliquées se multiplient sur les vases dont leur capricieux enchevêtrement finit par envahir toute la surface.

DESCRIPTIONS ET CLASSEMENT CHRONOLOGIQUE

Comme la plupart des fils du Ciel ses prédécesseurs, l'empereur Kien-long était un lettré et un poète. Ses œuvres littéraires comptent parmi les plus célèbres du Céleste Empire. Il avait, en outre, le goût des arts, il aimait les broderies, les peintures, aussi bien celles de son pays que les productions de nos artistes européens. Par un décret du 13 juillet 1765, il ordonnait, pour les faire reproduire par la gravure, l'envoi en France de seize tableaux représentant les victoires de ses armées dans le royaume de Chanagar et la petite Boukharie, contre les Eleuttes révoltés. Le roi Louis XV fit confier l'exécution de ces planches à huit des meilleurs graveurs, sous la direction de M. Cochin, l'un des secrétaires de l'Académie royale de peinture, et les fit ensuite expédier à l'empereur Kien-long, en 1774.

Cet empereur tenait également la porcelaine en grande estime. Aussi les manufactures de King-te-tchin attirèrent-elles son attention, et il adjoignit au praticien Nien, qui les dirigeait déjà, le savant Thang-Kong, officier de son palais, *qui connaissait à fond la nature des terres ou argiles, et les différentes sortes de feu.* Les efforts réunis de ces deux hommes de talent ne pouvaient manquer de faire merveille à King-te-tchin, où *on reproduisait tous les émaux et vases antiques les plus renommés, avec le même degré d'élégance et de beauté que les anciens. Ce n'était pas tout,* ajoute l'auteur que nous citons, *on avait aussi mis récemment* (1750 environ) *en œuvre une foule de procédés ingénieux pour décorer les porcelaines et peindre avec de l'émail à la façon d'Europe.* Et, en effet, les spécimens que les circonstances rappelées plus haut ont fait arriver entre nos mains depuis vingt-cinq ou trente ans nous montrent qu'on avait trouvé le moyen d'imiter en porcelaine les bronzes, les marbres et les gemmes de toutes couleurs, la surface chagrinée du cuir, et jusqu'à nos vieux émaux limousins que les Chinois appelaient porcelaine à excipient de cuivre de Fo-lang (France).

Il n'est pas sans intérêt de donner ici une partie de la nomenclature des différentes peintures, couleurs ou émaux que les auteurs chinois s'accordent à signaler comme d'invention récente au moment où ils écrivaient, ce qui reporterait ces diverses découvertes entre 1740 et 1760.

Ce sont d'abord les *Yang-t'saï-khi-ming, vases ornés d'émaux dans le genre européen, qu'on faisait en imitant la manière de peindre avec de l'émail Fo-lang* (de France) *les montagnes, les eaux, les personnages, les fleurs, les plantes, les oiseaux et les quadrupèdes, et dont l'exécution était d'une finesse et d'une pureté merveilleuses.*

A cette description des peintures imitées des nôtres, nous reconnaissons les décorations dites à mandarins, dont les paysages et les personnages sont parfaitement semblables à ceux qu'on retrouve dans la suite de gravures dont nous parlions tout à l'heure.

Nous relevons ensuite :

Les vases jaune pâle ornés d'émaux;

Les vases fond noir mat d'Europe aux branches fleuries, ou avec de légers dessins en or ;

Les vases verts, rouges, noir mat, dans le goût d'Europe ;

Les vases frottés d'or et d'argent, en imitation des vases dorés et argentés de l'Indo-Chine ;

Les vases fond émaillé violet d'Europe (gros bleu de roi, tirant sur le violet);

Les vases fond noir émaillé ;

Les vases ornés de dessins à l'encre foncée ou pâle, représentant des montagnes, des eaux, des personnages, des fleurs, des oiseaux et des quadrupèdes.

Nous terminerons en rappelant que c'est pendant la seconde moitié du siècle dernier qu'ont été fabriquées toutes ces porcelaines grossières, chinoises ou japonaises, dites de la Compagnie des Indes, décorées à Canton, par des barbouilleurs d'ateliers, de dessins, de chiffres et d'armoiries d'après des modèles ou des croquis envoyés d'Europe.

Voici la description de quelques types de cette dernière époque :

N° 111. — Pl. XII. — Plat à décor riche de la famille verte, composé de bordures à bouquets et attributs. Au centre un rocher fleuri sur lequel repose l'oiseau au plumage éclatant si souvent reproduit par les peintres de la fin de la période Khang-hy. Marque en cachet : N° 111-F, Bonheur. Diamètre : 0^m36. — Col. O. du S.

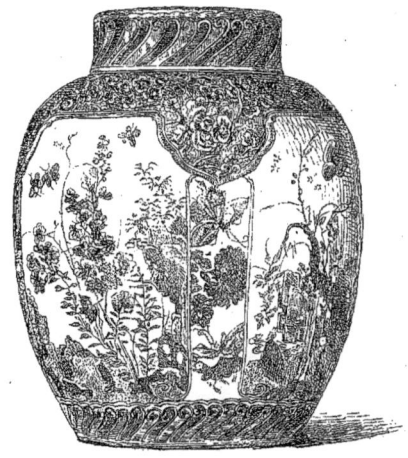

Fig. 110.

N° 112. — Fig. 110. — Vase ovoïde richement décoré, avec les émaux de la famille verte, de bordures et rochers fleuris, au milieu desquels voltigent des papillons et d'autres insectes ; la partie supérieure est occupée par une large collerette à lambrequins bordée de bleu émaillé ; elle est décorée fond vert piqueté de noir, parsemée de fleurs de pêcher réservées et peintes en rouge de fer. Hauteur : 0^m27. — Col. O. du S.

N° 113. — Pl. XXVII. — Compotier, décoré en émaux de la famille rose d'une large rosace à compartiments alternativement fond rose à mosaïque et fond blanc à fleurs, avec médaillon central orné d'un bouquet ; cette rosace se détache sur fond or à rinceaux fleuris. Marque écrite en caractères ordinaires, bleu sous couverte : 2-2-2. *Ta-Thsing-Yong-tching-nien-tchi*. Diamètre : 0^m25. — Appartenant à M. Messager, à Paris.

N° 114. — Pl. XXVII. — Grand plat décoré dans le genre japonais d'une bordure mosaïque, avec réserve de femmes et enfants ; l'intérieur est occupé par un sujet à plusieurs personnages.

Ce décor est exécuté avec du rouge de fer et de l'or ; quelques parties seulement ont été colorées avec des émaux de la famille rose. Diamètre : 0^m48. — Col. C. Testart, à Paris.

N° 115. — Pl. XXI. — Pot couvert ayant la forme d'un grand sucrier, à décor de la famille rose, fond noir parsemé de rinceaux verts et de fleurs, avec quatre réserves de plantes fleuries. Le fond noir a été obtenu par la superposition d'une couche de manganèse sur émail vert dont on a réservé les rinceaux. Cette pièce est munie d'une garniture moderne en bronze. Hauteur totale : 0^m36. — Col. O. du S.

N° 116. — Pl. XXVI. — Grand plat dont le marly est occupé par une guirlande de roses et diverses fleurs peintes au naturel, et l'intérieur par un sujet représentant une grande dame prenant congé d'une amie à laquelle elle est venue rendre visite ; remarquable peinture exécutée avec les émaux de la famille rose. Diamètre : 0^m55. — Col. Morren, à Bruxelles.

N° 117. — Pl. XXVI. — Potiche de forme élégante ornée de riches bordures et de quatre grands sujets peints en émaux de la famille rose ; le sujet qui fait face représente un jeune seigneur prenant congé d'une dame.

Les couleurs employées, d'un ensemble harmonieux, mais purement décoratif, sont singulièrement disposées : ainsi le cheval est du même jaune d'or que la tunique de la jeune dame et certaines parties du terrain et des accessoires sont roses et violettes. Hauteur : 0^m63. — Col. de Mme Duvauchel, à Paris.

N° 118. — Pl. XXVI. — Potiche de forme élégante décorée en émaux de la famille rose d'un fond plein divisé en bandes longitudinales de couleurs différentes, rehaussées de croisillons et de mosaïques ; sur ce fond dit arlequin, ont été réservés deux grands médaillons occupés par un rocher fleuri sur lequel se trouve un faisan à parure éclatante. Hauteur : 0^{m}63. — Col. Morren, à Bruxelles.

N° 119. — Pl. XXV. — Vase cornet orné sur la panse d'un sujet familier exécuté avec les émaux de la famille rose et, sur le col, de deux Fong-hoang largement éployés, peints en noir, rehaussés d'or, avec tête et partie du corps roses. Hauteur : 0^{m}45. — Col. O. du S.

N° 120. — Pl. XXV. — Vase quadrilatéral posé dans son pied ajouré ; il est décoré de bordures et de sujets légendaires peints en émaux de la famille rose. Hauteur : 0^{m}35. — Col. O. du S.

N° 121. — Pl. XXV. — Cornet droit, à décor famille rose, rochers fleuris et coqs. Hauteur : 0^{m}32. — Col. O. du S.

N° 122. — Pl. XXV. — Potiche élégante à fond soufflé d'un beau rose du Barry ; il est parsemé de chrysanthèmes et interrompu par des réserves de formes variées ornées de fleurs. Hauteur : 0^{m}45. — Col. O. du S.

N° 123. — Pl. XXV. — Vase fusiforme, sur lequel est peint avec les couleurs de la palette rose l'un des épisodes légendaires des voyages nocturnes qu'entreprenait parfois la déesse des amours. Elle est représentée accompagnée de sa suivante, traversant un lac, assise sur le croissant de la lune qui lui sert de nacelle. Hauteur : 0^{m}42. — Col. L. Poiret, à Paris.

N° 124. — Pl. XX. — Jarre à vin, à anses longitudinales, affectant la forme de la nageoire dorsale d'un poisson, qui donne à l'ensemble du vase l'apparence de deux poissons appliqués l'un contre l'autre et s'élançant verticalement hors de l'eau. L'illusion est complétée par un décor simulant deux truites réunies par un collier à pendeloques et sortant des flots. Ce décor exécuté sur cru avec les couleurs bleu cobalt et rouge de cuivre employées pures ou mélangées entre elles, est on ne peut plus remarquable. Hauteur : 0^{m}33. — Col. O. du S.

N° 125. — Pl. V. — Grand vase bouteille garni à l'orifice du goulot d'une large collerette tombante ; il est décoré d'une couverte craquelée épaisse et transparente, colorée

DESCRIPTIONS ET CLASSEMENT CHRONOLOGIQUE

en rouge de cuivre d'un beau ton rubis éclatant, présentant quelques parties flambées bleu clair. Hauteur : 0^{m}81. — Appartenant à M. C. Rotrou, à Paris.

N° 126. — Pl. V. — Vase émaillé en plein sur biscuit d'un fond jaspé bleu turquoise et gros bleu, finement craquelé. Hauteur : 0^{m}37. — Col. O. du S.

N° 127. — Pl. IX. — Vase à couverte bleuâtre, régulièrement craquelée, sur laquelle se détachent en brun noir des ornements et deux zones gaufrées à vannerie et mosaïque; la zone qui se trouve sur la panse est rehaussée de quatre médaillons à dessins émaillés en blanc au centre desquels se trouve le caractère Fô (Bonheur). Hauteur : 0^{m}38. — Col. O. du S.

N°s 128 et 128 *bis*. — Pl. XXXII. — Statuettes représentant deux des Pa-Chen, *Hang-chin-ly* et *Ly-te-kouae*; elles sont richement décorées d'émaux divers; certaines parties des vêtements présentent des ornements ton sur ton. — Hauteur : 0^{m}40. — Col. G. Testart, à Paris.

N° 129. — Pl. XXIII. — Grande soupière de forme européenne, style Louis XIV, en porcelaine excessivement épaisse, richement décorée de dessins chinois et européens exécutés en émaux famille rose. Hauteur : 0^{m}40. — Col. O. du S.

N° 130. — Pl. XXIII. — Seau à rafraîchir, de forme européenne, style Louis XV, à anses de corbeille, porcelaine dite de la Compagnie des Indes, décoré d'un chiffre J. P. B. formé d'entrelacs fleuris et entouré d'une guirlande de fleurettes. — Col. E. Hendlé, à Paris.

N° 131. — Pl. XXIII. — Seau à rafraîchir, à anses en mufle de lion, et décoré de fleurs et d'armoiries de fantaisie en émaux famille rose. — Col. de Mme Delagrange, à Paris.

N° 132. — Pl. XXIII. — Assiette décorée d'une riche bordure or et noir composée de rinceaux et mosaïques avec réserves de paysages. Le fond est occupé par un sujet flamand genre Téniers, peint en émaux de la famille rose. — Col. O. du S.

N° 133. — Pl. XXIII. — Aiguière (casque) en volute à large ouverture, dont la spirale est décorée rouge de fer à rinceaux fleuris réservés en blanc et la partie supérieure de rayons occupés par des guirlandes de fleurs dessinées en noir, rouge ou or, sur fond blanc, or ou rouge. Elle est accompagnée de son bassin affectant la forme d'une valve de vénéricarde imbriquée à décor analogue au casque. Porcelaine épaisse, d'un ton grisâtre, dite de la Compagnie des Indes. — Col. de Mme Duvauchel, à Paris.

N° 134. — Pl. V. — Bouteille ornée en relief de deux dragons enroulés ; elle est munie d'une couverte noire, flambée de bleu clair et craquelée. Hauteur : 0^{m}38 (?) — Col. O. du S.

N° 135. — Pl. XX. — Vase à couverte bleu empois, présentant en réserve un rocher légèrement en relief, coloré brun rouille, au sommet duquel se trouve un personnage singulier qui présente un chapelet de sapèques à un énorme crapaud à demi sorti de sa retraite ; l'animal, symbole de la cupidité et de l'avarice, ainsi que le personnage qui le tente, sont dessinés en bleu sous couverte. Hauteur : 0^{m}35. — Col. O. du S.

N° 136. — Pl. XXVIII. — Assiette décorée de bordures à ramages de fleurs, et sujet familier au centre, dessiné à l'encre de Chine, rehaussé d'or. — Col. O. du S.

N° 137. — Pl. XXVIII. — Tasse et soucoupe en porcelaine fine ; elles sont ornées, en émaux de la famille rose, de bordures mosaïques avec sujet représentant une femme assise jouant de la mandoline et surveillant les jeux d'un enfant. — Col. A. Pannier, à Paris.

N° 138. — Pl. XXVIII. — Tasse et soucoupe en porcelaine coquille d'œuf, décorées d'une peinture artistique à personnages, très finement exécutée avec les émaux de la famille rose. — Col. O. du S.

N° 139. — Pl. XXVIII. — Boîte à thé en forme de potiche, à piédouche réticulé ; elle est ornée d'un riche décor famille rose à rinceaux fleuris et papillons. — Col. Fournier père, à Paris.

N° 140. — Pl. XXIX. — Assiette coquille d'œuf à revers rouge d'or. Elle est décorée intérieurement de sept bordures variées, avec médaillon central représentant une dame dans son intérieur, ayant à ses côtés deux enfants (peinture artistique en émaux de la famille rose). — Col. Léon Fould, à Paris.

N° 141. — Pl. XXIX. — Tasse et soucoupe en porcelaine fine, décorées, avec les émaux de la famille rose, d'une bordure et d'un fond mosaïque à réserve en forme de feuille, occupée par un rocher fleuri sur lequel est perché un faisan. — Col. Pannier, à Paris.

N° 142. — Pl. XXIX. — Tasse et soucoupe fond rouge d'or soufflé, ayant en réserve trois papillons très finement peints en émaux divers ; l'un d'eux est noir rehaussé d'or. — Col. de Mme L. Cahen d'Anvers, à Paris.

N° 143. — Pl. XXIX. — Boîte à thé forme potiche, à piédouche réticulé, et décorée d'un fond noir chargé de rinceaux et de fleurs dont quelques-unes retombent sur deux grandes réserves animées d'un coq au naturel. — Col. Fournier père, à Paris.

N° 144. — Pl. XXX. — Assiette ornée d'un décor genre Moustiers, exécutée en or et en émail bleu ; la bordure est interrompue par un écusson armorié à support de lion et licorne. — Col. du vice-amiral B. Jaurès, à Paris.

N° 145. — Pl. XXX. — Assiette à bordure de fleurs peintes avec les émaux de la famille rose, et dont le centre est occupé par une armoirie à deux écus surmontée d'une couronne de vicomte. — Col. du vice-amiral B. Jaurès, à Paris.

N° 146. — Pl. XXX. — Assiette octogonale en porcelaine coquille d'œuf, décorée sur le marly d'une mosaïque grisaille rehaussée d'or à quatre réserves de fleurs et, au centre, d'un rocher fleuri sur lequel se trouvent deux coqs ; le tout peint au naturel. — Col. C. Testart, à Paris.

N° 147. — Pl. XXX. — Assiette de même forme, à large bordure fond rouge d'or, ayant huit réserves ornées de tiges de fleurs et au centre un panier fleuri. — Appartenant à M. Berthelin, à Paris.

N° 148. — Pl. XXX. — Assiette décorée, sur le marly, d'une bordure style européen dessinée à l'encre de Chine, avec quelques parties émaillées bleu de ciel. Le centre est occupé par la reproduction en noir du portrait de Louis XV, d'après une gravure française de la fin de son règne. — Col. O. du S.

N° 149. — Pl. XXX. — Assiette décorée, sur le marly, d'un damassé blanc légèrement en relief et gravé à la pointe, interrompu par trois cartouches de style européen. L'un d'eux est occupé par une sorte d'armoirie à couronne de comte et supports de branches de roses au naturel ; l'écu d'azur porte le chiffre D. B. en or ; dans les deux autres se trouvent les attributs de l'amour et de la fidélité, tels qu'on les représentait au temps des idylles et des bergeries.

La chute du marly est ornée d'une bordure de rinceaux or, et l'intérieur d'un buisson fleuri sur lequel sont perchés deux chardonnerets.

Les assiettes de ce type ont appartenu à Mme du Barry. — Col. O. du S.

N° 150. — Pl. XIV. — Statuette en blanc, représentant un personnage fantastique, dans lequel on pourrait reconnaître *Ly-te-kouae*, l'un des Pa-Chen; il est debout sur une jambe, le pied posé sur la tête d'un monstre marin émergeant des flots. Hauteur : 0ᵐ40. — Col. E. Hendlé, à Paris.

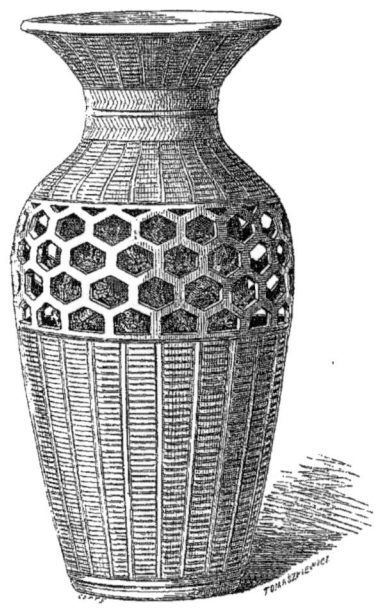

Fig. 111.

N° 151. — Fig. 111. — Vase en blanc, gaufré en vannerie et présentant à la partie supérieure de la panse une zone mosaïque découpée à jour, au travers de laquelle on aperçoit à l'intérieur des branches fleuries d'aubépine ou de pêcher en haut relief, qui entourent et dissimulent un large tube fixé au col et à la base faisant office de vase intérieur. Ce vase d'une exécution difficile, quoique composé de plusieurs parties réunies et soudées entre elles avec de la barbotine, est surtout remarquable par sa parfaite réussite. Hauteur : 0ᵐ38. — Appartenant à M. Sichel, à Paris.

N° 152. — Pl. XXXI. — Brûle-parfums réticulé à bâtons rompus et décoré de bordures mosaïques en émaux de la famille rose; le couvercle est surmonté d'un chien de Fô. Hauteur : 0ᵐ18. — Col. O. du S.

DESCRIPTIONS ET CLASSEMENT CHRONOLOGIQUE

N° 153. — Pl. XXXI. — Bouteille à rinceaux gravés et ciselés, recouverte d'une glaçure céladon clair; elle porte sur la panse quatre rosaces à jour laissant voir le vase intérieur qui est décoré bleu sous couverte. Marque en cachet imprimé : *Ta-Thsing-Kien-long nien-tchi*. Hauteur : 0ᵐ32. — Col. O. du S.

N° 154. — Pl. XXXI. — Lanterne ovoïde hexagonale, en fine porcelaine coquille d'œuf, dont les pans réticulés portent des médaillons pleins à personnages peints, comme les bordures des angles, avec les émaux de la famille rose. Hauteur : 0ᵐ36. — Col. L. Poiret, à Paris.

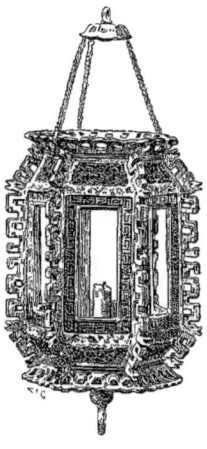

Fig. 112.

N° 155. — Fig. 112. — Lanterne à peu près de même forme que la précédente, mais dont les faces sont complètement à jour et les arêtes munies de grecques en relief. Elle est décorée en rouge de fer rehaussé d'or. Hauteur : 0ᵐ30. — Col. Morren, à Bruxelles.

N° 156. — Pl. XXXI. — Bouteille richement ornée de dessins en relief, parmi lesquels on remarque sur le col les caractères Fô et Cheou (Bonheur et Longévité), réunis en rosace ; la pièce est très uniformément recouverte d'un émail opaque beau bleu turquin. Marque en cachet imprimé : *Ta-Thsing-Kien-long-nien-tchi*. Hauteur : 0ᵐ30. — Col. du vice-amiral B. Jaurès, à Paris.

N° 157. — Pl. XXXII. — Grande bouteille ayant la forme d'une gourde plate à décor en relief imité des bronzes anciens et dont la couverte simule à s'y méprendre la couleur et les taches vert-de-grisées. Marque en cachet imprimé : *Ta-Thsing-Kien-long-nien-tchi.* Hauteur : 0^m45. — Col. O. du S.

N° 158. — Pl. XXXII. — Brûle-parfums quadrangulaire posé sur quatre pieds ; il est orné de dessins en relief et recouvert d'une glaçure imitant le bronze rouge avec taches d'oxyde dans les creux; les parties saillantes sont frottées d'or. Marque en cachet, tracée en or : *Ta-Thsing-Kien-long-nien-tchi.* Hauteur : 0^m25. — Col. O. du S.

N° 159. — Pl. XXXII. — Bouteille à couverte céladon foncé sur décor gravé et ciselé de dragons impériaux et de Fong-Hoang entourés de flammes. Marque en cachet imprimé : *Ta-Thsing-Kien-long-nien-tchi.* Hauteur : 0^m30. — Col. O. du S.

N° 160. — Pl. XXXII. — Vase quadrangulaire à arêtes saillantes et ajourées, colorées de brun rouge avec filets dorés, simulant une armature en bronze.

Il est décoré sur chaque face d'un paysage au naturel entouré de bordures bleues ornées d'arabesques en or; les parties supérieures du vase sont alternativement fond jaune à dragons de couleur et fond rouge avec chauves-souris peintes en or. Enfin les quatre pans du col sont bleus, ayant en réserve un petit médaillon qui imite une plaque d'agate incrustée. Marque en cachet peinte en rouge sur émail vert : *Ta-Thsing-Kien-long-nien-tchi.* Hauteur : 0^m33. — Appartenant à M. Sichel, à Paris.

N° 161. — Pl. XXXII. — Vase balustre à anses longitudinalement fixées sur le col; il est décoré d'un fond rose émaillé tout couvert de vermiculures gravées à la pointe, et parsemé de grandes fleurs polychromes ornementales peintes, à la façon européenne, avec toutes les couleurs de la palette chinoise employées en sorte de gouache transparente.

Sur le col et la panse, des cartouches réservés sont occupés par de fines peintures artistiques, plantes fleuries et paysages animés, exécutés avec les émaux de la famille rose posés à la manière chinoise. Marque cachet, peinte en rouge : *Ta-Thsing-Kien-long-nien-tchi.* Hauteur : 0^m40. — Col. O. du S.

N° 162. — Pl. XXXI. — Bouteille à quatre médaillons réticulés, posée sur plateau mobile et dont le col articulé à la panse fait corps avec le tube intérieur. Elle est finement décorée de bordures et rinceaux à fleurs ornementales polychromes sur fond émaillé rose et bleu turquin. Marque en caractères Kiay-chou, tracée en rouge : 2-2.

DESCRIPTIONS ET CLASSEMENT CHRONOLOGIQUE

Pou-te-tang-tchi (fabriquée pour la salle de la Vertu). Hauteur : 0^{m}32. — Col. du vice-amiral B. Jaurès, à Paris.

N° 163. — Pl. XXXI. — Bouteille à couverte jaune foncé sur laquelle sont appliqués en haut relief des branches fleuries et des oiseaux émaillés au naturel. (Marque : cachet imprimé, composé de quatre caractères Tchouan (non déchiffrés). Hauteur : 0^{m}32. — Col. du vice-amiral B. Jaurès, à Paris.

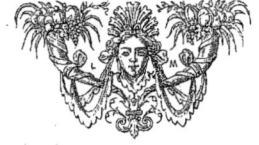

SURDÉCORATIONS. — IMITATIONS

Malgré le soin que nous avons pris pour faire passer sous es yeux du lecteur tous les types connus de porcelaine chinoise, nous ne nous dissimulons pas les nombreuses lacunes laissées dans l'énumération que nous venons de faire. L'art céramique au Céleste Empire a passé par tant de phases diverses qu'on ne peut avoir encore la prétention de connaître tout ce que les tâtonnements ou les caprices des artistes y ont produit d'originalités de toutes sortes.

Des spécimens inconnus jusqu'à ce jour apparaîtront, qu'il faudra reconnaître et classer suivant leur nature et leur âge, pour les mettre à la place qui leur convient dans le catalogue que nous avons dressé.

Ce sera l'œuvre de ceux qui, après nous, guidés par une expérience plus grande, éclairés par des données nouvelles complétant celles qu'on possède aujourd'hui, auront à rectifier nos erreurs et à réparer nos oublis.

Mais parmi les difficultés que rencontreront sur leur route ces chercheurs de l'avenir, il en est une que nous pouvons dès aujourd'hui leur signaler et qui sera pour eux la source de plus d'un problème difficile à résoudre. C'est l'aptitude chaque jour grandissante de nos artistes contemporains à tout contrefaire, à créer, en un mot, ce vieux neuf, désespoir des collectionneurs convaincus, épée de Damoclès continuellement suspendue sur la tête des acheteurs les plus habiles.

Ce goût d'imitation des choses anciennes témoigne-t-il d'une absence absolue d'originalité? Le génie créateur auquel nous devons les chefs-d'œuvre variés des styles Louis XIV, Louis XV et Louis XVI a-t-il épuisé sa fécondité? Assistons-nous à sa décadence? Cette conclusion pessimiste n'est pas la nôtre. Ce qui se passe sous nos yeux est pour nous la conséquence naturelle du retour à une plus juste appréciation des choses vraiment belles, une revanche du goût, momentanément faussé par l'engouement pour les formes raides de l'antiquité qu'avaient mises à la mode ceux qui croyaient au retour des Brutus ou des Césars.

Quoi qu'il en soit, nous devons malheureusement constater qu'après s'être honnêtement inspiré du sentiment décoratif oriental, le pinceau de nos peintres sur porcelaines en est venu jusqu'au plagiat le plus éhonté, et le faussaire en curiosité a complété leur œuvre en mettant une véritable science au service de cette supercherie. Il a maculé les porcelaines neuves, il en a discrètement ébréché les arêtes et le pied; il a irisé les émaux ou il les a ternis, puis, la pièce ainsi vieillie en un jour, il l'a jetée négligemment, comme oubliée, dans quelque coin obscur du magasin d'antiquités. Un jour l'amateur y viendra fouiller, croyant faire en des parages ignorés un voyage de découverte, et son amour-propre d'explorateur habile venant en aide à la rouerie du marchand, il payera très cher une contrefaçon sans valeur.

A cette contrefaçon totale ne se bornent pas les embûches tendues à l'acheteur. Celui-ci est encore exposé à rencontrer des porcelaines véritablement anciennes habilement surdécorées pour leur donner l'apparence de types plus riches, plus estimés, et par conséquent plus chers. La fraude est ici quelquefois plus difficile à reconnaître, parce que beaucoup de ces surdécorations datent déjà du commencement du siècle dernier.

Nous voudrions pouvoir indiquer nettement les caractères spéciaux propres à dénoncer ces contrefaçons déloyales. Malheureusement, là comme ailleurs, le progrès est incessant, la découverte d'un procédé nouveau apporte chaque jour aux imitateurs un moyen plus certain de se rapprocher du modèle ancien. L'amateur devra donc se tenir constamment sur ses gardes et compter plutôt sur sa propre expérience que sur ce que nous allons essayer de lui dire des diverses remarques que nous avons faites.

Il est d'ailleurs utile, ne fût-ce qu'à un point de vue purement historique, de jeter un coup d'œil rapide sur tout cet ensemble de produits faux ou falsifiés, qui ne méritent pas tous au même degré la juste réprobation des collectionneurs. Nous estimons même que ceux-ci ne doivent point dédaigner d'admettre sous leurs vitrines quelques spécimens des curieuses porcelaines orientales décorées en Europe pendant la première moitié du XVIIIe siècle, types relativement anciens de la fabrication de l'extrême Orient en même temps que précieux échantillons de nos premiers essais de peinture sur pâte dure.

Nous avons déjà dit à quelle époque, pour se défendre contre l'invasion des porcelaines orientales qui menaçait de mort leur industrie, les faïenciers européens ne trouvèrent rien de mieux que de les imiter et d'en reproduire les décors sur leurs admirables poteries. Les Delftois, plus directement frappés par les grandes importations de leurs compatriotes d'Amsterdam, furent aussi les premiers qui s'adonnèrent au genre chinois ou japonais.

Dès la fin du XVIIe siècle, en effet, nous voyons deux d'entre eux, Aelbregt de Keizer et Gerrit-Pieters, abandonner les traditions de l'école hollandaise et remplacer par des magots ou des pagodes les sujets historiques ou naïfs aimés de leurs devanciers.

Mais il faut ajouter tout de suite que ni eux ni leurs imitateurs n'abdiquèrent, dans cette voie nouvelle, leur liberté d'allure. Au lieu de copier servilement les modèles, ils surent donner à leurs personnages quelque chose d'européen et entremêler avec grâce, dans leurs peintures, les fleurs de la Chine ou du Japon aux bordures et aux ornements de style hollandais; il y avait, en un mot, création d'un genre nouveau, et non point contrefaçon de l'art qui l'avait inspiré; c'était d'ailleurs la mode, et partout en Europe les peintres durent se soumettre au goût du jour et peindre des chinoiseries.

Ce qu'il y a ici d'intéressant pour nous qui nous occupons de porcelaine, c'est que ces ateliers où se décoraient ainsi les faïences à la mode nouvelle furent l'école où se formèrent les peintres qui devaient, un peu plus tard, inaugurer la véritable contrefaçon en décorant ou surdécorant les porcelaines orientales.

Ce fut vers 1700 que ces mêmes Delftois découvrirent les secrets de la préparation d'un certain nombre de couleurs de petit feu. Les annales de la corporation des potiers de Delft, si bien fouillées par M. Havard, ne nous disent point le nom de l'inventeur; aussi peut-on attribuer cette trouvaille aux efforts simultanés de plusieurs chercheurs. Ces couleurs, imitées des émaux chinois, n'étaient sans doute pas, à leur apparition, propres à s'appliquer sur l'émail, relativement fusible, qui recouvre les faïences. Aussi fut-ce sur des porcelaines qu'on en fit les premiers essais, en choisissant des pièces venues de l'extrême Orient blanches ou presque blanches, ou, tout au moins, dont les décors primitifs laissaient de larges espaces libres.

Or cette époque était précisément celle où Lille et Saint-Cloud réussissaient à faire une porcelaine pâte tendre et où Bottger trouvait le kaolin dont il obtenait une poterie semblable à celle de l'Orient.

L'invention delftoise, dont personne n'avait eu le souci de garder le secret, venait donc à point, et les nombreuses fabriques élevées par toute l'Europe purent orner leurs pâtes tendres ou dures de peintures au feu de moufle exécutées avec des couleurs probablement spéciales à chacune d'elles, mais dérivant toutes du premier résultat obtenu à Delft. De Mennecy, Tournay, Worcester, Vienne, Florence, et surtout de la Saxe, sortirent des imitations excellentes, principalement de ce genre particulier d'ancien japon que nous avons repris à la Corée pour le restituer à l'empire des Mikados.

Il existe de nombreux spécimens de ces diverses imitations; plusieurs cabinets de céramique en sont particulièrement riches. Le musée de Limoges, entre autres, en possède une suite remarquable, provenant des collections Jacquemart et P. Gasnault. Mais, quelle que soit la fidélité d'imitation des décors, les pâtes tendres et dures fabriquées en Europe au siècle dernier sont trop facilement reconnaissables pour qu'on puisse s'y tromper. D'ailleurs, preuve qu'il n'y avait alors aucune intention de fraude, les fabricants

SURDÉCORATIONS. — IMITATIONS

fiers des résultats obtenus, apposaient leur marque sous le pied des pièces; de sorte qu'on y retrouve les deux épées de Saxe, le cor de Chantilly ou la tour Tournaysienne. Nous devons cependant signaler, à titre de renseignement, deux exceptions à cette louable coutume : Derby-Chelsea et Worcester ont parfois marqué leurs pièces à décor oriental de marques chinoises et japonaises; mais comme ces porcelaines étaient des pâtes tendres, il ne peut en résulter aucune erreur. Voici d'ailleurs les principales de ces marques qui peuvent avoir un intérêt pour quelques-uns de nos lecteurs.

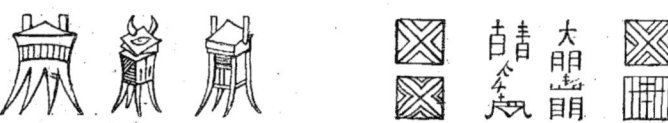

Revenons maintenant aux peintres delftois au moment où ils essayaient leurs couleurs et leurs émaux de petit feu sur les porcelaines orientales, blanc de Chine ou du Japon, pièces uniquement décorées de gravures et de reliefs ou ornées seulement de bordures en bleu sous couverte, et voyons, en examinant avec soin un spécimen choisi, ce qu'étaient ces couleurs.

Nous prendrons pour exemple le vase cylindrique en porcelaine de Chine (fig. 113), originairement tout blanc, décoré seulement de rinceaux gravés et ciselés à demi-relief dans la pâte, avant la mise en couverte. C'est sur ce vase qu'un peintre delftois est venu barbouiller une pagode à quatre toits superposés. Sous cette quadruple couverture, une dame, dont la coiffure et les traits n'ont rien des filles du Céleste Empire, regarde le spectateur par-dessus un rocher bizarre, dessiné à la chinoise, qui s'élève, on ne sait pourquoi, à l'entrée de cette habitation fantaisiste, autour de laquelle courent des buissons fleuris copiés sur des vases de l'Orient; enfin une bordure à pendeloques en vieux style hollandais domine le tout. Pour colorer ce motif, le peintre n'a trouvé sur sa palette que quatre couleurs : le noir, le rouge de fer, le bleu terne et le vert pâle. Ces couleurs, ou plutôt ces émaux, car les deux premières sont, comme les secondes, empâtées et formant relief sur la couverte, manquent à la fois de vivacité et de transparence, comme si les oxydes colorants ne s'étaient pas suffisamment développés.

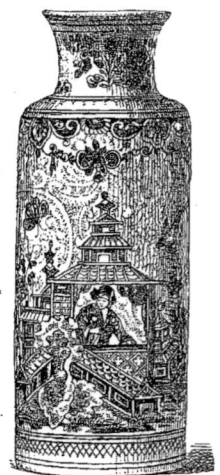

Fig. 113. — Col. O. du S.

Malgré ces défauts, qu'on a voulu considérer comme accidentels, on a contesté l'origine européenne de ces peintures et, comme en même temps on y retrouvait précisément le même ensemble de couleurs que sur les pièces d'ancienne première qualité du Japon, on a fait pour les porcelaines surdécorées à Delft, ce qu'on avait fait pour celles-ci : on les a aussi attribuées à la Corée.

Un examen comparatif plus minutieux eût évité cette double erreur. En effet, le rouge de fer des Japonais, comme celui des Chinois, est parfaitement glacé, n'a point d'épaisseur et paraît faire corps avec la couverte, en même temps qu'il présente un vif éclat dans les teintes légères aussi bien que dans les plus intenses. Sur la palette delftoise, au contraire, cette même couleur est toujours d'un ton brique foncé, non glacé, et faisant relief sur la glaçure où elle est posée par couches irrégulières, comme il arriverait d'une substance épaisse, s'échappant difficilement du pinceau.

Avant d'appliquer leurs nouvelles couleurs sur leurs poteries à émail tendre, les peintres delftois paraissent donc avoir étudié par des essais sur porcelaine dure, inattaquable à la chaleur de leur four, les températures nécessaires au développement de chacune d'elles. Ces peintures d'expérimentation leur révélèrent le parti qu'ils pouvaient en tirer pour orner plus complètement, et au goût des acheteurs, les porcelaines orientales dont le décor était jugé trop simple. De là sortit, de toutes pièces, une industrie nouvelle, qui eut ses peintres et ses ateliers spéciaux, et à qui la découverte de nouveaux émaux, le jaune, le blanc et les carmins violacés, permit bientôt de reproduire les décors que la Compagnie des Indes faisait exécuter en Chine et au Japon.

Dans ces circonstances, la Compagnie s'aperçut qu'elle perdait un temps énorme à transmettre ses ordres jusque dans l'extrême Orient, à y faire parvenir les modèles indiqués et à en rapporter enfin les commandes que lui avaient faites les grands seigneurs ou les riches bourgeois. Elle trouva dès lors plus simple de faire venir à l'avance des vases, des services de table et toutes sortes de pièces en blanc ou à demi décorées de bleu sous couverte. Elle les vendait en cet état à Gerrit van der Kaade ou à ses émules. Ceux-ci les décoraient de chiffres, d'armoiries, de sujets chinois, japonais, ou même hollandais, selon le désir de l'acheteur qui ne pouvait avoir aucun doute sur l'origine de ces peintures. Tout le monde savait bien, en effet, que dans son magasin, ouvert en 1705, Gerrit van der Kaade, comme ses confrères, ne vendait que des porcelaines décorées à Delft.

Toute subalterne que fût cette industrie aux yeux des connaisseurs et des gens de goût, elle n'en dura pas moins jusque vers 1740. On en retrouve encore aujourd'hui de nombreux spécimens qui, nous le répétons, ne sont point à dédaigner.

Témoin cette bouteille en porcelaine du Japon (fig. 114) importée toute blanche en Hollande, où un peintre delftois l'a décorée d'une peinture polychrome, peinture exécutée

SURDÉCORATIONS. — IMITATIONS

avec le même soin, le même talent qu'il eût mis à orner une semblable bouteille en faïence qui, sans lui, fût restée sans valeur.

Pourquoi donc alors ces ornements, ces bordures et ces paysages si finement exécutés, qui feraient merveille sur l'engobe d'une poterie? Sont-ils à dédaigner parce que la même main les a peints, avec les mêmes couleurs, sur la couverte d'une porcelaine?

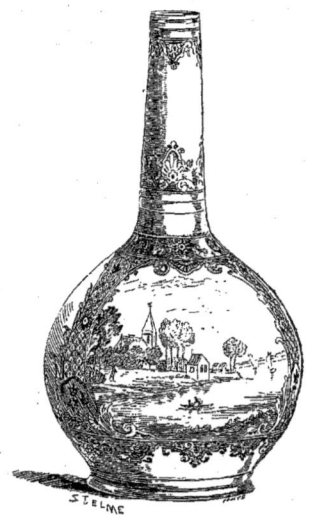

Fig. 114. — Bouteille à décor polychrome exécuté en Hollande. Hauteur : 0m40. — Col. O. du S.

Quoi de plus curieux encore et de plus intéressant que ce plat de fabrication japonaise, fig. 115 (col. Hendlé, à Paris), surdécoré en Hollande, et que nous mettons ici sous les yeux du lecteur, d'abord avec sa décoration primitive, puis comme il est aujourd'hui.

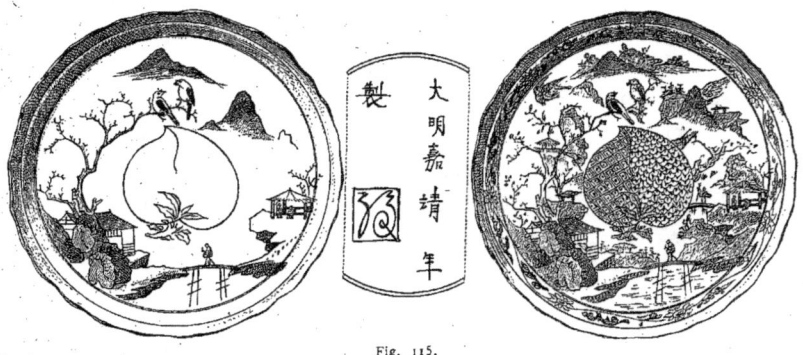

Fig. 115.

Ce plat à bords relevés, dentelés et à tranche brune, porte au centre une légère dépression affectant la forme d'une pêche, que le décorateur japonais avait délimitée d'un simple trait et entourée d'un paysage légèrement esquissé en bleu sous couverte. En dessous se trouve inscrit en caractères chinois singulièrement disposés, le nien-hao Ta-Ming-Kia-tsing-nien-tchi (1522-1567), et le signe bonheur sous une forme plus usitée au Japon qu'au Céleste Empire. Enfin, et ceci soit dit en passant, autour de la marque et sur la bague qui forme le pied, se trouvent une grande quantité de grains de gros sable, incrustés dans la couverte, preuve que le plat n'a point été mis au four en gazette ou sur plateau, mais bien sur un lit de sable.

Dans cet état primitif, ce plat, qui ne peut être antérieur au commencement du XVIIe siècle, était déjà un frappant témoignage des petites supercheries usitées au Japon pour faire croire à l'ancienneté et à l'origine chinoise des porcelaines qu'on y fabriquait ; mais le sort lui réservait des métamorphoses nouvelles. Les Delftois, trouvant sans doute sa décoration trop simple, accolèrent au paysage bleu du peintre japonais une infinité de détails peints avec leurs couleurs de petit feu et en firent le plat polychrome que nous représentons à côté du premier.

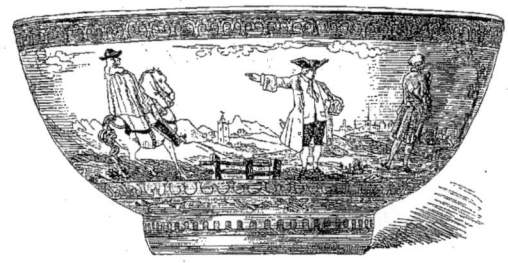

Fig. 116. — Col. O. du S.

Après les Hollandais, les Saxons ont suivi les mêmes errements. Nous en trouvons le témoignage dans un bol de porcelaine de Chine, n° 116, primitivement décoré de rinceaux gravés dans la pâte et d'étroites bordures en bleu sous couverte. Il a été agrémenté, par la suite, d'une surdécoration qui semble bien devoir être attribuée aux Saxons, puisqu'on y retrouve leurs couleurs de petit feu, le faire et la manière de leurs peintres, et enfin les qualités spéciales à leur or dont on a composé les bordures qui recouvrent les bleus du peintre chinois. Au reste, les couleurs employées par les Saxons, et tout particulièrement le rouge de fer, ne diffèrent point sensiblement de celles de Delft ; on les reconnaîtra donc aussi facilement que ces dernières.

Voici maintenant, n° 117, un vase de même forme que celui dont nous avons parlé

SURDÉCORATIONS. — IMITATIONS

tout d'abord : ce vase a été incontestablement fabriqué au Japon, à la même époque que le plat mentionné plus haut ; l'artiste oriental l'avait simplement orné, avec du rouge de fer et de l'or, d'une légère bordure et de branches fleuries de kikous, répétées sur le col et sur la panse. Cette fois, c'est à Venise, et non plus en Saxe ni en Hollande, qu'a été complétée cette simple et gracieuse décoration, et comme ici le peintre n'avait à sa disposition que le noir, qu'on employait dans sa patrie pour peindre sur verre au feu de moufle, c'est le noir dont il s'est servi pour les additions. Traitant la porcelaine comme s'il se fût agi d'une de ces coupes en verre léger comme la plume qu'il était habitué à décorer, il composa autour des fleurs rouges du col une admirable bordure, puis, sur la panse, il figura deux vases d'où semblaient sortir les branches japonaises. L'espace laissé libre fut rempli d'un paysage animé par deux mandarins, par des oiseaux et des insectes extraordinaires voltigeant autour d'eux, le tout conforme aux imaginations plus brillantes qu'exactes que se faisait le peintre italien des choses de l'extrême Orient.

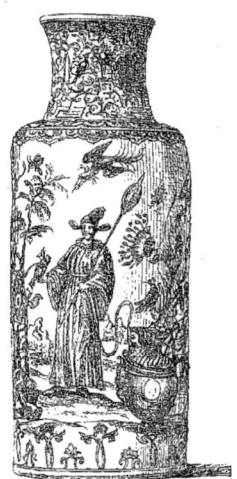

Fig. 117. — Col. O. du S.

Ces surdécorations attribuables à l'art vénitien sont extrêmement rares. Le Musée de Limoges en possède un spécimen (collection P. Gasnault) à peu près semblable à celui que nous venons de décrire.

Enfin, pour compléter cette énumération, nous citerons encore un essai d'application d'or en relief, fait à Sèvres vers 1775.

La pièce choisie pour cette tentative était une petite coupe, fig. 118, en fine porcelaine de Chine, portant le nien-hao Ta-Ming-Tch'ing-hoa-nien-tchi (1465-1488) et dont le léger décor primitif en bleu sous émail a été presque entièrement recouvert par un dessin à la Bérain, qui occupe toute la surface extérieure. Ce dessin, exécuté avec un or épais, solide, fortement en relief, gravé ensuite à la pointe pour en compléter les détails et les accentuer, est d'une finesse d'exécution digne, à tous égards, des beaux temps de notre manufacture nationale.

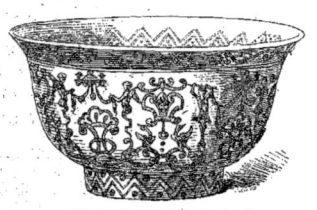

Fig. 118. — Col. O. du S.

On peut regretter, jusqu'à un certain point, ces surdécorations faites au siècle dernier, mais on doit reconnaître cependant que leurs auteurs poursuivaient encore, en s'y livrant, un but artistique en complétant une ornementation trop sommaire au goût du temps, et qu'ils ne cherchaient pas l'obtention d'un gain illicite.

De nos jours, au contraire, l'esprit de fraude, servi par une véritable science, n'a rien épargné pour tromper l'amateur. La rareté croissante des belles pièces a surexcité la cupidité mercantile qui ne recule désormais devant aucun moyen : la contrefaçon, l'imitation minutieuse, ou bien encore la réparation à froid qu'elle pratique d'une manière courante avec une merveilleuse habileté.

Armez-vous donc, collectionneurs de l'avenir, d'une salutaire et absolue défiance. Que votre premier soin soit, en toute circonstance, de nettoyer les porcelaines avec de l'eau légèrement acidulée, afin de débarrasser leur surface de la crasse qu'y ont accumulée soit le temps lui-même, soit une main peu scrupuleuse. Si la pièce est véritablement ancienne, cette précaution vous vaudra de voir renaître dans sa vivacité primitive l'éclat des émaux, et vous dévoilera infailliblement les fêlures, les ébréchures, les morceaux rapportés ou refaits, qu'une habile surdécoration à froid vous dissimulait. Et puis que de spécimens, et des plus beaux en apparence, ne reconnaîtrez-vous pas alors comme surdécorés au petit feu : fonds bleus unis ou fouettés, enrichis de dessins en or, réserves en camaïeux surchargées de fleurs polychromes, sans compter les vases dont le fond tout entier est aujourd'hui rouge, vert ou noir, de blanc qu'il était autrefois.

Étudiez alors les objets de près, et vous verrez que les adjonctions s'adaptent mal au dessin primitif, qu'elles se croisent et recouvrent maladroitement certaines parties, que les fonds ajoutés empiètent sur les contours anciens. Les tiges et les traits déliés ont perdu leur netteté, ou bien ils sont imparfaitement noyés dans la teinte du fond. Le peintre chargé de poser après coup ces fonds colorés ou de remplir de fleurs et de sujets nouveaux les espaces restés libres, a beau avoir été habile, il n'a pu empêcher les couleurs ainsi surajoutées de s'étendre pendant la cuisson et de couler, par places sur les émaux chinois moins fusibles ; le mélange intime des deux couleurs ne s'est pas produit, comme il fût arrivé dans le cas d'un travail exécuté d'ensemble avec des émaux nécessairement influencés par les mêmes températures.

L'estime particulière dont jouissent les fonds totaux ou partiels, vert uni ou piqueté de noir, émaillés sur couverte, a conduit à un genre de surdécoration dont les premiers exemples ont fait leur apparition depuis peu, et qu'il est bon de signaler ici. Il consiste non seulement à recouvrir les fonds blancs de pièces anciennes, décorées bleu sans couverte, ou de peintures en émaux de la famille verte, d'un émail très fusible obtenu de l'oxyde de chrome, d'un ton vert jaune manquant de reflets métalliques et d'irisation, mais à appliquer cette même couleur sur des fonds originairement bleu uni ou fouetté. Cette superposition de deux couleurs qui se marient généralement fort mal donne un ton faux assez étrange et dont l'originalité de mauvais aloi ne saurait tromper l'amateur expérimenté. Celui-ci sait, en effet, fort bien qu'une couverte à coloration d'oxyde de cuivre, appliquée sur du bleu cobalt posé sur cru, produirait presque du noir, et que, par conséquent, une teinte verte apparaissant sur un bleu parfaitement développé en dessous ne peut provenir que d'une décoration faite après coup avec une couleur extrêmement fusible et n'appartenant point à la palette des Chinois.

Si l'examen général dont nous venons de parler n'avait point suffi à écarter tous les doutes, il faudrait entrer dans une étude plus minutieuse et peut-être plus difficile, mais qui donnerait certainement les preuves inutilement cherchées dans l'ensemble.

Ces preuves, on les trouverait dans la nature des ors et des couleurs employées par les peintres d'Europe pour surdécorer les pièces anciennes ou les copier fidèlement. Ce que nous dirons des simples copies s'appliquera donc aux surdécorations. Il est des pièces dont nous ne nous occuperons pas, parce que, pour celles-là, l'art oriental a servi seulement d'inspirateur et qu'elles portent en elles un cachet général d'européanisme qui exclut toute possibilité d'erreur. Mais il en est d'autres pour lesquelles le fabricant aura composé tout exprès sa pâte, teinté convenablement sa couverte, et où tous, depuis le modeleur jusqu'au peintre, se seront attachés à copier servilement le modèle, sans préjudice du dernier coup de main donné par les habiles vieillisseurs dont nous avons parlé.

C'est ici que le lavage acidulé fera merveille et qu'il faudra en user tout d'abord, s'assurer ensuite de la façon dont est fait le pied de la pièce, en se rappelant ce que nous avons dit des méthodes usitées en Chine pour achever cette partie des vases, puis chercher une place quelconque où, par suite d'ébréchure ou d'absence de couverte, la pâte se trouve parfaitement à nu. Cette place, examinée à la loupe, devra présenter l'aspect grisâtre et non vitreux de petits grains serrés dont quelques-uns scintillent à la lumière comme du mica, à moins cependant qu'il ne s'agisse d'une porcelaine très fine coquille ou demi-coquille, dont la cassure se rapprocherait alors très sensiblement de celle d'une matière presque complètement vitrifiée.

Passant ensuite aux couleurs, on reconnaîtra que celles des imitations n'ont ni la douceur, ni la transparence, ni l'irisation, ni les reflets métalliques des émaux chinois, quand bien même le contrefacteur serait arrivé à déterminer, dans une certaine mesure, ce phénomène lumineux par des lavages acides savamment combinés. Il est d'ailleurs deux émaux que la fraude n'est point parvenue à composer, et qui heureusement se retrouvent constamment dans les décors de l'extrême Orient. Le premier est le brun violacé, complètement transparent, dont les Chinois se sont servis pour peindre les branches, les troncs d'arbres, quelquefois aussi des fleurs, ou la robe d'un personnage. Sur les contrefaçons cette couleur sera terne, non transparente, tout à fait brune, ou d'un ton carminé rappelant un mélange de bleu sale et de carmin. Le second de ces émaux est celui qui, tiré du chlorure d'or, donne les teintes du rose tendre au carmin foncé. Sur les porcelaines chinoises, il est toujours éclatant et d'une grande pureté de ton; sur les porcelaines fabriquées en Europe, au contraire, il est terne, violacé, presque vineux.

Quant aux fonds émaillés sur couverte, que les Chinois posent en couche épaisse et uniforme colorée dans la masse, ayant souvent une grande intensité de ton, nos peintres les remplacent par des fonds blaireautés facilement reconnaissables.

Enfin, si l'on veut bien se souvenir de ce que nous avons dit du manque de solidité des ors appliqués en Chine et au Japon sur les porcelaines, on comprendra que la plupart des pièces anciennes qui en étaient ornées doivent en être aujourd'hui complètement dépourvues. Cette particularité offrait aux peintres modernes un vaste champ qu'ils ne pouvaient manquer d'exploiter. Ils n'avaient qu'à reprendre et suivre les traits à demi effacés pour reconstituer le décor primitif. Cette fois, ce sont les défauts qu'on peut reprocher aux ors anciens qui nous permettront de juger comme apocryphes ceux qui auront trop belle apparence. En effet, si, jugeant que la pièce pouvait être impunément exposée au petit feu d'or, le peintre s'est servi des préparations usitées dans nos ateliers, ses ors seront solidement fixés, brillants et pourront être brunis avec une agate. Si, au contraire, il s'est contenté d'employer la poudre d'or mélangée à un vernis et fixée à froid par le séchage, il aura obtenu un ton métallique se rapprochant plus sensiblement des ors chinois, mais les traits seront épais et lourds, et il sera possible de tout enlever, soit en grattant avec une lame d'acier, soit en lavant à l'eau acidulée.

Pour en finir avec les surdécorations au feu de moufle, il nous en reste à signaler une qui est assez intéressante. Tous les amateurs connaissent un certain type de vases bleu et blanc, qui ont généralement la forme cylindrique, et qu'on désigne par rouleaux. Ceux que nous voulons rappeler ici sont, dans leur état primitif décorés au col d'une étroite et légère bordure et, sur le corps, de grands personnages qui en occupent presque toute la hauteur : tantôt c'est Cheou-Lao entouré des emblèmes de la longévité, tantôt le groupe symbolique de la Prospérité, ou bien encore un sujet historique ou légendaire.

Ces grandes figures, largement dessinées, témoignent presque toujours d'un véritable talent de la part du décorateur. Celui-ci, pour ne point distraire les yeux du sujet qu'il a peint avec les plus beaux bleus de sa palette savamment dégradés, s'est abstenu d'ornementer l'épaulement et la partie inférieure du vase, et a laissé libre l'espace autour de ses personnages.

Le seul défaut de ce type particulier est de n'être pas assez rare ; aussi les collectionneurs se contentent-ils d'en posséder un ou deux spécimens, laissant le reste aux boutiques de marchands de curiosités, où ils vont s'accumulant, attendant inutilement les acheteurs.

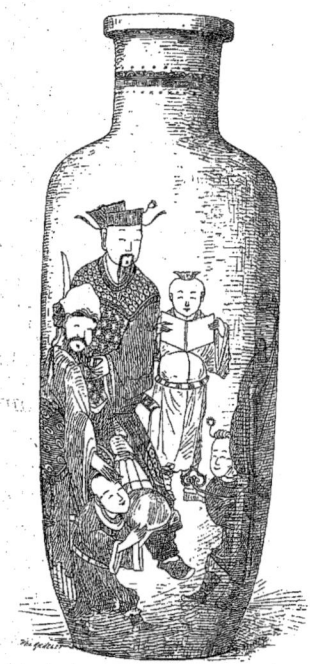 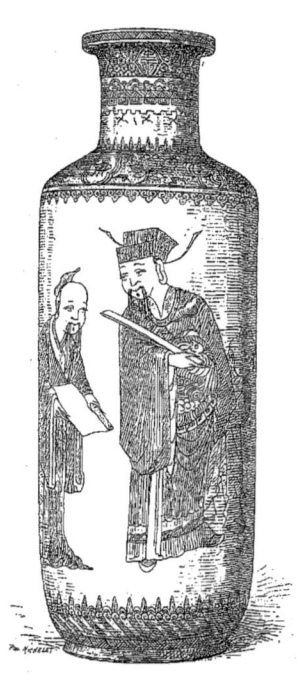

Fig. 119. — Vase rouleau, décoré d'un sujet à grands personnages, représentant le groupe emblématique de la Prospérité, peint en beau bleu agatisé sous couverte. Hauteur : 0m45.

Fig. 120. — Vase rouleau, à sujet légendaire et du même type que le précédent. Ce vase a été surdécoré de riches bordures peintes avec les émaux de la famille verte. Hauteur : 0m45.

Ce sont ces vases ou du moins quelques-uns d'entre eux qu'on a vus, non sans étonnement, reparaître revêtus d'une parure nouvelle. Le col est maintenant orné d'une triple bordure aux vives couleurs émaillées; l'épaulement est occupé par une large zone rouge de fer ou vert piqueté à réserves d'attributs et, au-dessous des personnages, règne une bordure à dents de loup ou à faux godrons en émaux jaunes, bleus et verts, comme sur les beaux rouleaux de la famille verte; enfin les longues robes et les accessoires ne sont plus seulement bleus, mais plus ou moins heureusement rehaussés d'or.

On a pu se demander s'il fallait voir dans ces vases une variété réellement ancienne dont les rares spécimens, jalousement conservés jusqu'à présent par les amateurs chinois, auraient fait tout à coup parmi nous une apparition triomphante et inattendue. N'y faut-il pas plutôt reconnaître les rouleaux que nous décrivions tout à l'heure et que leur bas prix, joint à la possibilité de les exposer au feu de moufle, aurait désignés à la perfide habileté de nos surdécorateurs? Ceux-ci sans doute en ont transformé quelques-uns, mais il est aussi hors de doute que d'autres l'ont été en Chine même, d'après des ordres et des indications venues d'Europe.

Nous croyons, pour notre compte, avoir vu des uns et des autres, reconnaissables aux caractères que nous avons énumérés, tandis que nous sommes bien sûr de n'en avoir jamais rencontré de véritablement anciens.

Les imitateurs savaient bien qu'il n'est si précieuse peinture sur couverte qui vaille aux yeux des amateurs les décorations de grand feu; aussi ne pouvaient-ils négliger dans leurs tentatives la reproduction des peintures sur cru. Pour celles-ci, les résultats qu'ils ont obtenus jusqu'à présent avec le bleu cobalt et le rouge de cuivre, posés sous couverte, sont tellement imparfaits qu'il n'y a nul danger de les confondre, même avec les porcelaines les plus communes venues de Chine ou du Japon.

Mais il est d'autres décorations de grand feu, les couvertes colorées, qui comprennent la série si appréciée des monochromes et celle plus estimée encore des flambés, qui demandent une expérience plus grande, parce que, depuis quelques années, Chinois et Japonais ont repris peu à peu cette fabrication longtemps abandonnée, et, que d'autre part, on a découvert en Europe les moyens de reproduire ces mêmes types avec non moins d'habileté et de perfection que dans l'extrême Orient.

Mais il faut déclarer bien haut que nous n'avons plus affaire ici à de vulgaires pasticheurs ou à des contrefacteurs malhonnêtes. Les découvertes dont nous venons de parler sont l'œuvre de chercheurs heureux qui, à force de patients essais, sont arrivés à produire ces fonds éclatants et capricieusement bigarrés qui nous étonnent et nous charment. Ces hommes sont des savants qui ont su résoudre un problème difficile et, par là, doter de ressources nouvelles l'art céramique européen.

Pour n'en citer qu'un, et le plus habile certainement d'entre tous, nous ne pouvons mieux faire que de rappeler les résultats récemment obtenus par M. Th. Deck, pour les œuvres duquel, faïence ou porcelaine, nous professons une entière admiration.

M. Th. Deck n'a cherché dans les vieux bronzes et les porcelaines anciennes que des données et des inspirations pour créer ses formes à lui, de même qu'après avoir trouvé la préparation des couvertes colorées de la Chine, il a su, par des combinaisons dont il a le secret, donner à ses porcelaines une originalité qui lui est propre, et obtenir des variétés nouvelles que lui envient les Chinois eux-mêmes; d'ailleurs, comme tous ceux qui ont raison d'être fiers de leurs œuvres, M. Th. Deck signe de son nom toutes les

SURDÉCORATIONS. — IMITATIONS

pièces qui sortent de ses ateliers. On a pu admirer à la dernière exposition des beaux-arts appliqués à l'industrie une remarquable collection de ses échantillons, tous plus intéressants les uns que les autres, et qu'il qualifiait modestement d'*essais de flammés sur porcelaine*.

En rappelant le mérite de quelques-uns de nos céramistes contemporains, nous n'avons pas seulement obéi au désir de rendre à leur talent la justice qui lui est due. Il importait à notre sujet de signaler la perfection avec laquelle quelques-uns d'entre eux sont parvenus à reproduire les couvertes colorées des Chinois, afin d'expliquer l'extrême difficulté qu'on trouve à reconnaître l'origine de ces produits modernes, orientaux ou européens, qu'aucun signe bien caractérisé ne différencie entre eux. Ils ne se distingueraient pas davantage des anciens si, à de rares exceptions près, qui se réduisent à quelques céladons, les uns et les autres n'offraient à leur surface des craquelures plus ou moins apparentes, dont la nature et la disposition sont dissemblables.

Sur les spécimens anciens, les craquelures, ordinairement très visibles et teintées de noir, traversent dans toute son épaisseur la couverte uniformément colorée dans la masse. Quelque multipliées qu'elles soient, ces craquelures n'ôtent rien au glacé de la surface. Les solutions de continuité sont si peu appréciables au toucher, qu'en y promenant la pointe d'acier la plus fine on ne les sent pour ainsi dire point.

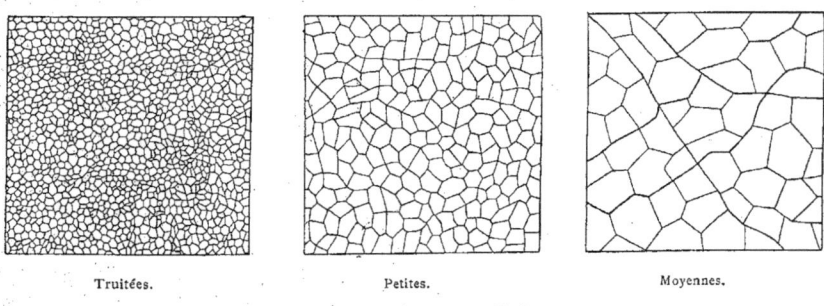

Truitées.   Petites.   Moyennes.

Craquelures des anciens vases chinois.

Ces petites fentes, en nombre infini, forment entre elles comme un réseau d'une régularité apparente et dont les mailles, à peu près de même grandeur, sont toujours polygonales, et sans qu'aucune d'elles affecte, pour ainsi dire, jamais la forme triangulaire.

Sur les produits similaires modernes, fabriqués en Orient ou en Europe, les craquelures se présentent tout différemment. Elles sont, la plupart du temps, peu apparentes, non colorées et scintillantes. Elles semblent être superficielles et ne pénétrer que dans la couche vitreuse non colorée qui forme la partie externe des couvertes colorées de récente fabrication. On pourrait presque les comparer aux fissures produites sur une glace par la flamme d'une bougie qu'on en aurait approchée de trop près.

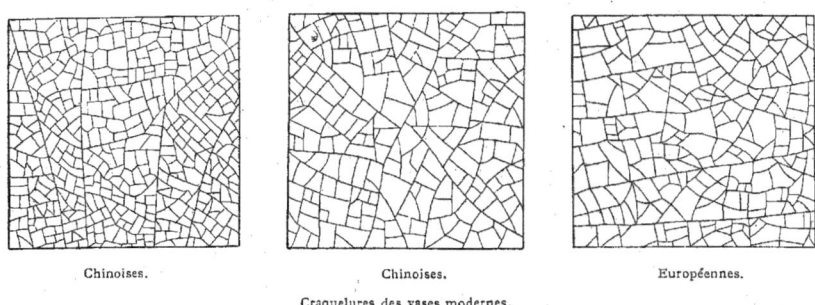

Chinoises.   Chinoises.   Européennes.
Craquelures des vases modernes.

Le réseau dont elles enveloppent le vase est très irrégulier. Ses mailles sont de grandeur et d'aspect différents et se succèdent les unes aux autres tantôt dans un sens, tantôt dans un autre. Leur contour a souvent la forme d'un quadrilatère ou même d'un triangle. Enfin on peut sentir chacune des petites fentes avec la pointe d'acier qu'on promènerait inutilement, dans le même but, sur un vase ancien.

Avant de savoir fabriquer, en Europe, les couvertes colorées avec la perfection que nous venons de signaler, on avait, en Angleterre d'abord, puis un peu partout, tenté, mais moins heureusement, de reproduire les fonds de demi-grand feu des Chinois. Nous avons vu que ce genre de décoration en émaux posés sur biscuit comprend les colorations allant du jaune au brun, les verts feuille de camélia, les violets, et la série des bleus depuis la teinte turquoise jusqu'au vert bleuâtre de l'olive. Soit qu'on n'ait pas réussi à préparer les premiers de ces émaux, soit qu'on ne s'en soit pas occupé sérieusement, on n'en rencontre point d'imitation méritant qu'on s'y arrête. Les seconds, au contraire, de tout temps fort estimés et recherchés des amateurs, attirèrent plus spécialement l'attention d'une foule de fabricants. Mais les produits obtenus par ceux-ci, malgré tout leur mérite, ne peuvent être confondus avec ceux qui nous sont venus de Chine.

Comme les deux premiers émaux de cette catégorie spéciale, le violet n'est pas craquelé. C'est donc à la couleur elle-même qu'il faudra reconnaître les imitations ; on devra pour cela se souvenir que ceux de la Chine, clairs ou foncés, tirent toujours sur le bleu, de telle sorte que dans les teintes sombres on les prendrait pour un bleu de Prusse très intense, tandis que les autres ont une fausse nuance de carmin, comme s'ils résultaient du mélange de cette couleur avec du bleu.

SURDÉCORATIONS. — IMITATIONS

Quant aux imitations des bleus turquoise, on les reconnaîtra plus facilement encore, d'abord à ce qu'elles sont dépourvues de craquelures, puis à ce que la coloration ne tire point sur le ton vert-olive qu'on retrouve, au contraire, plus ou moins prononcé, sur tous les spécimens anciens sans exception. Ceux-ci d'ailleurs sont toujours finement craquelés, sinon dans toutes les parties, du moins là où l'émail se sera quelque peu accumulé pendant la cuisson.

Le fin craquelé, autrement dit le truité des bleus turquoise de la Chine, présentant d'une façon absolue les caractères spéciaux aux craquelures des anciennes couvertes colorées, il ne pourra non plus y avoir de confusion possible avec les bleus turquoise que fabriquent depuis peu les Japonais, ces derniers ayant un truité, fort remarquable d'ailleurs, formé par des craquelures non colorées, scintillantes, dans un émail *bleu bleu* épais et vitreux à la surface.

Nous terminerons ici ce trop long examen des contrefaçons et des imitations. Si nous avons quelque peu fatigué le lecteur d'observations minutieuses et de répétitions malheureusement nécessaires, qu'il nous le pardonne en songeant que nous avons eu pour but d'éviter à son légitime amour-propre l'intrusion de pièces indignes sous ses vitrines, et peut-être aussi à sa bourse des sacrifices hors de proportion avec des spécimens sans valeur que plus d'un brocanteur sans scrupule serait disposé à lui céder *au plus juste prix*.

TABLE

CHAPITRE PREMIER.

Époque de l'invention, en Chine, de la porcelaine dure proprement dite. 3
Invention des peintures bleu cobalt sous couverte 5
Débuts de la fabrication de la porcelaine au Japon 11
Porcelaines japonaises attribuées au royaume de Corée 13
Porcelaines chinoises attribuées aux Indous, aux Cambodgiens et aux Persans 21
Faïences translucides persanes. 24
Premiers arrivages de porcelaines chinoises en Europe 27
Origine du mot porcelaine. 27
Inventaires royaux et princiers des XIVe et XVe siècles, dans lesquels il est fait mention de porcelaines chinoises. 32

CHAPITRE II.

Composition des pâtes à porcelaine. 35
Invention de la pâte tendre française 38
Découverte du kaolin en Europe. 39
Aperçu des procédés de fabrication de la porcelaine dure en Europe et en Chine 39
Décorations de grand feu. 45
Décorations de demi grand feu. 53
Décorations en fonds de couleur sur biscuit. 55
Peintures sur biscuit. 57
Application des métaux précieux sur porcelaine. 58
Porcelaine demi-tendre chinoise, blanc de Chine. 59
Pâte tendre française 60
Caractères des dessins chinois. 61
Iconographie. 65
Les Quatre Dieux supérieurs. 66
Les Sept Dieux inférieurs, dispensateurs des dons qui procurent le bonheur sur terre. 69
La Déesse *Kouan-in* 73
Les Huit Immortels, ou saints personnages, les *Pa-chen*. 74
La Chauve-souris 77
Caractères *Cheou*, longévité, et *Fô*, bonheur 79
Les Huit Trigrammes *Pa-Koua*. 80
Le *Yang* et le *Yin*. 81
Attributs de l'écriture, de la justice, du talent, de la musique et de la puissance. 82
Marques, *Nien-hao*, indiquant une date de fabrication. 85

230   TABLE

Tableau des *Nien-hao* de la dynastie des Ming 92
Tableau des *Nien-hao* de la dynastie des Thsing 93
Marques cycliques 94
Tableau du 76ᵉ cycle chinois 96
Tableau de marques diverses et de *Nien-hao*, relevés simultanément 99
Marques d'époques indéterminées 100
Marques diverses, leur classement chronologique 104

CHAPITRE III.

La Porcelaine de Chine en Europe 111
Les Amateurs d'autrefois 118
Collection de M. du Vivier et du vicomte de Fonspertuis 123
Collection de M. de Jullienne 129
Collection de M. Gaignat 135
Collection de M. Randon de Boisset 137
Collection de Mᵐᵉ la duchesse de Mazarin 137
Anciennes porcelaines chinoises importées en Europe depuis le commencement du XVIIIᵉ siècle . 139

CHAPITRE IV.

Description et classement chronologique d'une suite de spécimens d'anciennes porcelaines de
  Chine 149

  Époque primitive 152
  Première époque, porcelaines Siouen-te 157
  Deuxième époque, porcelaines Tch'ing-hoa 165
  Troisième époque, porcelaines Wan-li 175
  Quatrième époque, porcelaines Khang-hy 183
  Cinquième époque, porcelaines Kien-long 199
Surdécorations, imitations 212

A PARIS
DES PRESSES DE D. JOUAUST
Imprimeur breveté
RUE SAINT-HONORÉ, 338
M DCCC LXXXI

LA PORCELAINE DE CHINE

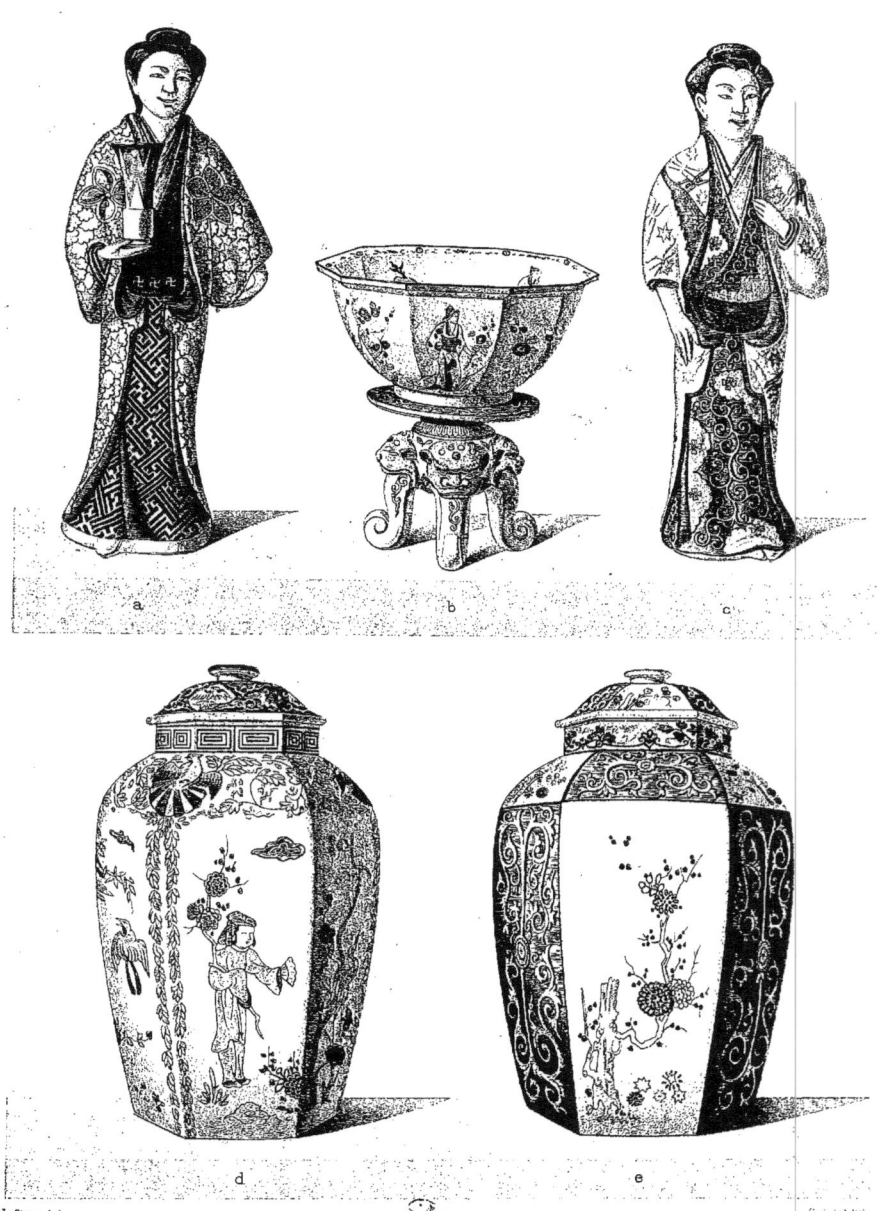

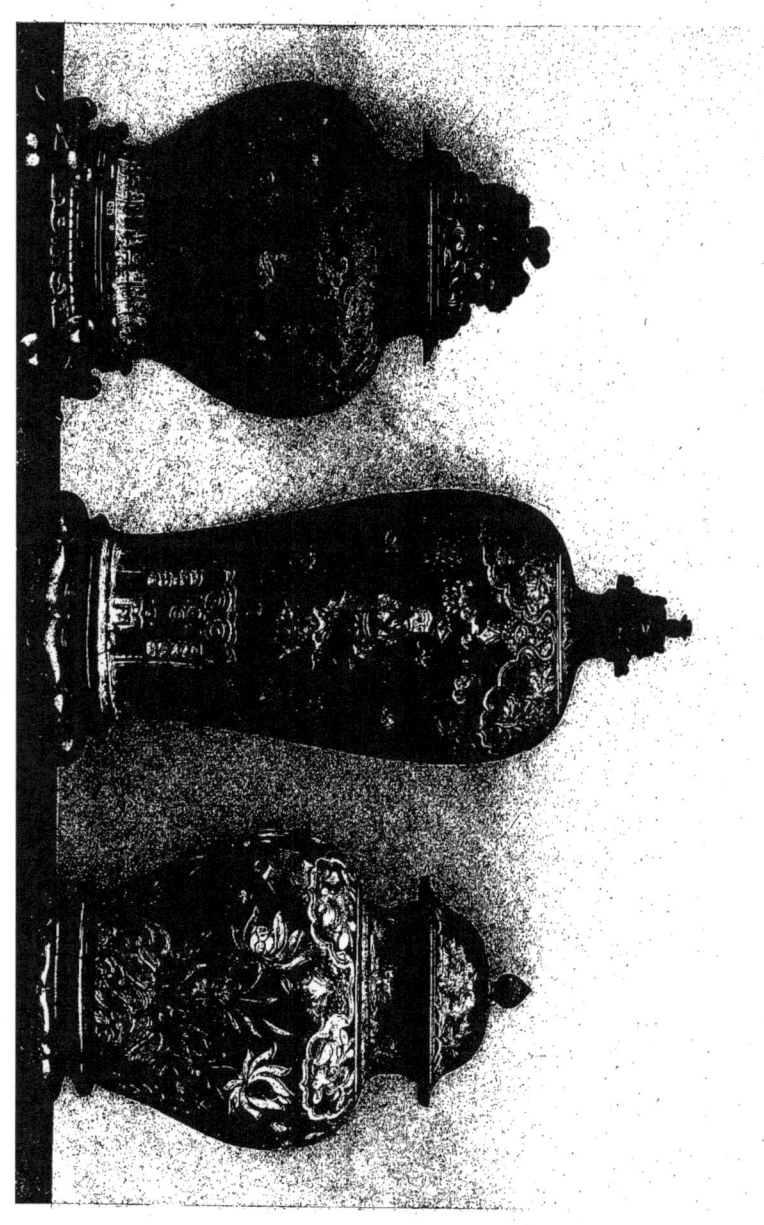

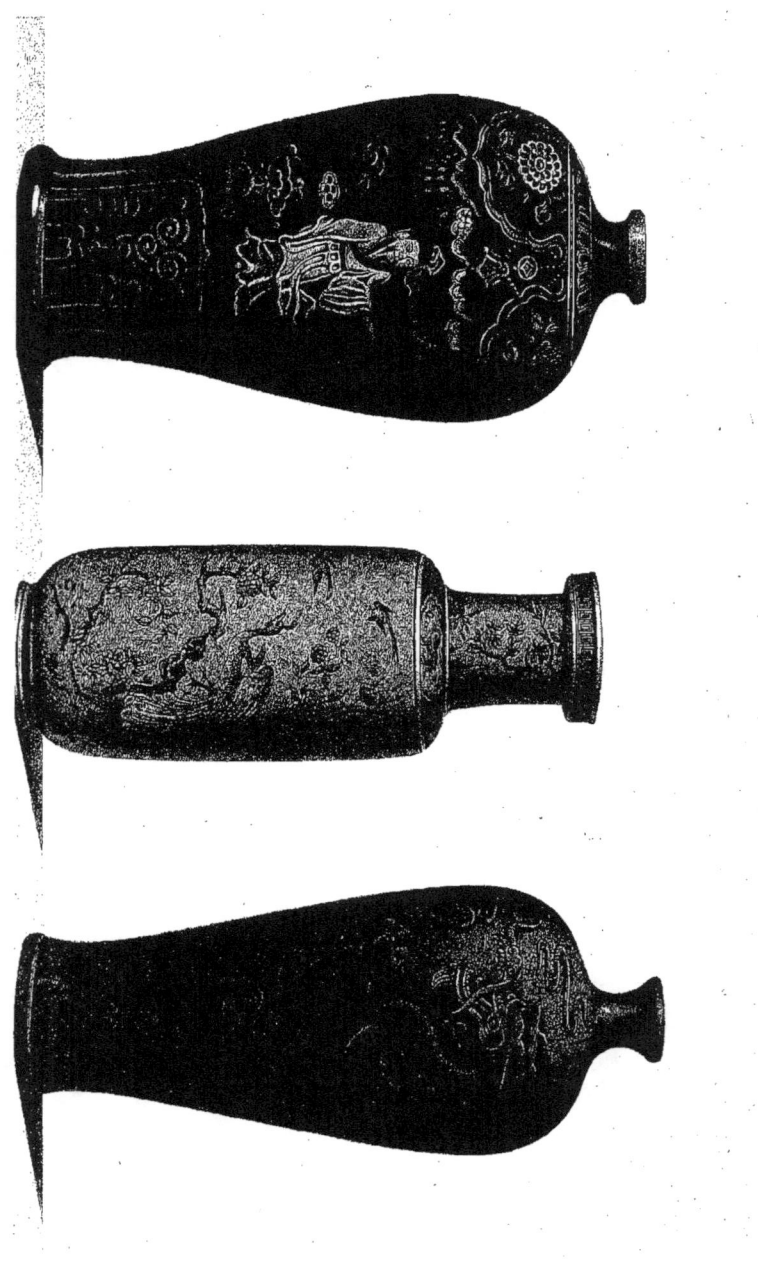

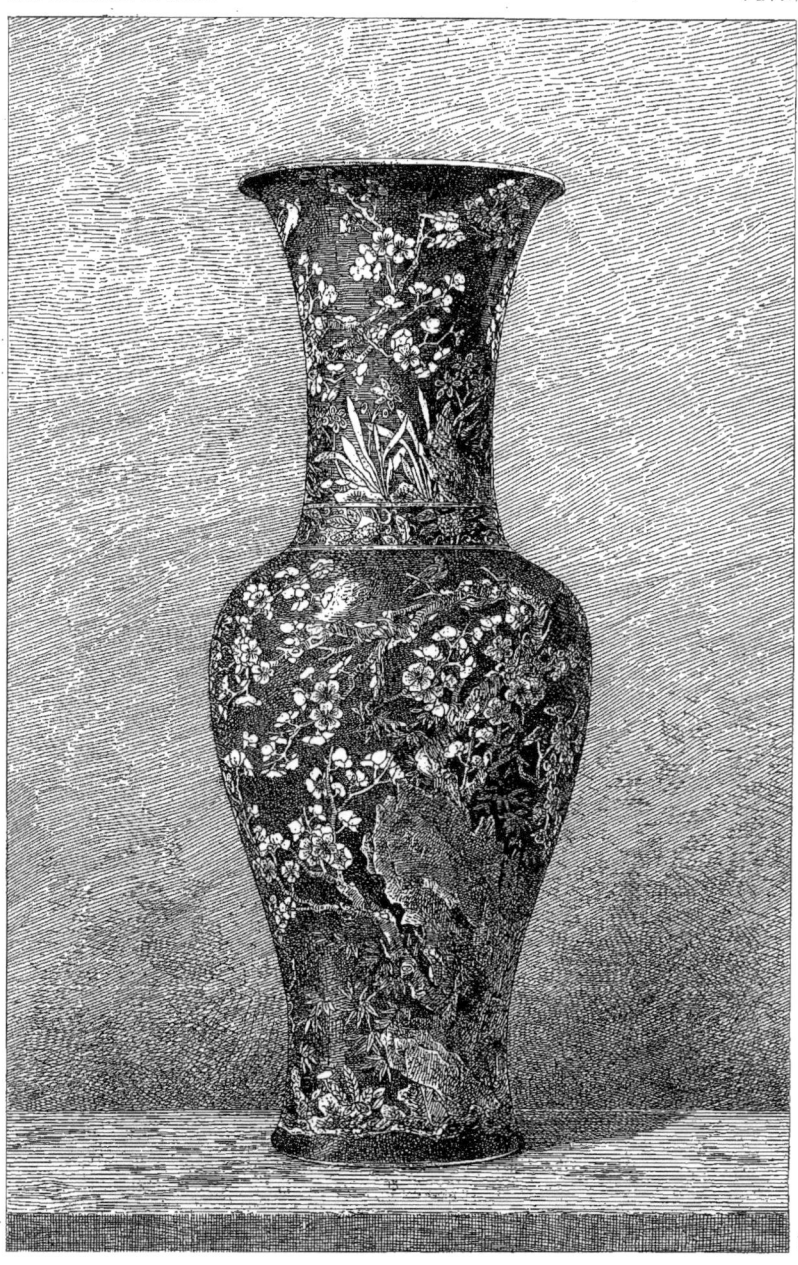

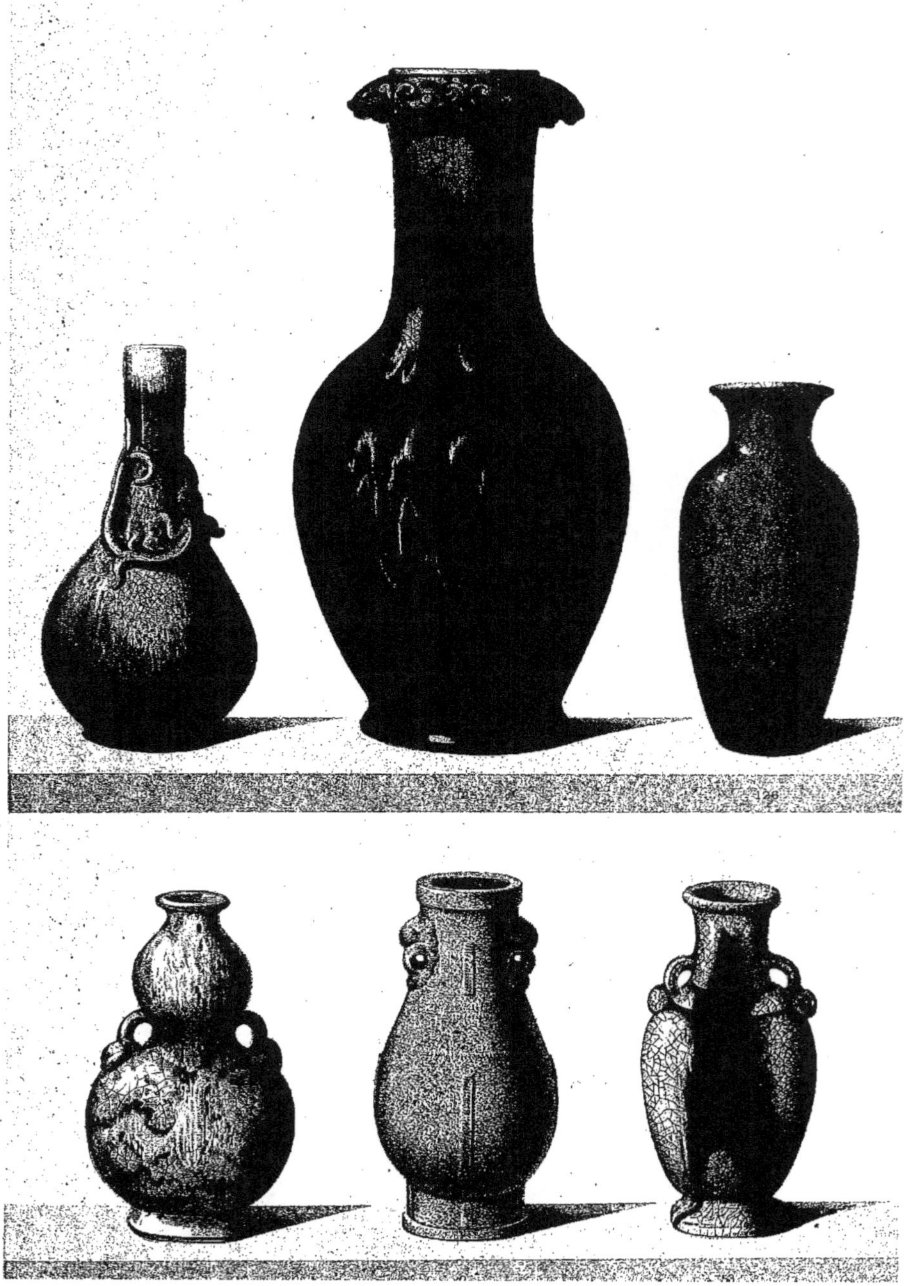

LA PORCELAINE DE CHINE PL. V.

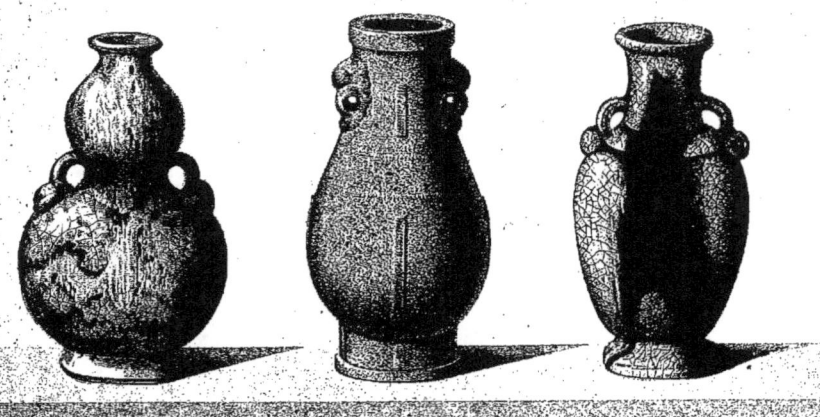

LA PORCELAINE DE CHINE　　　　　　　　　　　　　　　　　　　　　PL V.

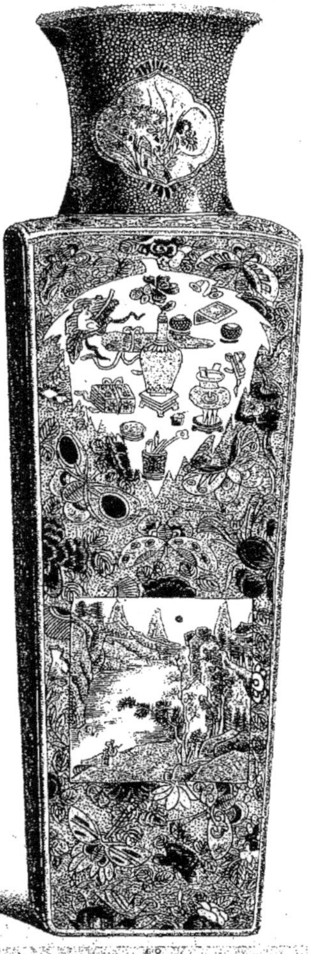

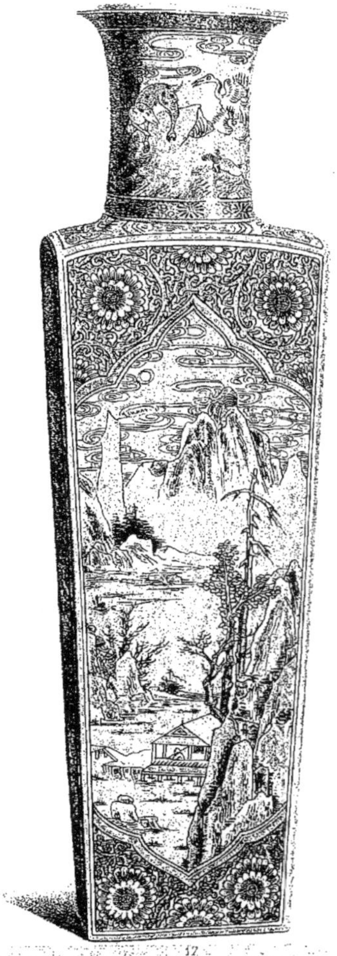

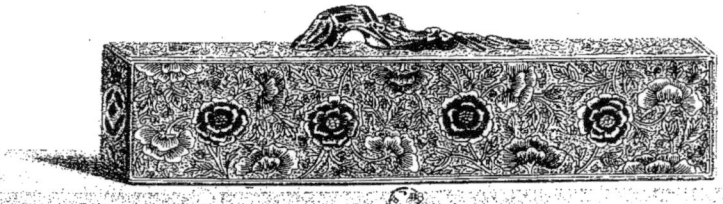

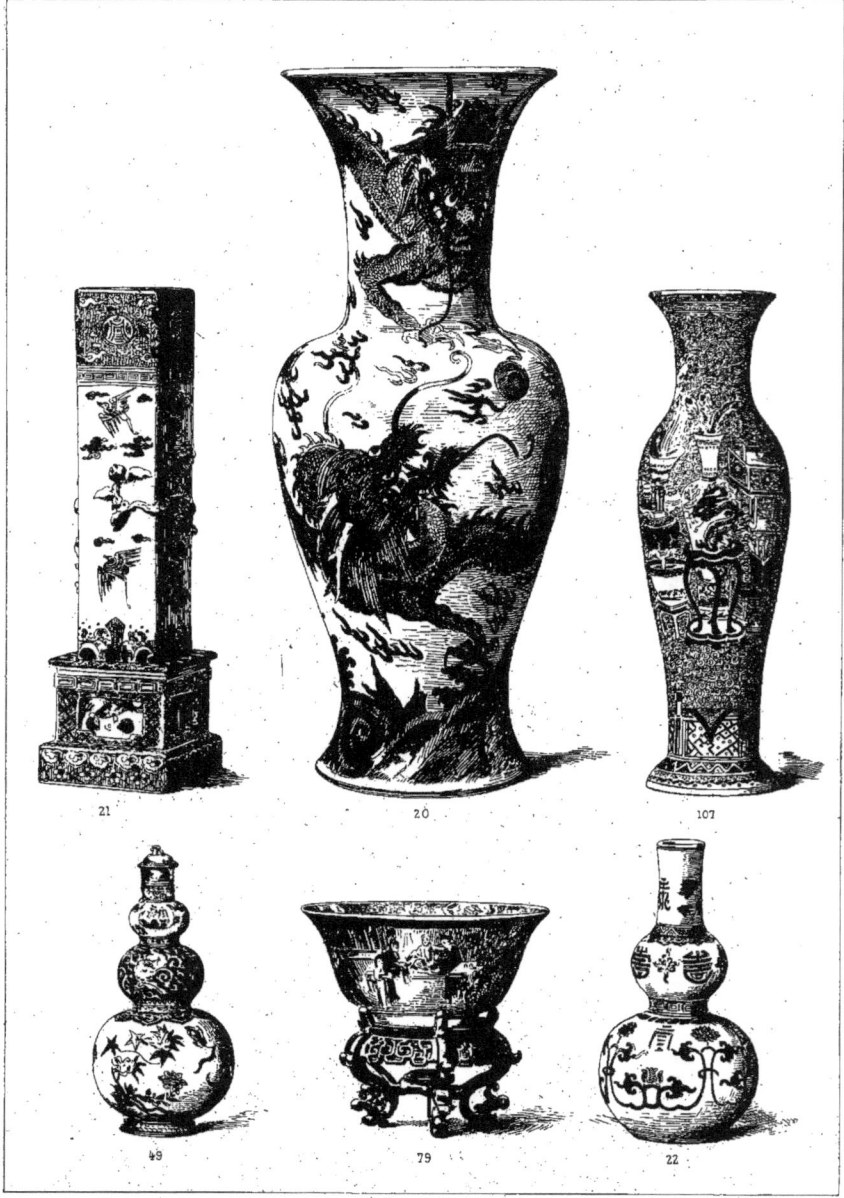

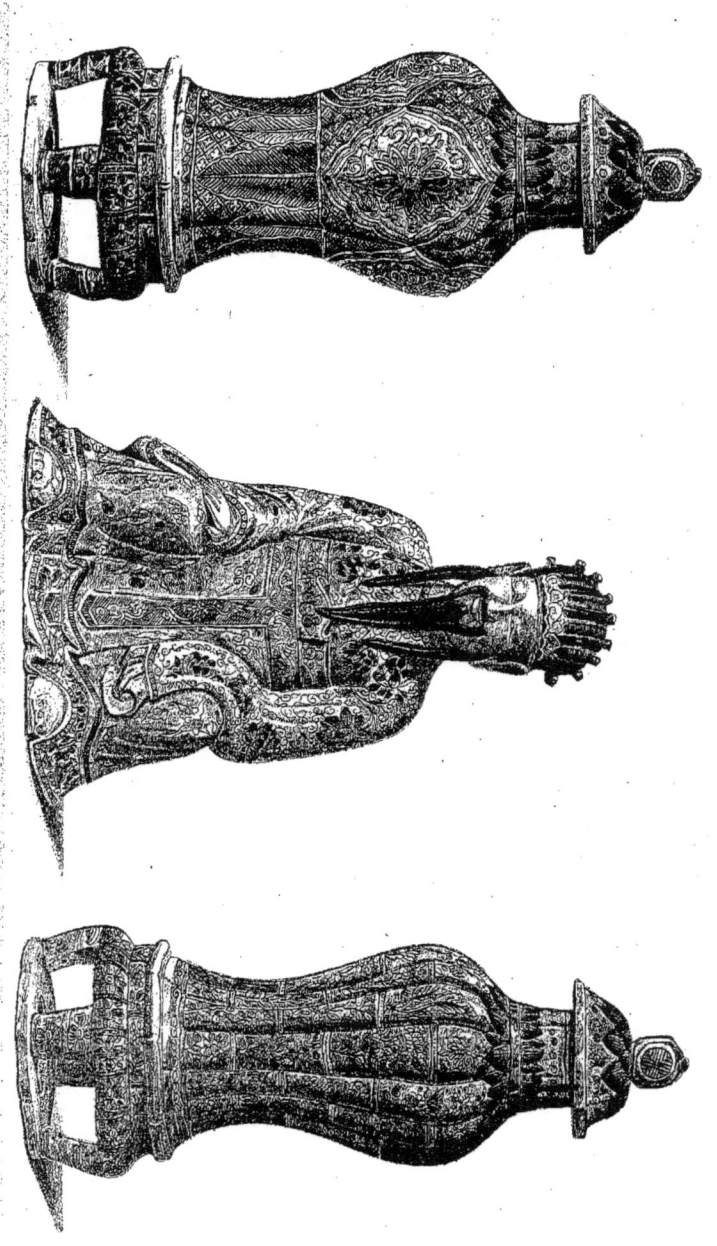

LA PORCELAINE DE CHINE

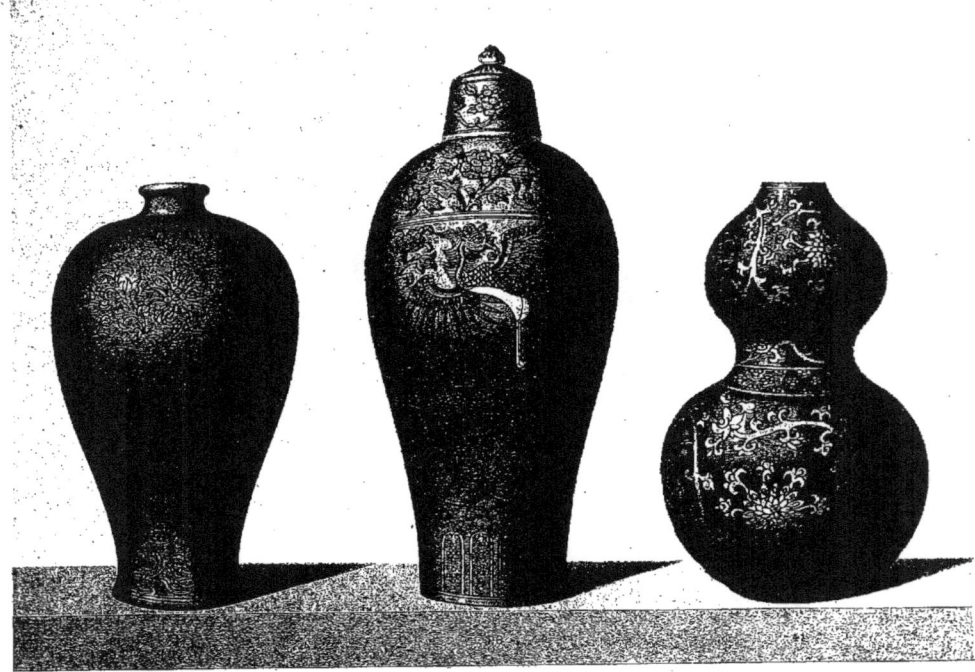

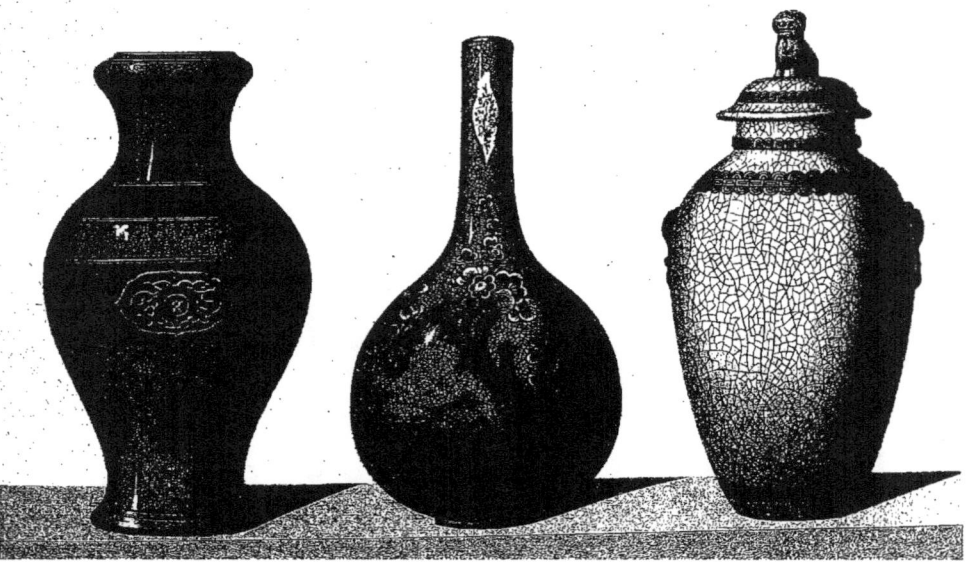

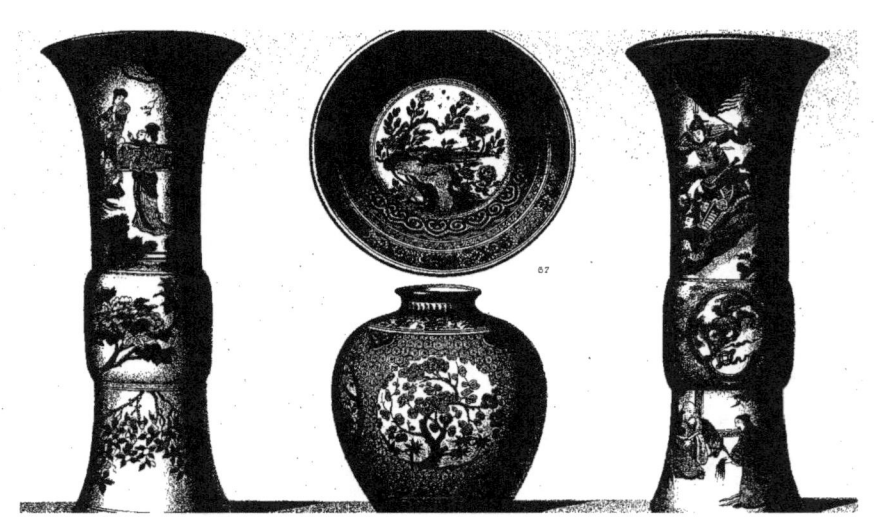

PL XI

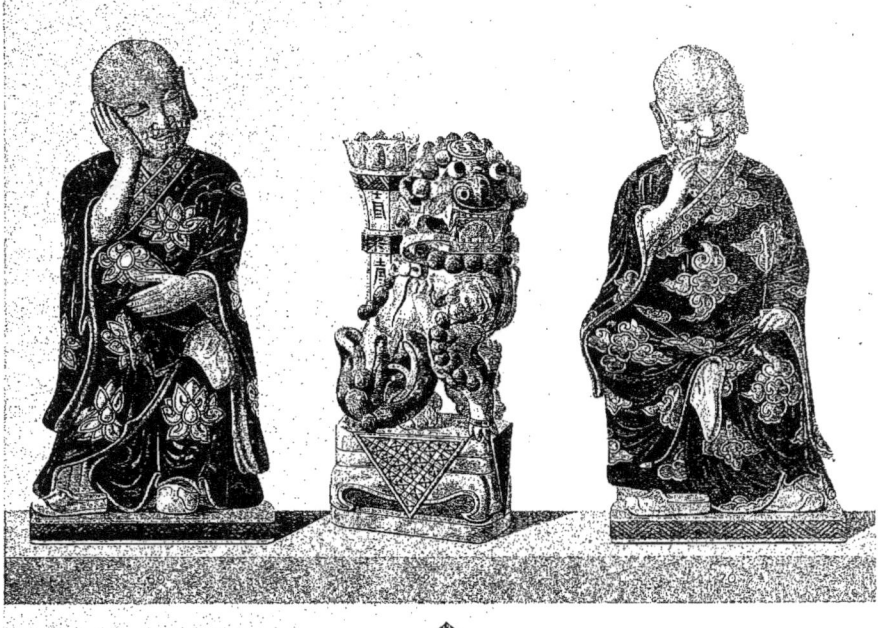

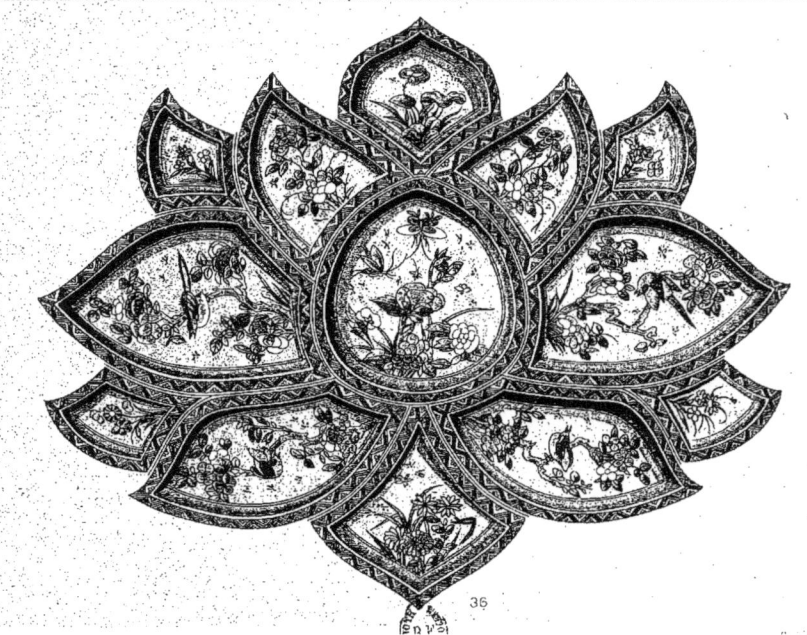

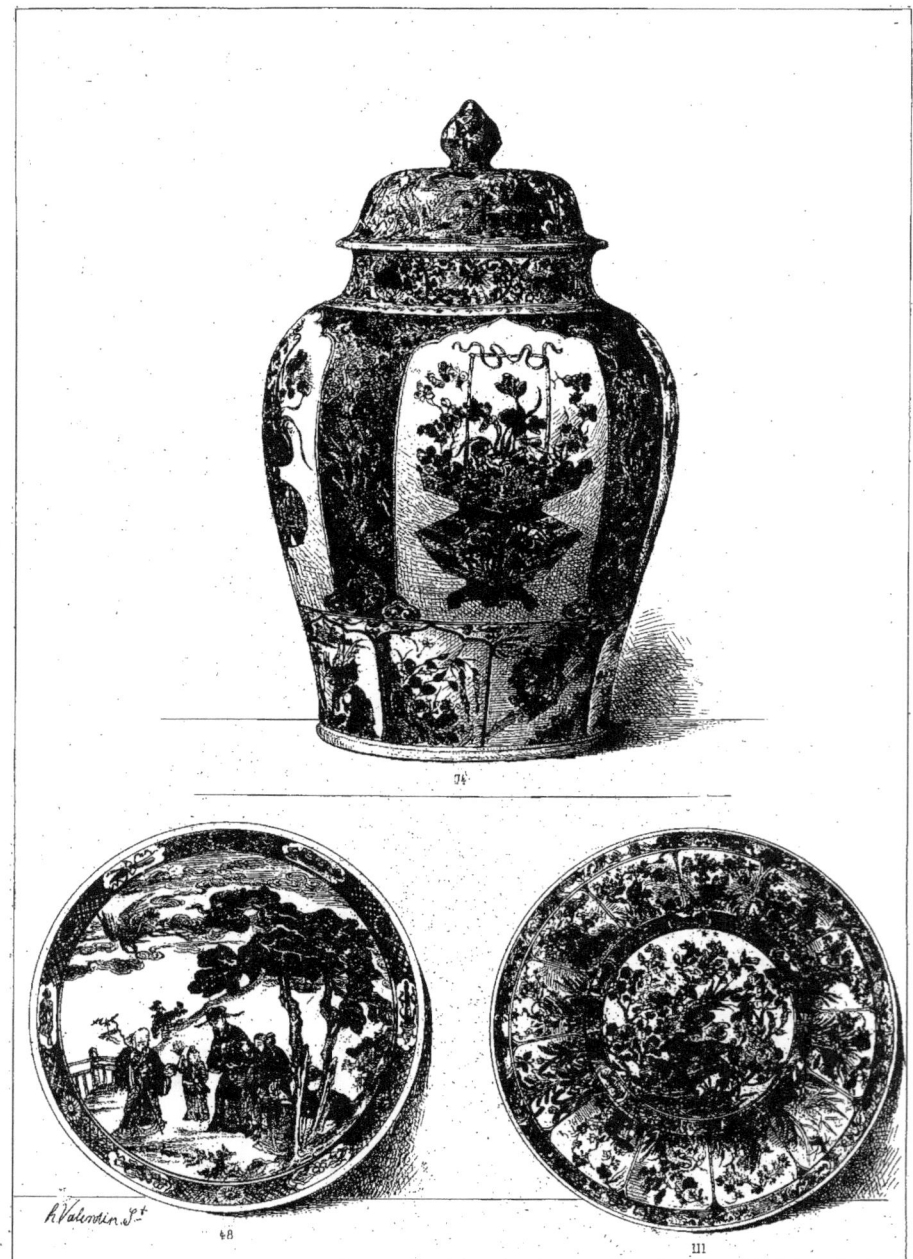

LA PORCELAINE DE CHINE   PL. XLII

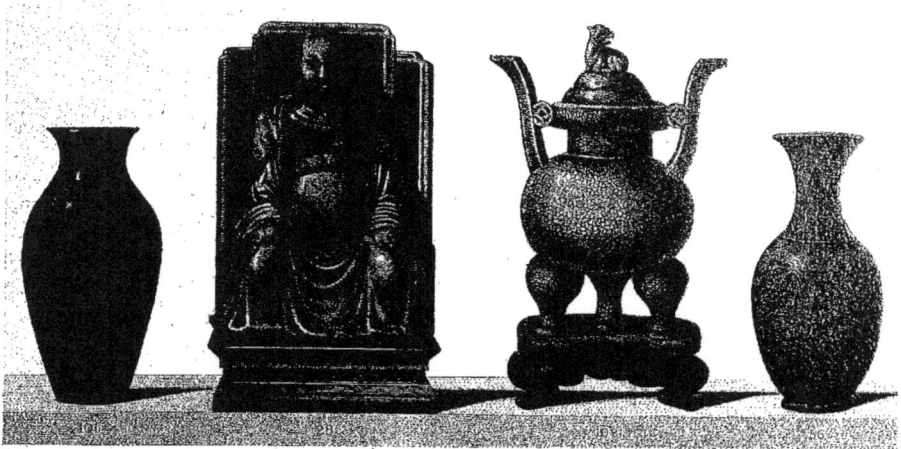

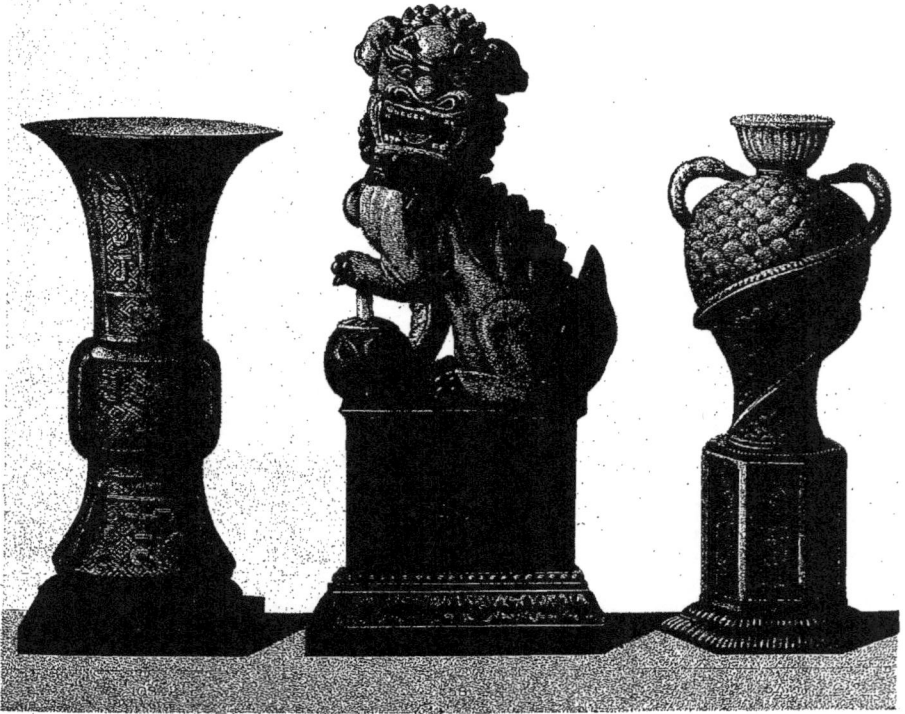

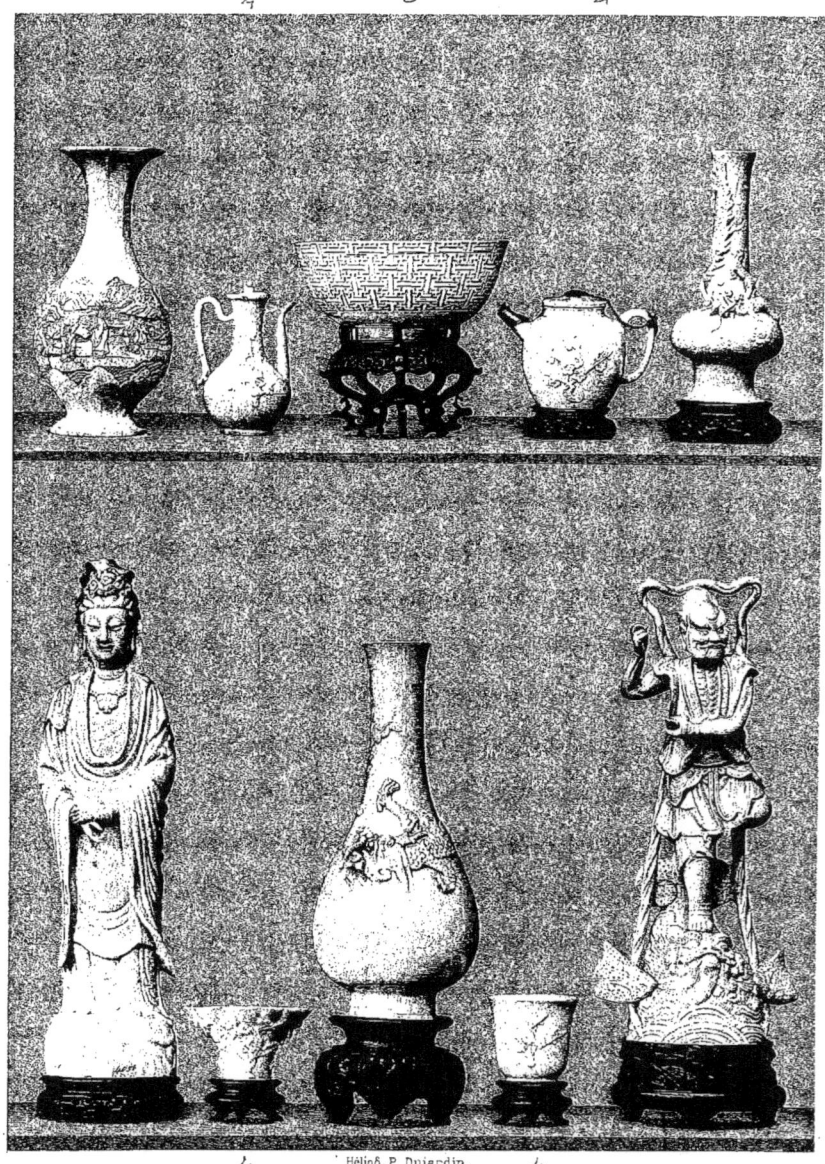

PIÈCES EN BLANC DE CHINE

LA PORCELAINE DE CHINE PL XV

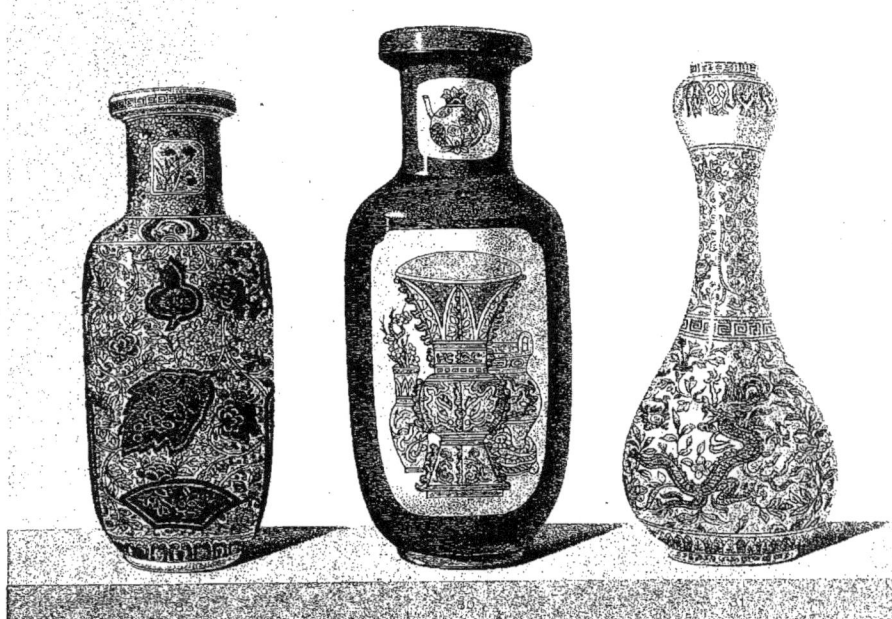

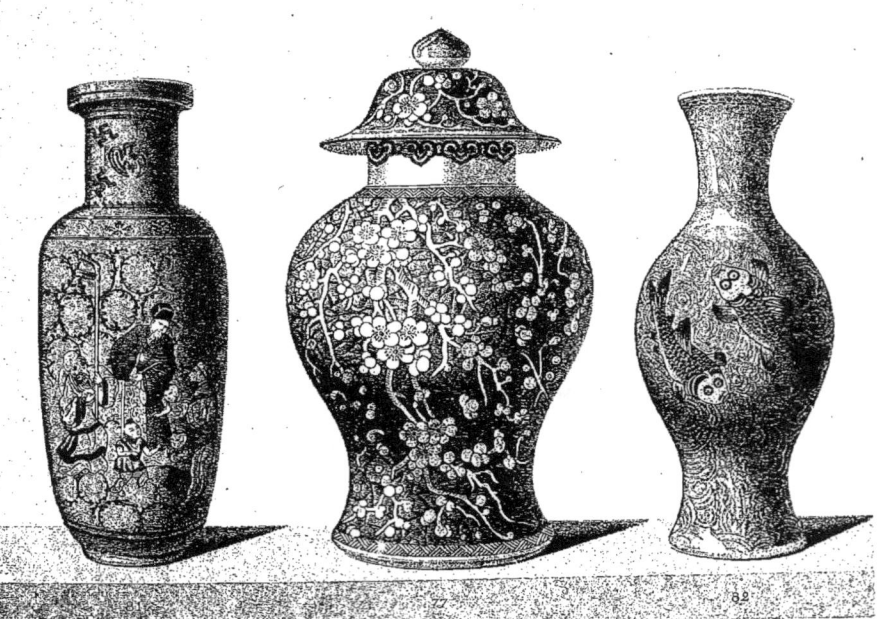

LA PORCELAINE DE CHINE   Pl. XVI

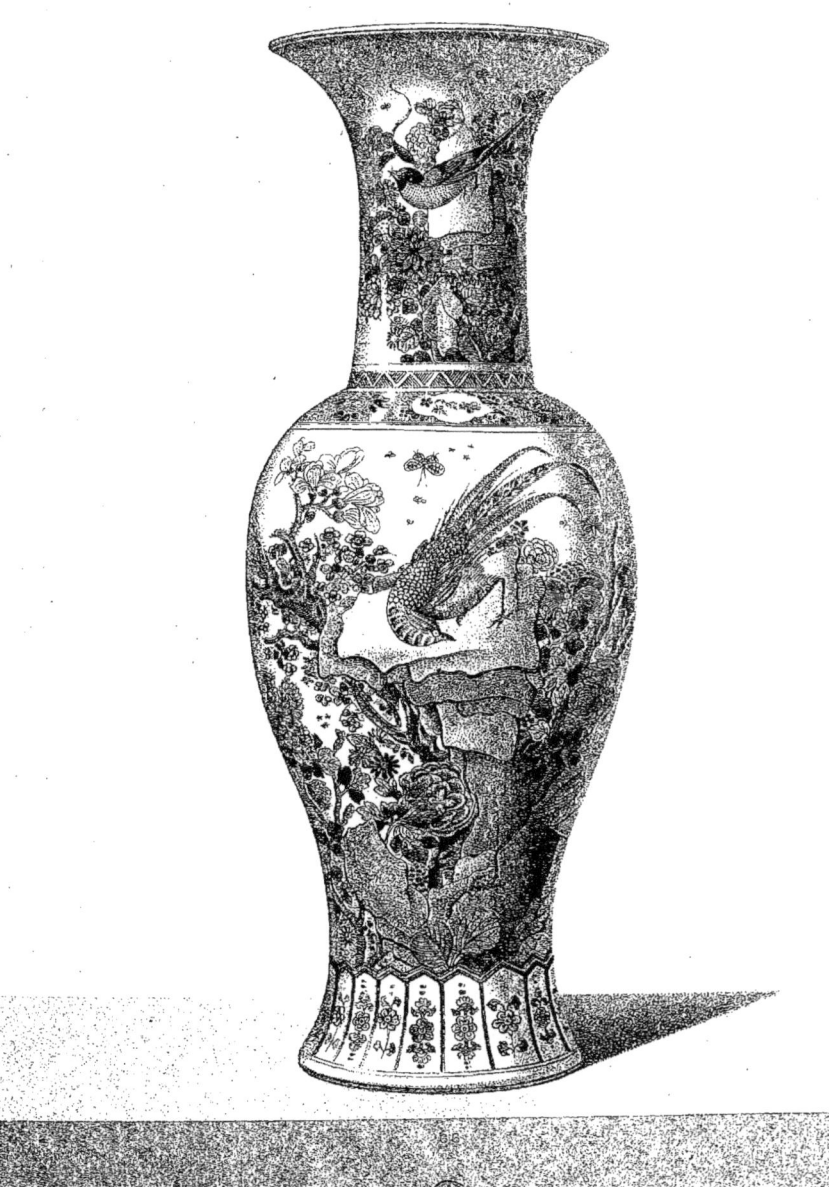

Lefèvre del.   Lemoine lith.

LA PORCELAINE DE CHINE　　　　　　　　　　　　　　　　　　　　　　PL. XVII

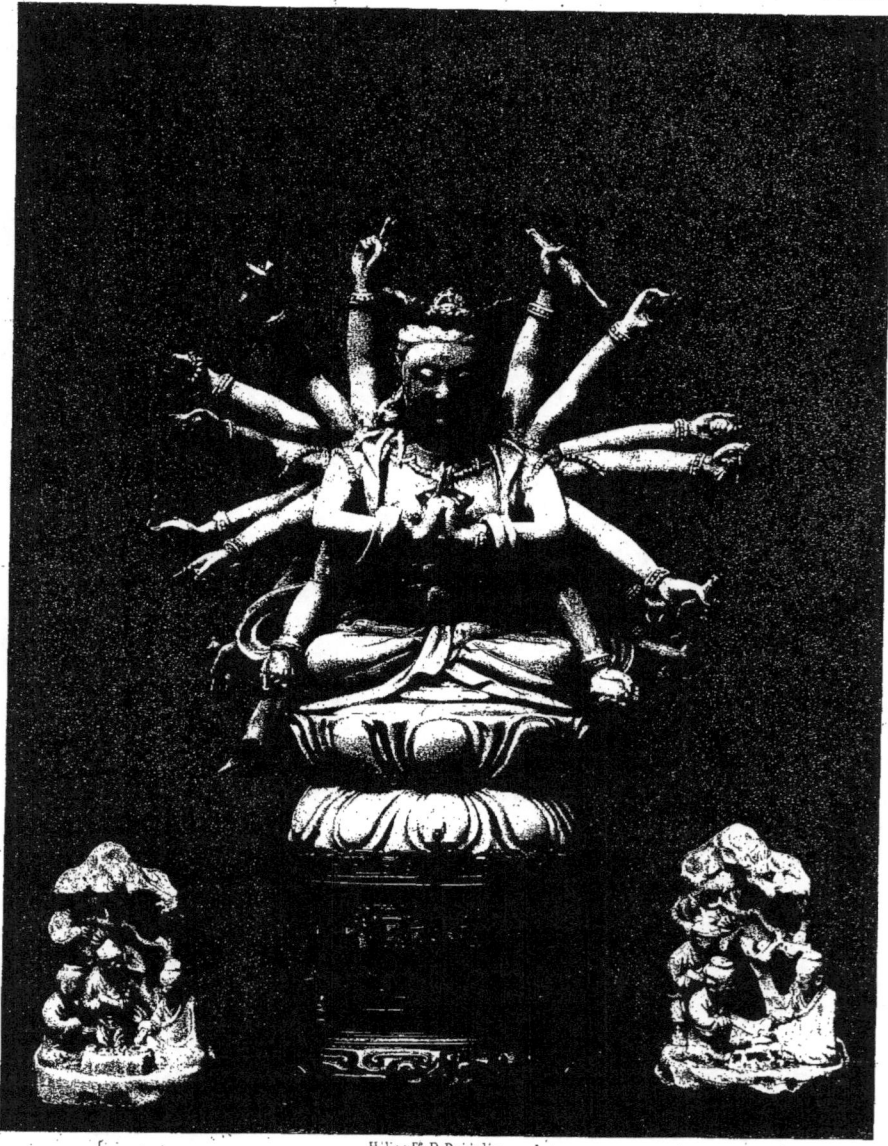

BLANCS DE CHINE

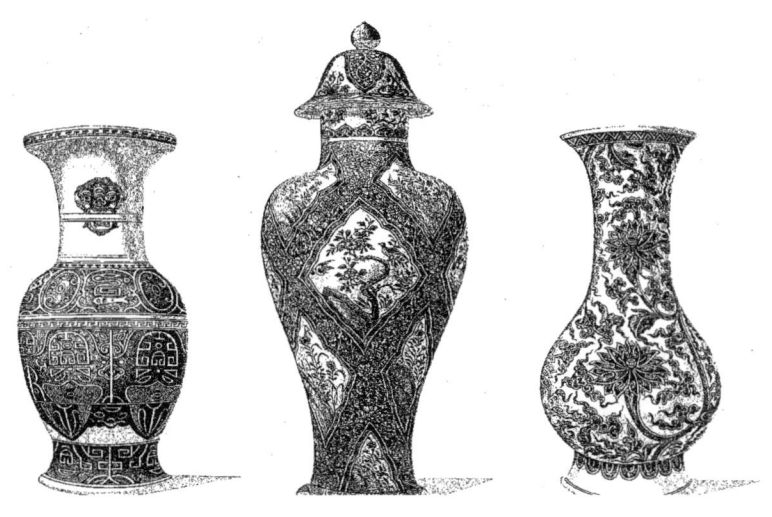

LA PORCELAINE DE CHINE PL. XIX

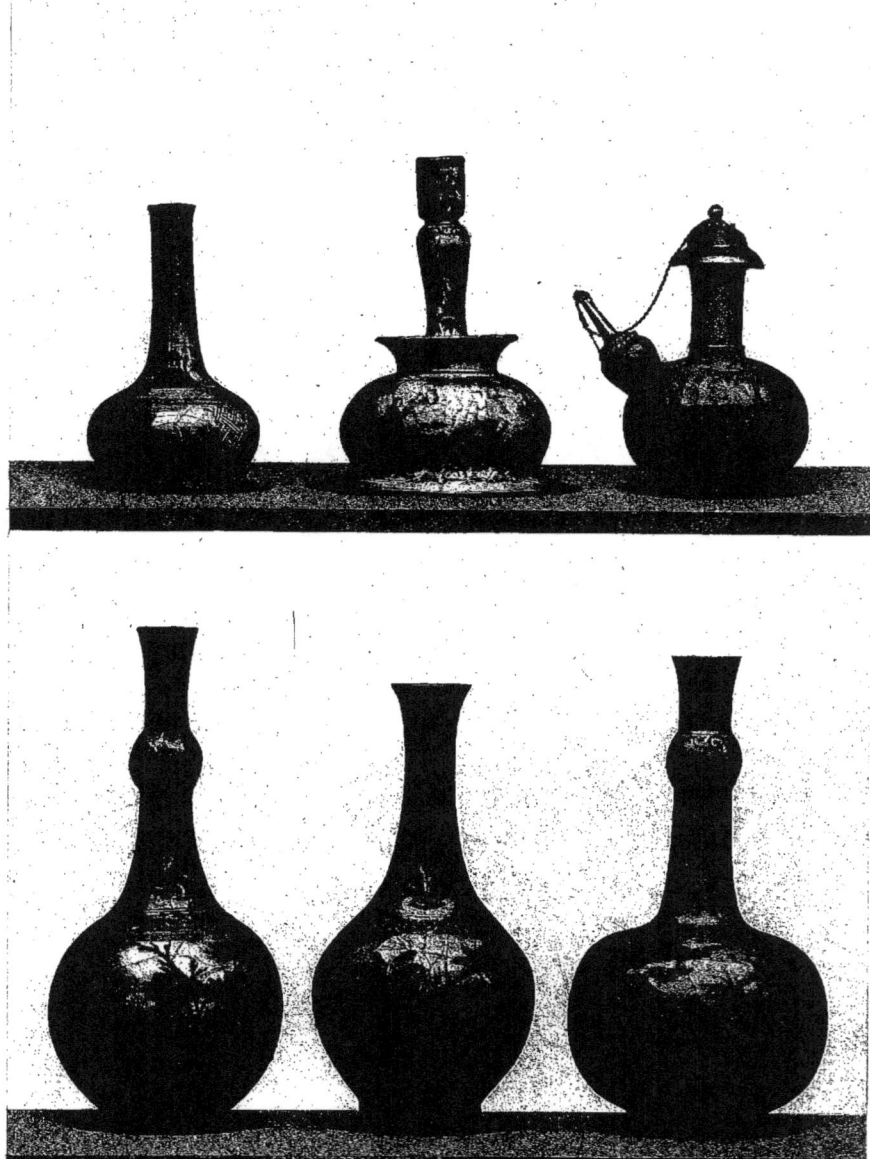

LA PORCELAINE DE CHINE
PL XX

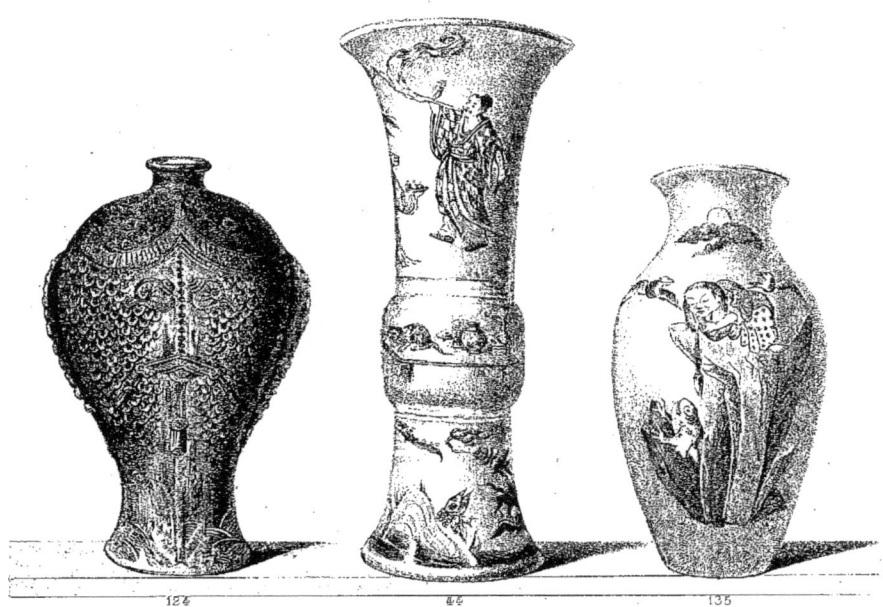

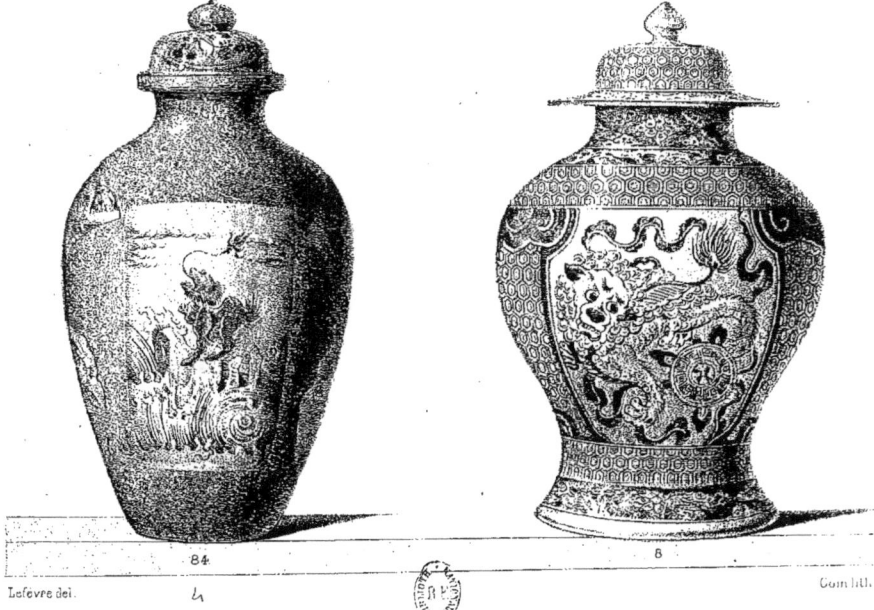

Lefevre del.   Coin lith.

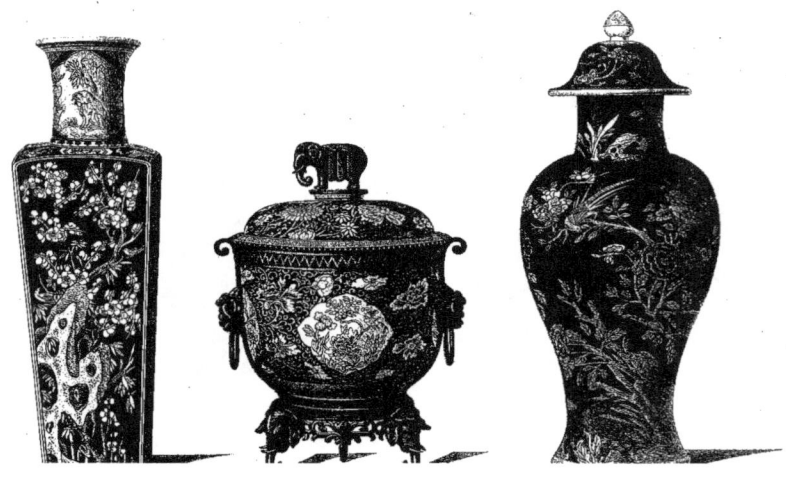

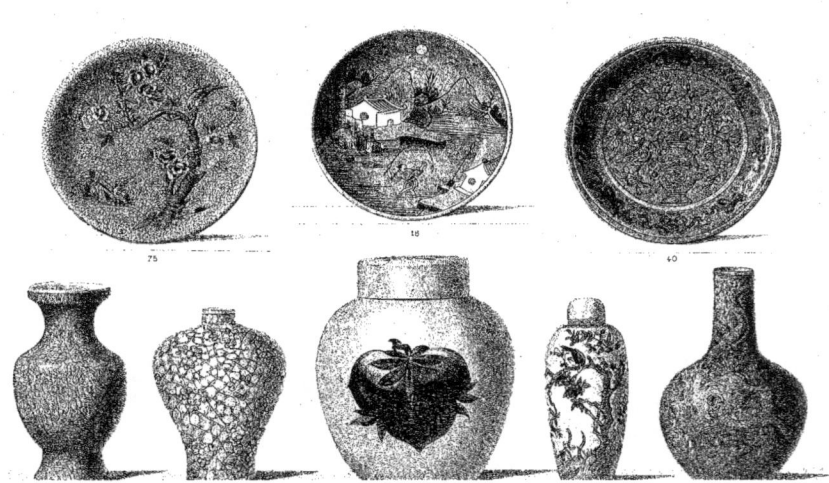

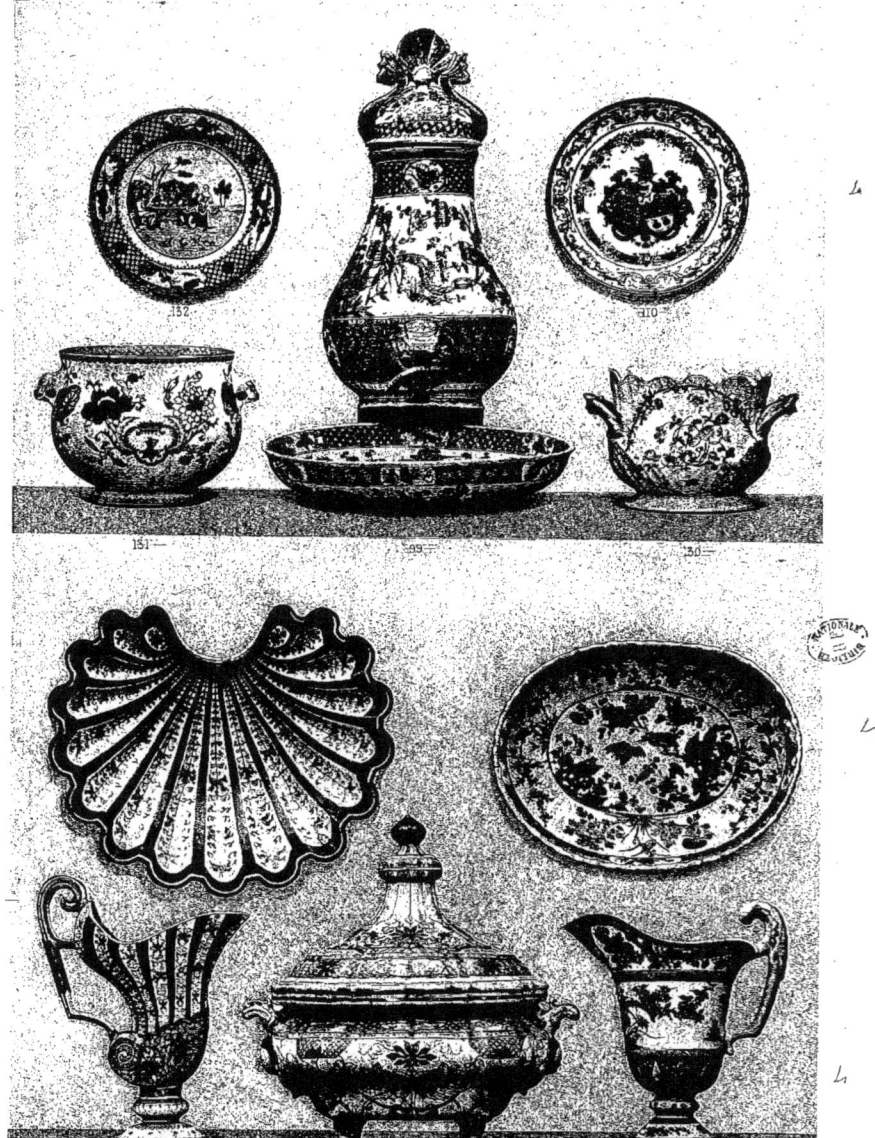

MODÈLES EUROPÉENS EXÉCUTÉS SUR COMMANDES

LA PORCELAINE DE CHINE   PL. XXIV

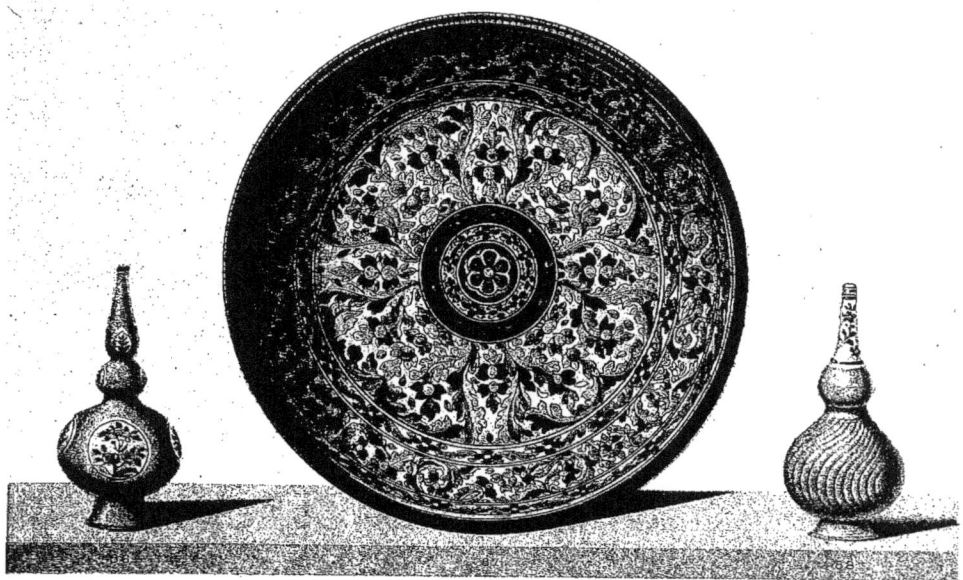
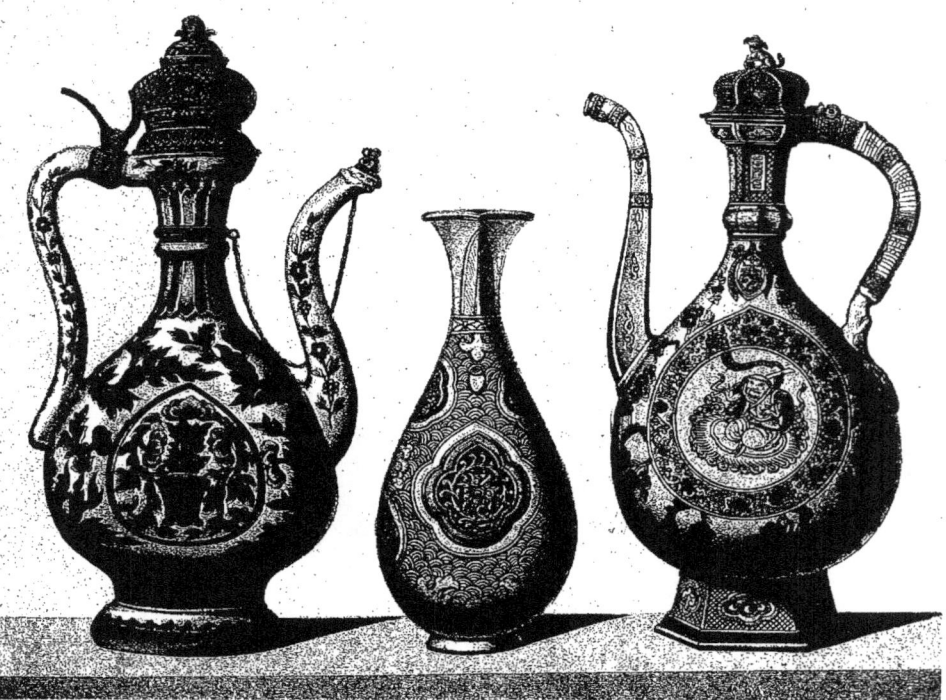

LA PORCELAINE DE CHINE PL. XXV

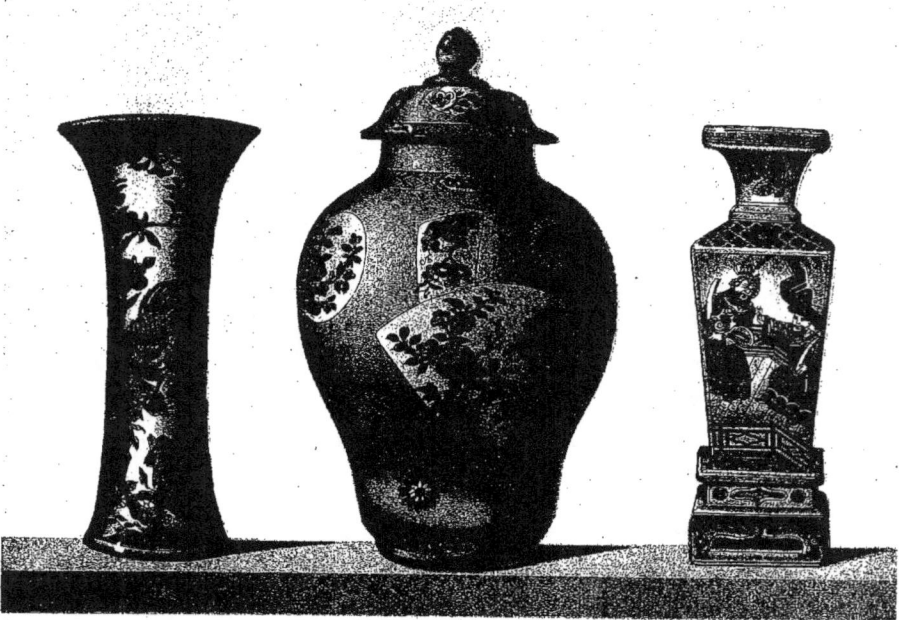
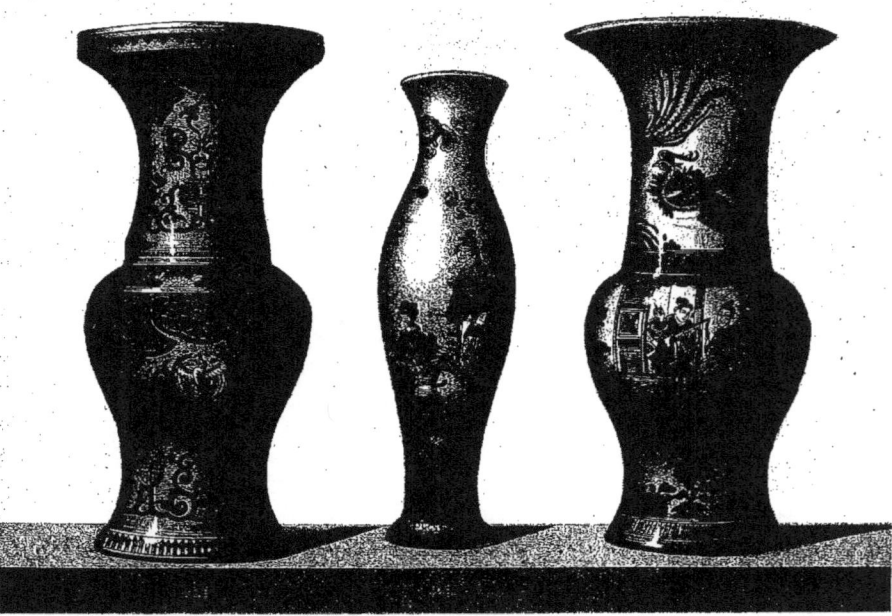

Lefèvre del. Chataignon lith.

LA PORCELAINE DE CHINE — PL. XXVI

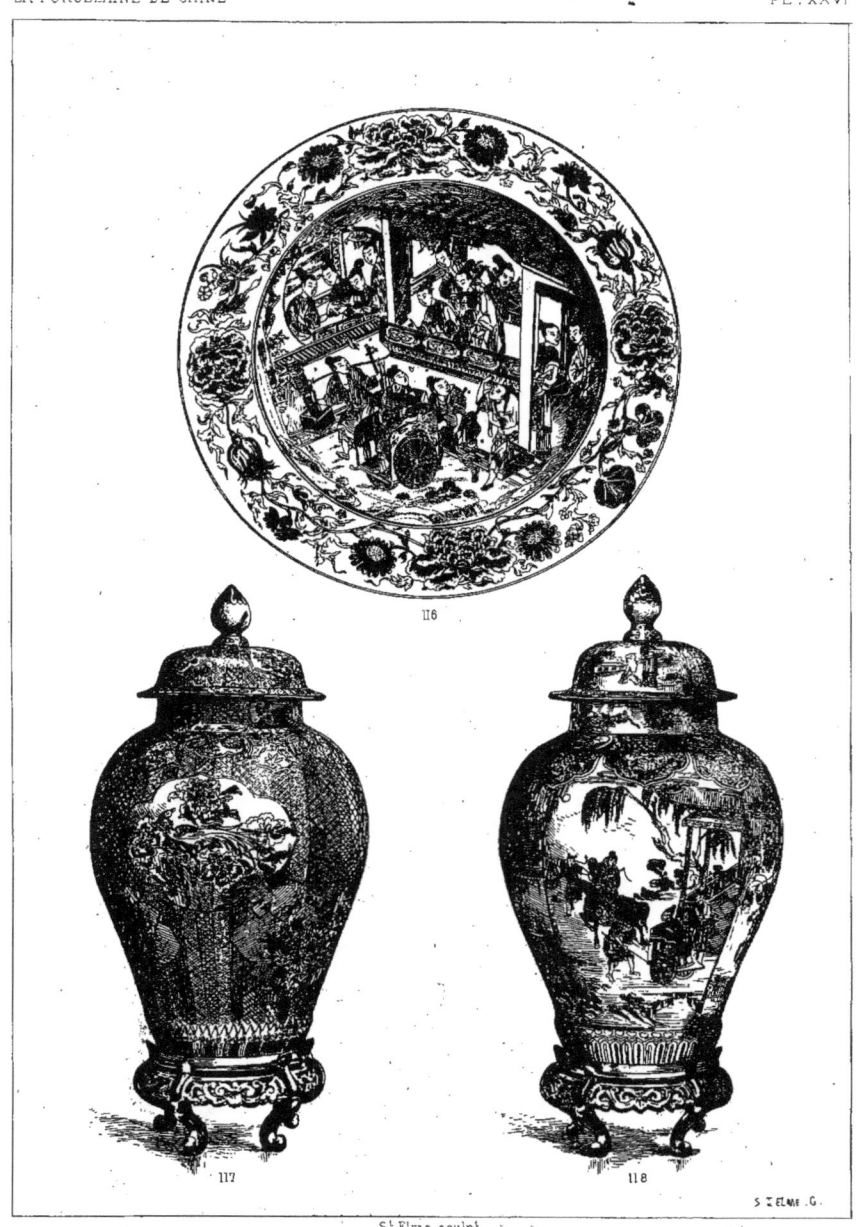

St Elme sculp.^t

LA PORCELAINE DE CHINE. PL.XXVII

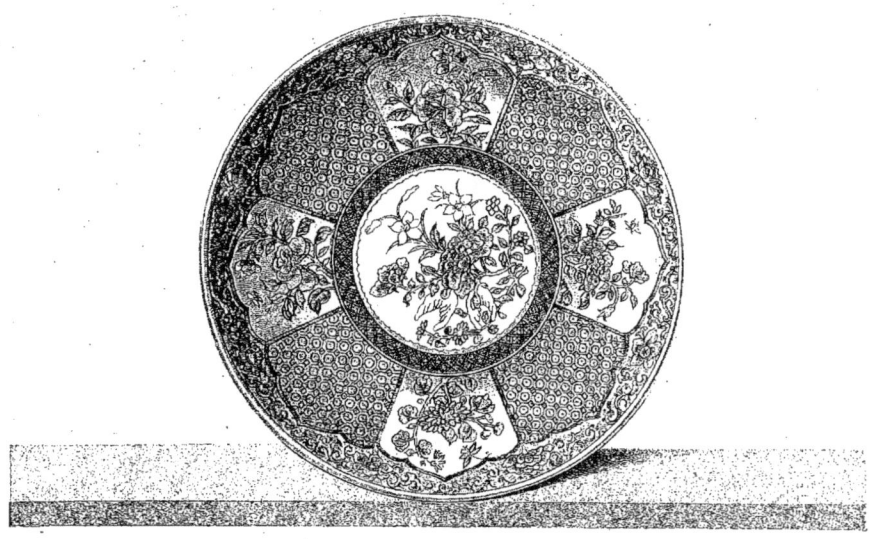

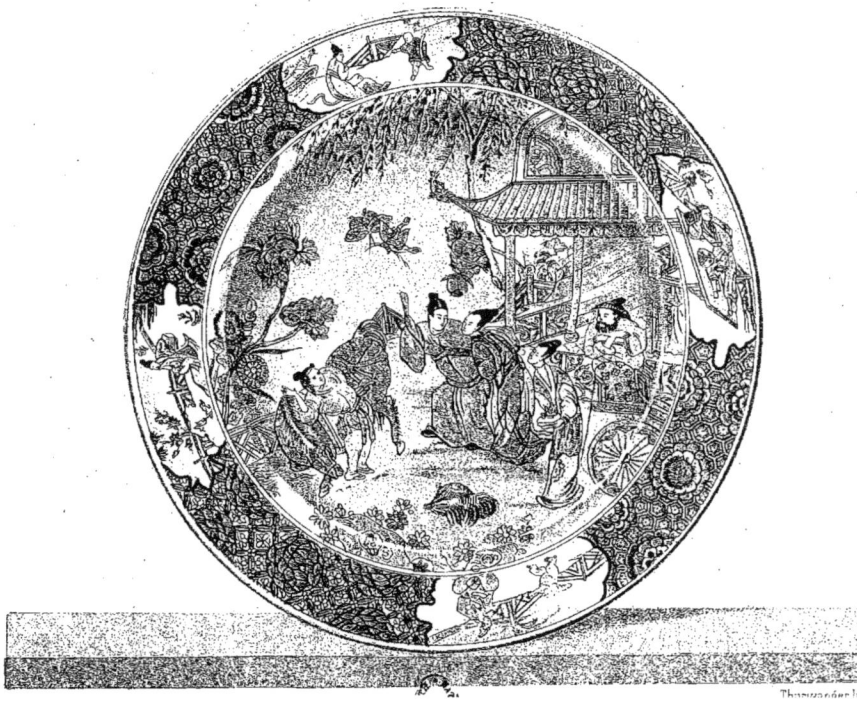

LA PORCELAINE DE CHINE PL. XXVIII

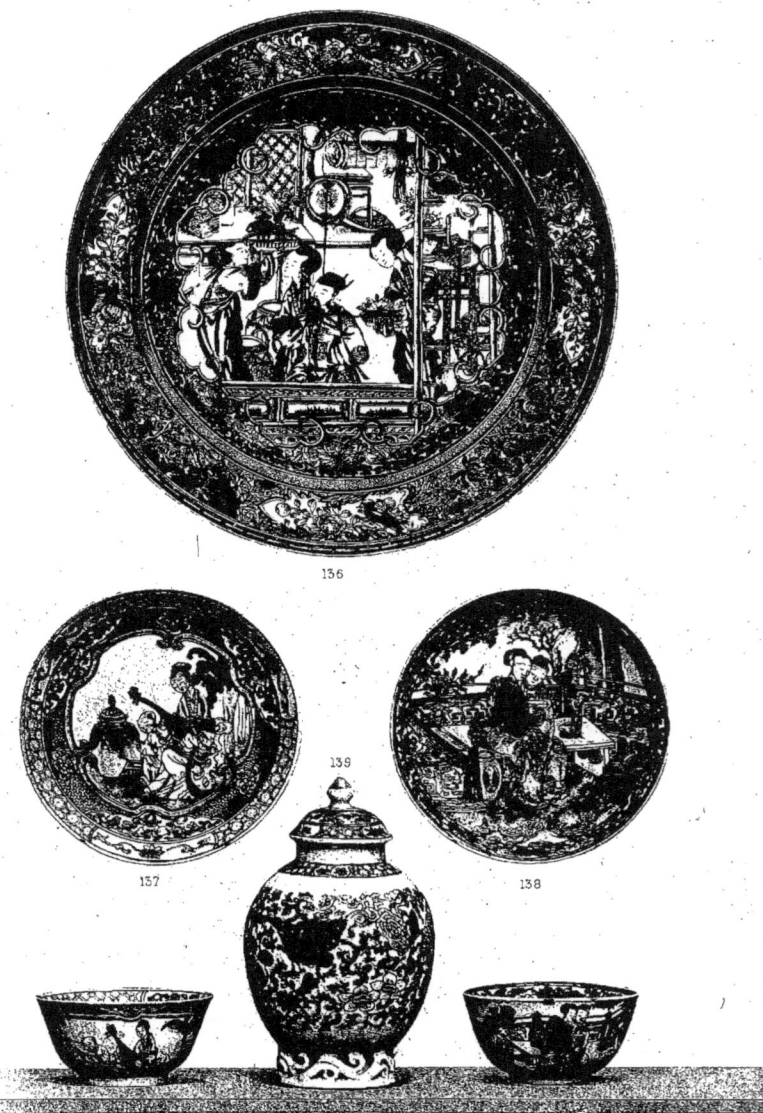

Héliog.¹⁾ P.Dujardin

LA PORCELAINE DE CHINE   PL. XXX

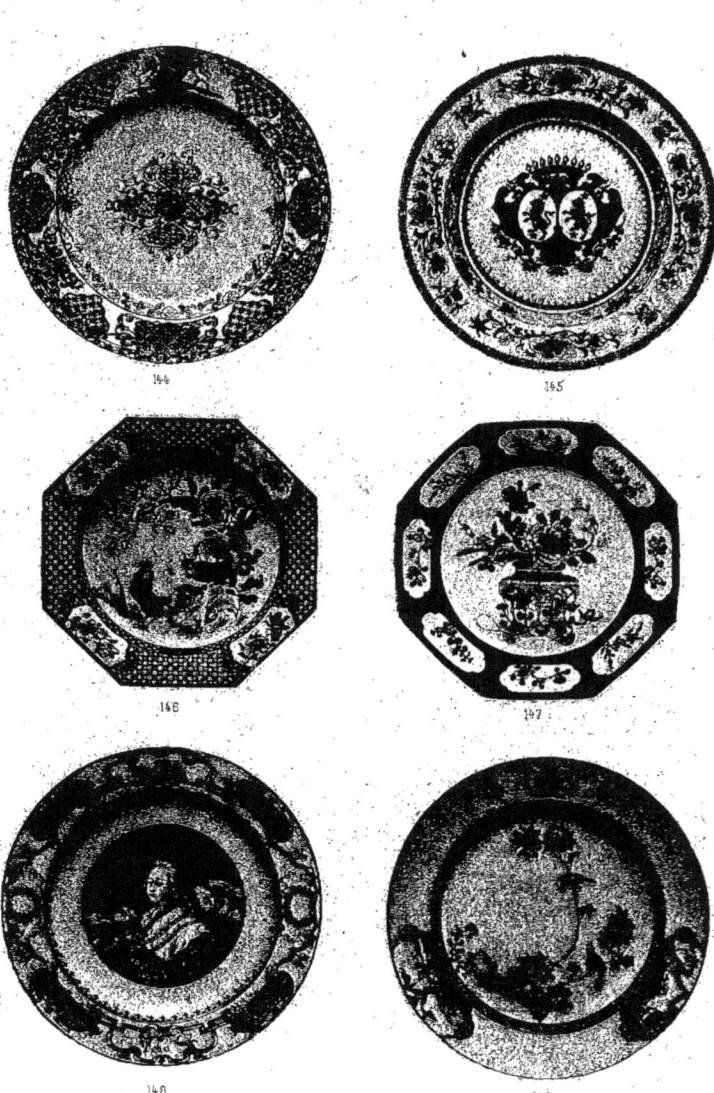

144

145

146

147

148

149

Héliogᵗᵉ P. Dujardin

LA PORCELAINE DE CHINE   PL. XXXI

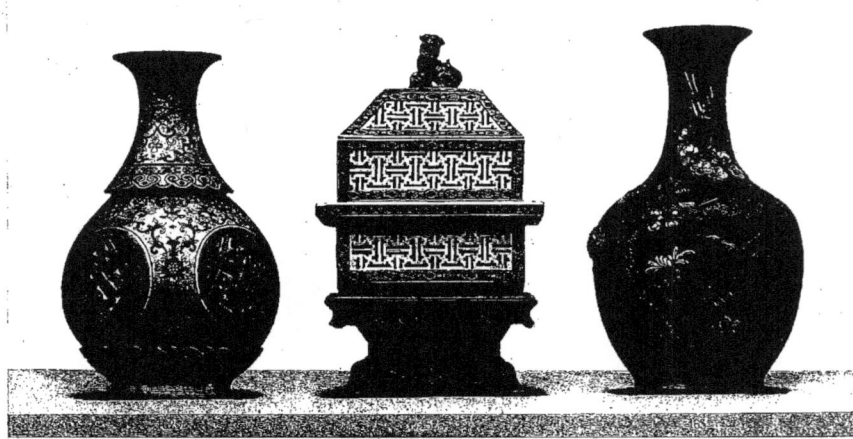

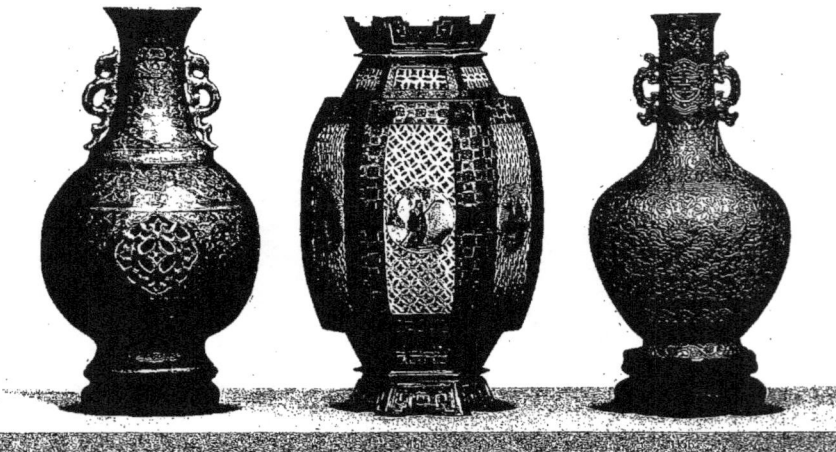

Héliogre P. Dujardin

LA PORCELAINE DE CHINE PL. XXXII

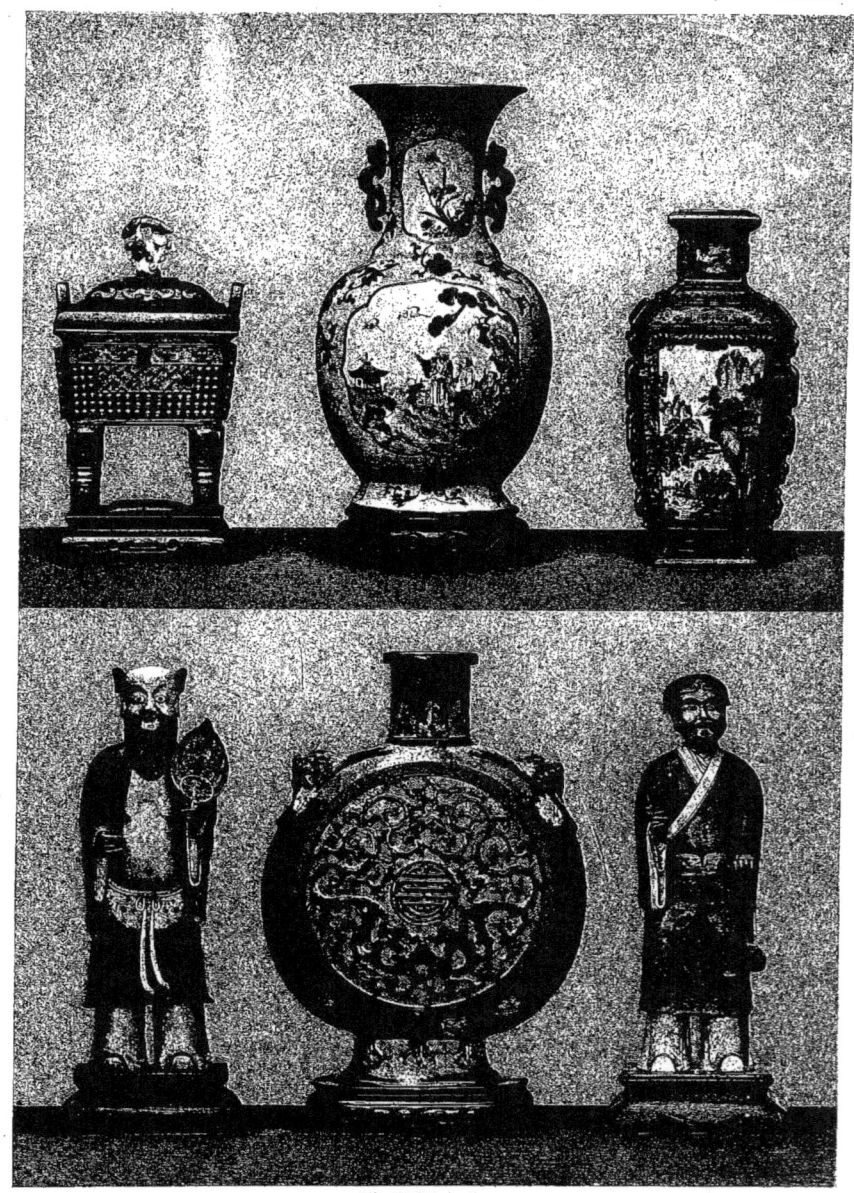

Héliogre P. Dujardin.

Ve Époque KIEN-LONG

www.ingramcontent.com/pod-product-compliance
Lightning Source LLC
Chambersburg PA
CBHW050157230526
45470CB00001B/138